家学术成长资料采集工程丛书

工程院院士传记

病毒疫苗的开拓者

荣显传

李可宝 林跃智 李妍◎著

3 年
辽宁辽阳

1944 年
毕业于奉天农业大学兽医系

1963 年
留学于罗马尼亚科学院病毒研究所

1981 年
任中国农业科学院哈尔滨兽医研究所研究员

1995 年
当选为中国工程院院士

2012 年
逝世于哈尔滨

老科学家学术成长资料采集工程
中国工程院院士传记丛书

慢病毒疫苗的开拓者

沈荣显传

李可宝　林跃智　李　妍◎著

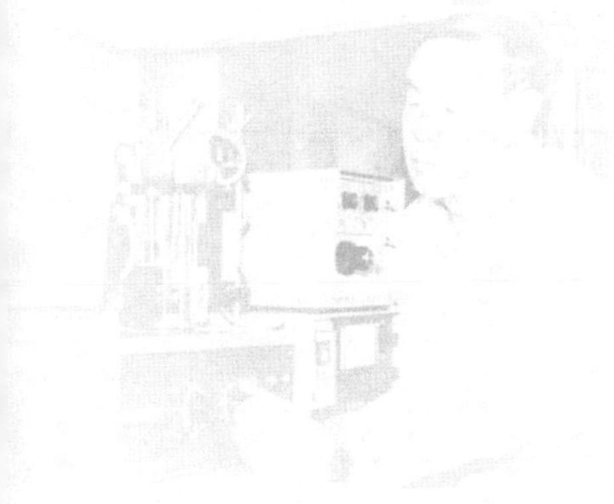

中国科学技术出版社
上海交通大学出版社

图书在版编目（CIP）数据

慢病毒疫苗的开拓者：沈荣显传／李可宝，林跃智，李妍著．—北京：中国科学技术出版社，2017.5

（老科学家学术成长资料采集工程丛书；中国工程院院士传记丛书）

ISBN 978-7-5046-7452-4

Ⅰ. ①慢… Ⅱ. ①李… ②林… ③李… Ⅲ. ①沈荣显（1923–2012）–传记 Ⅳ. ① K826.15

中国版本图书馆 CIP 数据核字（2017）第 067503 号

责任编辑	余　君
责任印制	张建农
版式设计	中文天地

出　　版	中国科学技术出版社　上海交通大学出版社
发　　行	中国科学技术出版社发行部
地　　址	北京市海淀区中关村南大街 16 号
邮　　编	100081
发行电话	010-62173865
传　　真	010-62173081
网　　址	http://www.cspbooks.com.cn

开　　本	787mm × 1092mm　1/16
字　　数	260 千字
印　　张	17
彩　　插	2
版　　次	2017 年 5 月第 1 版
印　　次	2017 年 5 月第 1 次印刷
印　　刷	北京华联印刷有限公司
书　　号	ISBN 978-7-5046-7452-4 / K · 215
定　　价	68.00 元

老科学家学术成长资料采集工程
领导小组专家委员会

老科学家学术成长资料采集工程
丛书组织机构

老科学家学术成长资料采集工程简介

老科学家学术成长资料采集工程（以下简称“采集工程”）是根据国务院领导同志的指示精神，由国家科教领导小组于2010年正式启动，中国科协牵头，联合中组部、教育部、科技部、工信部、财政部、文化部、国资委、解放军总政治部、中国科学院、中国工程院、国家自然科学基金委员会等11部委共同实施的一项抢救性工程，旨在通过实物采集、口述访谈、录音录像等方法，把反映老科学家学术成长历程的关键事件、重要节点、师承关系等各方面的资料保存下来，为深入研究科技人才成长规律，宣传优秀科技人物提供第一手资料和原始素材。

采集工程是一项开创性工作。为确保采集工作规范科学，启动之初即成立了由中国科协主要领导任组长、12个部委分管领导任成员的领导小组，负责采集工程的宏观指导和重要政策措施制定，同时成立领导小组专家委员会负责采集原则确定、采集名单审定和学术咨询，委托科学史学者承担学术指导与组织工作，建立专门的馆藏基地确保采集资料的永久性收藏和提供使用，并研究制定了《采集工作流程》《采集工作规范》等一系列基础文件，作为采集人员的工作指南。截至2016年6月，已启动400多位老科学家的学术成长资料采集工作，获得手稿、书信等实物原件资料73968件，数字化资料178326件，视频资料4037小时，音频资料4963小时，具有重要的史料价值。

采集工程的成果目前主要有三种体现形式，一是建设“中国科学家博物馆网络版”，提供学术研究和弘扬科学精神、宣传科学家之用；二是编辑制作科学家专题资料片系列，以视频形式播出；三是研究撰写客观反映老科学家学术成长经历的研究报告，以学术传记的形式，与中国科学院、中国工程院联合出版。随着采集工程的不断拓展和深入，将有更多形式的采集成果问世，为社会公众了解老科学家的感人事迹，探索科技人才成长规律，研究中国科技事业的发展历程提供客观翔实的史料支撑。

总序一

中国科学技术协会主席　韩启德

老科学家是共和国建设的重要参与者，也是新中国科技发展历史的亲历者和见证者，他们的学术成长历程生动反映了近现代中国科技事业与科技教育的进展，本身就是新中国科技发展历史的重要组成部分。针对近年来老科学家相继辞世、学术成长资料大量散失的突出问题，中国科协于2009年向国务院提出抢救老科学家学术成长资料的建议，受到国务院领导同志的高度重视和充分肯定，并明确责成中国科协牵头，联合相关部门共同组织实施。根据国务院批复的《老科学家学术成长资料采集工程实施方案》，中国科协联合中组部、教育部、科技部、工业和信息化部、财政部、文化部、国资委、解放军总政治部、中国科学院、中国工程院、国家自然科学基金委员会等11部委共同组成领导小组，从2010年开始组织实施老科学家学术成长资料采集工程。

老科学家学术成长资料采集是一项系统工程，通过文献与口述资料的搜集和整理、录音录像、实物采集等形式，把反映老科学家求学历程、师承关系、科研活动、学术成就等学术成长中关键节点和重要事件的口述资料、实物资料和音像资料完整系统地保存下来，对于充实新中国科技发展的历史文献，理清我国科技界学术传承脉络，探索我国科技发展规律和科技人才成长规律，弘扬我国科技工作者求真务实、无私奉献的精神，在全社会营造爱科学、学科学、用科学的良好氛围，是一件很有意义的事情。采集工程把重点放在年龄在 80 岁以上、学术成长经历丰富的两院院士，以及虽然不是两院院士、但在我国科技事业发展中作出突出贡献的老科技工作者，充分体现了党和国家对老科学家的关心和爱护。

自 2010 年启动实施以来，采集工程以对历史负责、对国家负责、对科技事业负责的精神，开展了一系列工作，获得大量反映老科学家学术成长历程的文字资料、实物资料和音视频资料，其中有一些资料具有很高的史料价值和学术价值，弥足珍贵。

以传记丛书的形式把采集工程的成果展现给社会公众，是采集工程的目标之一，也是社会各界的共同期待。在我看来，这些传记丛书大都是在充分挖掘档案和书信等各种文献资料、与口述访谈相互印证校核、严密考证的基础之上形成的，内中还有许多很有价值的照片、手稿影印件等珍贵图片，基本做到了图文并茂，语言生动，既体现了历史的鲜活，又立体化地刻画了人物，较好地实现了真实性、专业性、可读性的有机统一。通过这套传记丛书，学者能够获得更加丰富扎实的文献依据，公众能够更加系统深入地了解老一辈科学家的成就、贡献、经历和品格，青少年可以更真实地了解科学家、了解科技活动，进而充分激发对科学家职业的浓厚兴趣。

借此机会，向所有接受采集的老科学家及其亲属朋友，向参与采集工程的工作人员和单位，表示衷心感谢。真诚希望这套丛书能够得到学术界的认可和读者的喜爱，希望采集工程能够得到更广泛的关注和支持。我期待并相信，随着时间的流逝，采集工程的成果将以更加丰富多样的形式呈现给社会公众，采集工程的意义也将越来越彰显于天下。

是为序。

总序二

中国科学院院长　白春礼

由国家科教领导小组直接启动，中国科学技术协会和中国科学院等 12 个部门和单位共同组织实施的老科学家学术成长资料采集工程，是国务院交办的一项重要任务，也是中国科技界的一件大事。值此采集工程传记丛书出版之际，我向采集工程的顺利实施表示热烈祝贺，向参与采集工程的老科学家和工作人员表示衷心感谢！

按照国务院批准实施的《老科学家学术成长资料采集工程实施方案》，开展这一工作的主要目的就是要通过录音录像、实物采集等多种方式，把反映老科学家学术成长历史的重要资料保存下来，丰富新中国科技发展的历史资料，推动形成新中国的学术传统，激发科技工作者的创新热情和创造活力，在全社会营造爱科学、学科学、用科学的良好氛围。通过实施采集工程，系统搜集、整理反映这些老科学家学术成长历程的关键事件、重要节点、学术传承关系等的各类文献、实物和音视频资料，并结合不同时期的社会发展和国际相关学科领域的发展背景加以梳理和研究，不仅有利于深入了解新中国科学发展的进程特别是老科学家所在学科的发展脉络，而且有利于发现老科学家成长成才中的关键人物、关键事件、关键因素，探索和把握高层次人才培养规律和创新人才成长规律，更有利于理清我国科技界学术传承脉络，深入了解我国科学传统的形成过程，在全社会范围内宣传弘扬老科学家的科学思想、卓越贡献和高尚品质，推动社会主义科学文化和创新文化建设。从这个意义上说，采集工程不仅是一项文化工程，更是一项严肃认真的学术建设工作。

中国科学院是科技事业的国家队，也是凝聚和团结广大院士的大家庭。早在 1955 年，中国科学院选举产生了第一批学部委员，1993 年国务院决定中国科学院学部委员改称中国科学院院士。半个多世纪以来，从学部委员到院士，经历了一个艰难的制度化进程，在我国科学事业发展史上书写了浓墨重彩的一笔。在目前已接受采集的老科学家中，有很大一部分即是上个世纪 80、90 年代当选的中国科学院学部委员、院士，其中既有学科领域的奠基人和开拓者，也有作出过重大科学成就的著名科学家，更有毕生在专门学科领域默默耕耘的一流学者。作为声誉卓著的学术带头人，他们以发展科技、服务国家、造福人民为己任，求真务实、开拓创新，为我国经济建设、社会发展、科技进步和国家安全作出了重要贡献；作为杰出的科学教育家，他们着力培养、大力提携青年人才，在弘扬科学精神、倡树科学理念方面书写了可歌可泣的光辉篇章。他们的学术成就和成长经历既是新中国科技发展的一个缩影，也是国家和社会的宝贵财富。通过采集工程为老科学家树碑立传，不仅对老科学家们的成就和贡献是一份肯定和安慰，也使我们多年的夙愿得偿！

鲁迅说过，“跨过那站着的前人”。过去的辉煌历史是老一辈科学家铸就的，新的历史篇章需要我们来谱写。衷心希望广大科技工作者能够通过“采集工程”的这套老科学家传记丛书和院士丛书等类似著作，深入具体地了解和学习老一辈科学家学术成长历程中的感人事迹和优秀品质；继承和弘扬老一辈科学家求真务实、勇于创新的科学精神，不畏艰险、勇攀高峰的探索精神，团结协作、淡泊名利的团队精神，报效祖国、服务社会的奉献精神，在推动科技发展和创新型国家建设的广阔道路上取得更辉煌的成绩。

总序三

中国工程院院长　周　济

由中国科协联合相关部门共同组织实施的老科学家学术成长资料采集工程，是一项经国务院批准开展的弘扬老一辈科技专家崇高精神、加强科学道德建设的重要工作，也是我国科技界的共同责任。中国工程院作为采集工程领导小组的成员单位，能够直接参与此项工作，深感责任重大、意义非凡。

在新的历史时期，科学技术作为第一生产力，已经日益成为经济社会发展的主要驱动力。科技工作者作为先进生产力的开拓者和先进文化的传播者，在推动科学技术进步和科技事业发展方面发挥着关键的决定的作用。

新中国成立以来，特别是改革开放 30 多年来，我们国家的工程科技取得了伟大的历史性成就，为祖国的现代化事业作出了巨大的历史性贡献。两弹一星、三峡工程、高速铁路、载人航天、杂交水稻、载人深潜、超级计算机……一项项重大工程为社会主义事业的蓬勃发展和祖国富强书写了浓墨重彩的篇章。

这些伟大的重大工程成就，凝聚和倾注了以钱学森、朱光亚、周光召、侯祥麟、袁隆平等为代表的一代又一代科技专家们的心血和智慧。他们克服重重困难，攻克无数技术难关，潜心开展科技研究，致力推动创新发展，为实现我国工程科技水平大幅提升和国家综合实力显著增强作出了杰出贡献。他们热爱祖国，忠于人民，自觉把个人事业融入到国家建设大局之中，为实现国家富强而不断奋斗；他们求真务实，勇于创新，用科技为中华民族的伟大复兴铸就了辉煌；他们治学严谨，鞠躬尽瘁，具有崇高的科学精神和科学道德，是我们后代学习的楷模。科学家们的一生是一本珍贵的教科书，他们坚定的理想信念和淡泊名利的崇高品格是中华民族自强不息精神的宝贵财富，永远值得后人铭记和敬仰。

通过实施采集工程，把反映老科学家学术成长经历的重要文字资料、实物资料和音像资料保存下来，把他们卓越的技术成就和可贵的精神品质记录下来，并编辑出版他们的学术传记，对于进一步宣传他们为我国科技发展和民族进步作出的不朽功勋，引导青年科技工作者学习继承他们的可贵精神和优秀品质，不断攀登世界科技高峰，推动在全社会弘扬科学精神，营造爱科学、讲科学、学科学、用科学的良好氛围，无疑有着十分重要的意义。

中国工程院是我国工程科技界的最高荣誉性、咨询性学术机构，集中了一大批成就卓著、德高望重的老科技专家。以各种形式把他们的学术成长经历留存下来，为后人提供启迪，为社会提供借鉴，为共和国的科技发展留下一份珍贵资料。这是我们的愿望和责任，也是科技界和全社会的共同期待。

周济

沈荣显

沈荣显采集小组工作照（吴韩摄）

沈荣显采集小组工作照（吴韩摄）

序

承蒙采集工程小组的信任和厚爱，有机会为我的老师，也是我的祖父沈荣显先生传记作序，感到十分的荣幸。老科学家学术成长资料采集工程重点面向年龄在 80 岁以上的两院院士，在我国科技事业发展中做出突出贡献的老科学家，以学术成长经历为主线，系统采集反映老科学家家庭背景、求学历程、师承关系的珍贵材料，并编写科学家传记，这是一件十分有意义的文化工程。

2012 年，我们接到采集通知时，祖父沈荣显已经过世，家人一直沉浸在悲痛之中，当得知有专业的采集人员为祖父整理生前资料、撰写传记的消息后，我们一家人都特别的高兴，这不仅是对沈荣显先生人生的一次总结，同时通过传记寄托我们的思念之情，所以非常感谢中国科协组织这次活动，也非常感谢采集小组的辛勤工作。两年来，采集小组多次与我沟通，作为他的孙媳、学生和同事，我积极配合采集小组的各项工作，协调他们深入哈尔滨兽医研究所、祖父及亲属家中，还有相关单位了解沈荣显院士生前的学习、工作和生活情况，由于沈荣显本人去世以及生前性格内向不善言谈等原因，给采集工作带来了巨大困难，资料整理和传记编写异常艰难，但采集小组还是克服了重重困难，认真研究采集素材，客观还原历史脉络，如今将《慢病毒疫苗的开拓者：沈荣显传》一书呈现给大家。

我的祖父沈荣显离开我们已经两年有余，通读整篇传记，祖父的音容笑貌又重现在我面前。这本传记以时间为线，主要记录了我的祖父、中国农业科学院哈尔滨兽医研究所研究员、硕士博士生导师、中国工程院院士沈荣显辛勤工作、致力于家畜病毒病的免疫学研究的一生。祖父从一个普普通通的农家子弟，通过不懈的努力，走上科研之路，并刻苦的钻研，先后攻克了牛瘟、羊痘、猪瘟、“马传贫”病毒并成功培育了免疫疫苗，做出了多项具有世界领先水平的创造性科研成果，是慢病毒病疫苗的开拓者。本书特别注重思想性、科学性与可读性，以详实、准确的史料为依据，多侧面、多角度再现沈荣显院士的科学人生。读者可通过本传记，深刻了解到一名从事家畜病毒病免疫学研究的科学家为科研事业倾注一生心血的艰辛历程，深切感受到他对科学研究一丝不苟、对工作兢兢业业的执着精神，从中汲取宝贵的精神营养，获得有益的感悟、借鉴和启迪。

回顾祖父沈荣显的一生，是既平凡朴素却又充满挑战和成绩的辉煌人生。从 1948 年开始从事牛瘟兔化弱毒疫苗的研究，1951 年起先后成功研制了牛瘟山羊化兔化弱毒疫苗和牛瘟绵羊化兔化弱毒疫苗，应用该疫苗消灭了东北、华北和内蒙古广大地区的牛瘟流行。1956 年，开始从事羊痘弱毒疫苗的研究，培育成功了鸡胚化羊痘弱毒株，并制成冻干疫苗，既可以预防绵羊痘也可以预防山羊痘，中国每年都免疫注射数万只羊。1958 年，从事猪瘟兔化毒 - 牛体反应疫苗的研究工作，首次独特地应用兔化猪瘟病毒感染牛体，每头牛可生产10万多头份猪瘟疫苗，对猪瘟防治起了积极作用，并首次证明猪瘟病毒通过兔体后可以感染没有亲缘关系的动物——牛体。1963 年赴罗马尼亚进修学习，1967 年从罗马尼亚留学归国后主持“马传贫”免疫的研究工作，成功研制出马传染性贫血病驴白细胞弱毒株，对传统的攻毒试验进行了大胆的改进，解决了“马传贫”弱毒疫苗的免疫过程中非常关键的问题。1976 年，成功研制出马传染性贫血病驴白细胞弱毒疫苗，并将“马传贫”疫苗广泛应用于中国“马传贫”的流行地区，有效控制了中国的“马传贫”的流行。晚年时期，沈荣显依然工作在科研第一线，带领着包括我在内的科研团队和学生们，主要致力于通过研究“马传贫”病毒进而推动人类艾滋病疫苗的研究，开创了慢病毒疫苗研究的新局面。

面对科学难题，他迎难而上不畏惧；面对科研困境，他持之以恒终不悔；面对名利，他云淡风轻不经意；面对家人，他心怀感恩与歉意……正是带着这种对科学问题的执着，对科学精神的坚守，才成就了一个又一个令世界瞩目、令国人骄傲的科研成果。沈荣显先生作为中国广大院士的代表，一生勤勉敬业，至臻至善，通过他的学术成长历程可以看到我国科技工作者在自己的工作岗位上发扬爱国奉献、顽强拼搏、团结合作、开拓创新、勇攀科学高峰的伟大精神，创造了举世瞩目的科技成就，为增强我国综合国力、提升自主创新能力做出了重要贡献，为国家赢得了无数荣誉。他的奋斗历程，是中国科学技术发展的历史缩影，他的科学人生，是中华民族追求现代化的集中写照。

当今世界，科学技术已成为支撑、引领经济社会发展的主要动力和人类文明进步的主要基石。和我的老师沈荣显一样的广大院士不仅是科学技术发展的开拓者，同时也是先进文化的传播者，在承担科技研究工作重任的同时，还承担着向全社会传播科学知识、科学方法、科学思想、科学精神的社会责任。科学技术的本质是创新，科技事业需要后继有人，他作为优秀的科学工作者，建设并领导了一支支优秀的科技创新团队，在动物病毒研究领域不断探索，自强不息，勇于创新，为国家发展做出了重大贡献；作为教育工作者，为使科研事业后继有人，他诲人不倦，薪火相传，倾注心血甘为人梯、提携后学并委以重任，成就了大批青年才俊，如今已桃李满天下。在祖父离世后的日子里，我们强忍悲痛，依然坚守岗位，在他严谨、勤勉、执着的精神鼓励下，不断研读和充分利用他留下的宝贵科学财富，继续在科学攻关的道路上奉献青春和力量，努力完成他未竟的事业。

每当我打开这本传记时，就会看到祖父沈荣显孜孜不倦，每天忙于科研工作的身影；也会想起在那些艰苦的岁月里，甘之如饴，迎难而上的情景；更能直观地感受到他的一生中，坚毅执着、无私奉献的科研精神。如果你是一名普通的科研工作者，你也会被他的科研精神所鼓舞，在科学研究的道路上勇往直前，攻坚克难，直至取得理想的成绩；如果你是一名正在攻读学业的青少年，你会看到一位可敬可爱的老师，他可教会你如何热爱科学，热爱学习，引领你走入知识的殿堂。希望沈荣显院士传记能够成为广大读者喜爱的高品位文化读物，为广大青年提供有益的人生教材，帮助他们汲取院士们追求真理、严谨治学的科学精神与方法，领悟爱国奉献、造福人民的科技价值观和人生观，激励更多的有志青年献身科学，并以此为我国先进文化的发展做出一份特有的贡献。

林跃智

2014 年 4 月 30 日

目 录

老科学家学术成长资料采集工程简介

总序一……………………………………………………韩启德

总序二……………………………………………………白春礼

总序三……………………………………………………周 济

序…………………………………………………………林跃智

导 言……………………………………………………1

第一章 | 家世和求学经历……………………………………11

家庭背景……………………………………………11

动荡少年……………………………………………15

求学时代……………………………………………20

第二章 新中国成立前的就业经历 …… 27

战争中的从业经历 …… 27
进入东北行政委员会家畜防治所 …… 32

第三章 消灭牛瘟 …… 39

兔化毒牛体反应苗研制成功 …… 39
绵羊化兔化牛瘟疫苗问世 …… 44
深入藏区，向牛瘟宣战 …… 47
人生的第一次重要荣誉 …… 53

第四章 成功研制羊痘鸡胚化弱毒疫苗 …… 59

开展羊痘疫苗研究工作 …… 59
羊痘鸡胚化弱毒疫苗的研发及推广使用 …… 64
冻干羊痘弱毒疫苗区域性效力试验 …… 68

第五章 研发猪瘟兔化牛体反应疫苗 …… 71

着手对抗猪瘟 …… 71
猪瘟兔化牛体反应疫苗大获成功 …… 74

第六章 留学罗马尼亚 …… 80

获得留学深造的机会 …… 80
在罗马尼亚的学习生活 …… 84
带着总理的嘱托学成归国 …… 92

第七章 开始主持马传染性贫血病这一尖端课题 …… 96

“文化大革命”印象 …… 96
担任马传染性贫血病研究室主任 …… 100

第八章 十年磨一剑攻克马传染性贫血病……106

成功研发马传染性贫血病驴白细胞弱毒疫苗……106
“马传贫”项目的实验记忆……113
“马传贫”弱毒疫苗的推广使用……120
举世瞩目的科学创举……127

第九章 马传染性贫血病弱毒疫苗的成功给艾滋病带来希望……138

“马传贫”与艾滋病的病毒结构形态相似……138
在艾滋病研究领域开展广泛合作……144

第十章 夕阳灿烂……158

老骥伏枥，壮心不已……158
薪火相传，培养接班人……171
子孙承继宏愿……177
荣誉一身，甘于平淡……181

第十一章 慢病毒疫苗的开拓者……187

勇攀高峰的科学精神……187
敢于担当的人生信条……192
历久弥新的精神力量……198

结　语……204

附录一　沈荣显年表……213

附录二　沈荣显主要论著目录……230

参考文献……239

后　记……246

图片目录

图 1-1　沈荣显的家乡辽宁省辽阳县……12
图 1-2　兄弟姐妹在北京合影……13
图 1-3　日军占领时的辽阳……18
图 1-4　大学期间沈荣显和父亲的合影……21
图 1-5　奉天农业大学……22
图 1-6　沈荣显和师生现场学习情况……24
图 2-1　伪满大陆科学院奉天兽医研究所……29
图 2-2　伪满大陆科学院……29
图 2-3　沈荣显与妻子在哈尔滨市植物园合影……31
图 2-4　东北行政委员会家畜防治所……33
图 2-5　沈荣显与陈凌风在哈尔滨兽医研究所合影……35
图 2-6　沈荣显家人合影……37
图 3-1　袁庆志工作照……42
图 3-2《绵阳化兔化毒疫苗的制造与应用》……48
图 3-3　彭匡时与妻子周慰曦……49
图 3-4　1957 年中国科学院科学奖金委员会授予袁庆志、沈荣显等人中国科学院科学奖金三等奖……54
图 4-1　与妻子回鞍山探亲……66
图 5-1　与父亲在公园合影……74
图 6-1　在罗马尼亚……83
图 6-2　沈荣显在罗马尼亚留学……85
图 6-3　罗马尼亚科学院病毒研究所……86
图 6-4　在罗马尼亚期间和同学一起读书学习……87
图 6-5　和同学们在列宁雕塑前合影……89
图 6-6　和同学们在罗马尼亚的莫戈什瓦亚湖……91

图 6-7　周恩来访问罗马尼亚期间邀请留学生参加招待会……………………93
图 6-8　在罗马尼亚布加勒斯特市政厅前广场 ……………………………………95
图 7-1　沈荣显从罗马尼亚留学归国……………………………………………97
图 7-2　在哈尔滨市防洪纪念塔前与母亲合影 ………………………………99
图 8-1　70 岁生日时与家人合影………………………………………………107
图 8-2　沈荣显和科研人员进行“马传贫”疫苗的试验 …………………108
图 8-3　沈荣显研制马传染性贫血病疫苗期间做实验情景…………………109
图 8-4　“马传贫”项目时期沈荣显和同事一起做实验 ……………………112
图 8-5　徐振东…………………………………………………………………114
图 8-6　研制马传染性贫血病疫苗期间的实验记录 …………………………115
图 8-7　沈荣显研制成功的马传染性贫血病弱毒疫苗 ………………………123
图 8-8　工作人员进行“马传贫”弱毒疫苗的免疫注射 ……………………124
图 8-9　沈荣显在家中 …………………………………………………………125
图 8-10　沈荣显获国家发明一等奖证书 ………………………………………129
图 8-11　《马传染性贫血病驴白细胞弱毒株及其培育方法》获中国专利金奖 ……………………………………………………………………130
图 8-12　受邀参加美国兽医协会第 120 届兽医年会期间在牧场 …………131
图 8-13　沈荣显参加在美国华盛顿特区举行“马传贫”研究讨论会时的记录 ……………………………………………………………………132
图 8-14　参加全国兽医微生物学研讨会时作报告……………………………134
图 8-15　沈荣显工作证 …………………………………………………………135
图 8-16　当选为中国工程院院士证书 …………………………………………135
图 8-17　与家人在哈尔滨植物园合影留念 ……………………………………136
图 8-18　赴古巴护照及因公出国人员审查表 …………………………………136
图 8-19　沈荣显在古巴 …………………………………………………………137
图 9-1　“马传贫”病毒与艾滋病病毒基因排列规律性的对比 ……………140
图 9-2　沈荣显在实验室进行病毒超生破碎实验 ……………………………141
图 9-3　美国《纽约时报》对马传贫疫苗进行了大篇幅报道…………………142
图 9-4　赴美国考察工作照片 …………………………………………………143
图 9-5　与家人在一起…………………………………………………………148
图 9-6　于康震会议发言 ………………………………………………………151
图 9-7　上世纪 90 年代在美国照片 …………………………………………153

图 9–8　沈荣显在实验室进行疫苗冻干实验 ……154
图 9–9　周建华 ……156
图 10–1　在哈尔滨植物园 ……158
图 10–2　时任黑龙江省委书记的徐有芳到家中看望沈荣显 ……165
图 10–3　赴杭州参加“新兴传染病国际研讨会” ……166
图 10–4　赴南宁参加“第六届全国病毒学学术研讨会” ……168
图 10–5　在湖北三峡技术学院 ……169
图 10–6　在湖北三峡技术学院大门前 ……170
图 10–7　在家中与学生王晓钧、法国兽医专家合影 ……173
图 10–8　沈荣显实验记录 ……178
图 10–9　沈楠一家合影 ……181
图 10–10　奖励证书及聘书 ……182
图 11–1　沈荣显依然坚持工作和实验 ……191
图 11–2　参加中共哈兽研所第八次党员代表大会 ……193
图 11–3　赴京参加农业科技创新研讨暨第四届大北农科技奖励颁奖大会 ……195
图 11–4　中国消灭牛瘟五十周年纪念座谈会 ……196
图 11–5　沈荣显与儿子沈杰、孙子沈楠、重孙沈博玮合影 ……197
图 11–6　沈荣显和重孙当当 ……201
图 11–7　沈荣显追悼会 ……203

导言

传主简介

沈荣显，我国著名的动物病毒及免疫学专家，慢病毒病疫苗的开拓者。沈荣显于1923年1月出生于辽宁省辽阳县。1944年毕业于奉天农业大学兽医系本科。1944年任伪满大陆科学院兽医研究所病毒系助理研究员。1949年任东北行政委员会家畜防治所助理研究员。1962年任中国农业科学院哈尔滨兽医研究所副研究员。1963年12月留学于罗马尼亚科学院病毒研究所。1967年回国开始主持研究我国流行的头号烈性传染病“马传染性贫血病”项目。1972年担任中国农业科学院哈尔滨兽医研究所马传染性贫血病研究室主任。1981年起任中国农业科学院哈尔滨兽医研究所研究员，硕士生、博士生导师。1995年当选为中国工程院院士。曾先后获得国家发明一等奖、陈嘉庚农业科学奖、何梁何利科学奖、国家农委及科委农业技术推广奖、农业部技术改进一等奖、国家发明专利金奖、黑龙江省最高科学技术奖等荣誉和奖励。

自1948年始，六十多年来，沈荣显一直从事家畜病毒病的免疫学研究，做出了多项有世界领先水平的创造性科研成果，创造了巨大的经济效益和社会效益。2001年，在中国工程院与中国科协联合举行的推选“20

世纪中国工程科技伟大成就”中，在全面推选的基础上由评选委员会评选出了“20 世纪中国工程科技最伟大成就”，在畜禽水产养殖技术的疾病防治方面评选出四大重要家畜疫病疫苗，其中有三项（牛瘟山羊化兔化弱毒和牛瘟绵羊化兔化弱毒疫苗、猪瘟兔化弱毒疫苗、“马传贫”驴白细胞弱毒疫苗）都是在沈荣显参与主持下完成的。尤其是他主持研究成功的“马传贫”弱毒疫苗，在学术上突破了慢病毒不能免疫的理论，使得中国成为世界上唯一成功控制“马传贫”流行的国家，也使中国“马传贫”活毒疫苗及免疫学研究水平一直保持国际领先地位。“马传贫”疫苗的成功研发及应用，为人类攻克艾滋病开辟了新的研究思路，具有极其重要的理论和实践意义。

在急性病毒病方面取得的主要成就

1948 年开始从事牛瘟兔化弱毒疫苗的研究（第一完成人）。1951 年培育成功了山羊兔化牛瘟弱毒疫苗，应用该疫苗消灭了东北、华北和内蒙广大地区的牛瘟流行。1953 年培育成功了绵羊兔化牛瘟弱毒疫苗，1953 年至 1954 年用该疫苗在青藏高原地区对数十万头耗牛进行了注射，控制了当时正在暴发流行的牛瘟。农业部用该疫苗对青藏高原地区耗牛开展了大规模预防注射，截止到 1956 年，消灭了中国历史上流行的牛瘟，至今已近六十年，仍未见复发，这是历史上的奇迹。1956 年获得政府首次颁发的科学奖。

1956 年从事羊痘弱毒疫苗的研究（第一完成人）。培育成功了鸡胚化羊痘弱毒株，并制成冻干疫苗，既可以预防绵羊痘也可以预防山羊痘。1958 年，羊痘鸡胚化弱毒疫苗开始投产并推广应用，中国每年免疫注射数百万只羊。自此猖獗流行的绵羊痘，在不同地区逐步得以控制或消灭。此弱毒株于 1959 年分让给前苏联应用后，反映效果良好，并一直应用至今。曾获得全国科学大会奖。

1958 年从事猪瘟兔化毒——牛体反应疫苗的研究（第一完成人）。以猪瘟病毒通过兔体继代培育成功了猪瘟兔化牛体反应疫苗，每头牛可生产 10 万多头份猪瘟疫苗，该疫苗免疫原性强，又提高了产量，积极推广应用，对猪瘟防制起了积极作用。首次独特地应用兔化猪瘟病毒感染牛体，并证明猪瘟病毒通过兔体后可以感染没有亲缘关系的动物——牛体。获得农业部科技进步奖。

在慢病毒病方面取得的重大成就

1967 年，罗马尼亚留学归国后主持“马传染性贫血病”免疫研究工作。全世界自 1904 年发现“马传贫”病毒以来，科学界就其免疫问题进行了长期的探讨，但均未获得实质性进展。1972 年，沈荣显首先提出用驴白细胞培育驯化驴强毒的研究思路，并确定了体外培养驴白细胞的最适生长条件。他亲自用驴强毒在驴白细胞培养物上继代驯化，直至传到第 125 代，解决了一系列关键性问题，最终成功地研制出驴白细胞弱毒株。沈荣显主持研究成功的“马传贫”驴白细胞弱毒疫苗，首次解决了世界上百余年来尚未解决的“马传贫”免疫问题。为将该疫苗推向产业化，他又研究了制造冻干疫苗的方法，并创立了疫苗产业化生产车间。自 1976 年此疫苗广泛应用于中国“马传贫”的流行地区，免疫注射了七千万匹次以上的马、骡、驴，凡注苗地区疫情明显下降，疫点减少，病马几乎不再发生，有效地控制了中国的“马传贫”流行。根据农业部统计（1990 年统计资料），10 年内减少经济损失 65.236 亿元。在学术上，“马传贫”驴白细胞弱毒疫苗突破了慢病毒的免疫理论，为人畜慢病毒病（如艾滋病等）的免疫研制疫苗提供了新途径。马传染性贫血病弱毒疫苗蕴含着关于慢病毒——艾滋病病毒免疫保护机制的重要信息，在国际上备受关注。美国《纽约时报》曾以大篇幅报道：“中国马传染性贫血病疫苗的研制成功，给艾滋病预防带来希望。”

“马传贫”弱毒疫苗研制成功后，沈荣显又就“马传贫”弱毒的致弱及免疫机理进行了深入研究，证明了弱毒在体内不同于强毒的复制方式，该弱毒并非带毒免疫的理论。据此，他提出了弱毒诱生保护性免疫的蛋白在机体内长期存在，持续刺激机体免疫系统，使体液及细胞免疫不断积累成熟，完全能抵抗不同强毒株攻击的理论，并进一步证实其可信性。

在艾滋病研究领域开展广泛合作

中国的马传贫弱毒疫苗不仅能够有效控制马传染性贫血病，它还对人类攻克艾滋病提供了新思路、新方法。哈兽研所采用“马传贫”疫苗研制成功的创新技术路线，以人艾滋病毒和猴艾滋病毒的嵌合病毒在猴体内和体外细胞传代的方法，并结合特定基因的分子生物学改造手段，构建了抗原性强、安全性好的减毒HIV疫苗。这对人类战胜艾滋病、保卫人类生命安全意义更为重大。

1985年8月，沈荣显作为“马传贫”（EIA）与艾滋病（AIDS）学术讨论会分组的特邀代表，赴阿根廷的首都布宜诺斯艾利斯出席了第十届泛美兽医大会，报告了“马传贫驴白细胞弱毒疫苗的研制与应用”。与会代表对我国研制的“马传贫”驴白细胞弱毒疫苗、该苗在中国使用的效果以及该苗免疫马用美国wyoming株“马传贫”强毒攻击的免疫效果倍感兴趣，会议前后许多国家代表希望我国特邀代表在会议结束后对“马传贫”流行的地区去考察以及要求引用我国研制的疫苗。大家普遍认为，中国“马传贫”免疫研究的成功为艾滋病的免疫研究提供了开拓性借鉴。

1997年初，在沈荣显院士的推动下，哈尔滨兽医研究所与美国、荷兰等三国四方达成了一项国际合作研究协议，这一举措不仅为艾滋病减毒疫苗提供了动物模型，而且为促进马传染性贫血病减毒疫苗推向世界创造了条件。1998年沈荣显院士受国家艾滋病预防与控制中心的邀请共同进行以“马传贫”开展艾滋病和“马传贫”病毒疫苗基础的比较性研究。1999年初，哈兽研所与中国预防医学科学院艾滋病参比研究室，在马传染性贫血病毒分子生物学的合作研究方面取得突破性进展。经过三年多共同研究顺利完成了“马传贫”强弱毒全基因序列测序；构建成功了“马传贫”驴白细胞弱毒疫苗的感染性分子克隆；不同代次毒株的序列测定和遗传变异分析；进行了疫苗免疫动物机体内病毒复制及相关细胞免疫与体液免疫研究。申请国内国际专利三项，阐明了“马传贫”弱毒疫苗致弱与免疫保护机理。在此基础上，又以“马传贫”疫苗为基础开展新型艾滋病疫苗的研究，受美国AIDS国际培训和研究项目中心邀请赴美共同开发艾滋病疫苗的合作研究。

采集过程

沈荣显院士采集小组成员由哈尔滨兽医研究所专家和黑龙江大学相关人员组成，自2012年6月承担中国科协“老科学家学术成长资料采集工程”项目，主要任务是学术资料采集、口述资料采集和学术传记撰写等。由于沈荣显本人于2012年6月去世，家人深陷悲痛之中，故推迟了采集计划，采集工作于2012年9月正式开始，至2014年6月基本结束。由于无法进行直接访谈，不能获取一手资料，所有信息均从第三方获取，而且很多年代的信息根本无人了解，他本人也没有任何的传记类文章，面对零散繁多且不系统的采集信息，材料的整理、分类、归档及其学术传记撰写任务异常艰巨。

资料采集情况

自2012年9月以来，小组积极组织开展信息采集等工作，多次深入到中国农业科学院哈尔滨兽医研究所、沈荣显生前办公室、沈荣显儿子沈杰家中、沈荣显孙子沈楠家中及沈阳农业大学等处所，广泛搜集反映其家庭背景、求学历程、工作经历、学术成长、科研成就、师承关系等方面的材料。沈荣显去世后，办公室并没有马上腾出，这给我们采集信息提供了良机，初到他的办公室，即被大量的书籍和材料所吸引，在沈荣显孙媳妇、哈尔滨兽医研究所林跃智的帮助下，我们选取了其中的部分材料，包括重要的实验记录、书信、证书、照片、书籍等，并对办公环境和重要实物进行拍照。在沈杰家中访谈时，我们一并收集了沈荣显生前所用实验器具、钟表、译著等实物，沈杰也多次为我们提供了沈荣显的照片、研究手稿、实验资料等，其中赴罗马尼亚留学期间的照片甚为丰富，我们认真整理，及时扫描归档，标名资料的出处等重要信息。因沈楠继承了祖父沈荣显的兽医研究事业，所以在沈楠家中也获得了大量专业资料，有沈荣显的研究笔记、获奖证书、工作照片、论文等，还有部分影音资料，不能获得实物的及时进行扫描和拍照。沈荣显的著作较少，只有《绵羊化兔化牛瘟病毒疫苗之制造与应用》等四部，但发表论文无数，因多数学报和刊物均实现电子化，我们从多个数据库中搜集到PDF格式论文130余篇，已经按照论文发表时间进行了排序。为扩大采集范围，采集小组试图通过采访过沈荣显的电视台、报社获取信息，经多方联系，在哈尔滨市电视台采集到沈荣显纪录片一集、在黑龙江省图片社收集到沈荣显照片若干张；新中国成立前，沈荣显一直在辽宁学习工作，我们曾联系辽宁省档案馆、沈荣显就读的沈阳农业大学，说明缘由后得到了有关人员的支持，在一番查找下，并有所获。这些资料让我们如获至宝，不仅极大地丰富了采集工程馆藏，更为研究报告的写作提供了大量素材。

访谈情况

因沈荣显去世，只得通过间接访谈了解其学术成长历程，在黑龙江省科协和采集小组的积极努力下，进行了较为全面的采访工作。访谈工作严格按照文件要求，提前准备好话题，采取一问一答形式，访谈地点多为工作单位和家中。家人中主要采访了沈荣显的长子沈杰、二儿子沈涛、长孙沈楠等人。因沈杰一直和父亲沈荣显一起居住，所以我们对其进行了多次采访，对沈荣显的工作情况和在生活情况有了较为系统的了解，还有“文革”前后的经历、“马传贫”项目的研究工作等方面作了细致的回答，对老哈兽研所的情况进行了介绍，多次提到单位的领导、同事和沈荣显之间的合作经历等，但对沈荣显新中国成立前的工作生活经历知之甚少；后来我们联系到沈荣显的四弟沈荣胜，进行了电话访谈，将其家庭概况了解得比较清楚，但由于两人年龄差距太大，故对沈荣显早年学习和工作情况也不甚了解；在多方联系下我们还与沈荣显二弟的夫人取得联系，但由于年事已高，无法正常交流，所以没有获得有效信息。同事和学生中主要采访了王晓钧、马建、林跃智等人。因林跃智即是沈荣显的孙媳妇，又是他的学生和同事，所以林跃智对沈荣显的了解更为全面，特别是专业知识方面讲解的更为透彻，和我们分享了沈荣显研究道路上的点滴，提到了关系学术成长的很多关键人物，尤其是后来的关于“马传贫”研究和艾滋病疫苗的合作研究方面，给予了大量信息，还提供了很多工作生活中的细节故事；在王晓钧和马建的访谈中，更多是侧重同事关系和师生关系，重点介绍了沈荣显如何对待工作、学术研究、学生培养和名利荣誉等，其中不乏感动人心的故事。采集小组从间接访谈中掌握了大量有效信息，共获得访谈录音 346 分钟，其中还有大量电话采访和现场采访没有录音，而是形成了访谈稿或直接作为写作素材供撰写传记使用。在间接人物访谈之中，拍摄了一些与沈荣显有关的照片，如沈荣显单位哈尔滨兽医研究所照片、沈荣显生前所在办公室照片、收藏古玩照片等，同时也拍摄了相关人物照片。

采 集 成 果

实验手稿和工作笔记

经过多方收集和认真整理，共获得 21 件实验记录和工作笔记。包括 1965 年《鸡胚细胞细胞消化》18 页；1968 年《马传贫强毒通过驴体继代培育病毒》23 页；1980 年《马传贫驴白细胞弱毒疫苗 121~125 代种毒鉴定保管》共计 166 页；1981 年《传贫病毒对驴（马）白细胞测毒记录表》；1982 年《马传染性贫血病研究工作的几点体会》10 页；1983 年《马传染性贫血病弱毒疫苗发明申报书》；1987 年《马传贫免疫研究古巴应用的 840 菌》共计 167 页；1992 年《马传染性贫血免疫注射的选其效果观察》2 页；日语版《马传贫研究工作的历史（沿革）》10 页。这些工作记录专业性极强，笔迹极为工整，信息量较大，为我们弄清沈荣显学术成长经历提供了保障。

照片

在所收集到的照片中，多数为沈荣显家人提供，共计 112 张。大多数可以说明照片拍摄时间、事由及照片中的人物姓名，但也有部分照片其家人回忆不起时间人物等信息。比较珍贵的照片有：1957 年沈荣显作为科学工作者积极分子代表出席了中国科学奖表彰大会与毛泽东主席合影，1961 年在北京与二弟沈荣久、三妹沈荣兰、四弟沈荣胜合影，1965 年沈荣显在罗马尼亚留学期间与周恩来总理合影，1986 年指导学生做实验场面照片，1990 年沈荣显在美国工作照，2006 年在北京“中国消灭牛瘟五十周年纪念座谈会”合影，2012 年沈荣显与儿子沈杰、孙子沈楠、重孙沈博玮合影，与哈兽研所前所长陈凌风合影等。

往来书信

获得沈荣显与国内外专家学者往来信件共计 30 余封。其中重要的有：1966 年，周恩来总理访问罗马尼亚期间邀请沈荣显同志参加留学生招待会；1989 年沈荣显写给党中央总书记的信件，汇报我国研制成功的“马传贫“疫苗的喜讯和遭遇；1993 年，日本京都大学艾滋病研究所速水正宪教授，写信表明对“马传贫”减毒疫苗非常感兴趣，特别对马传贫病苗的基因测序为艾滋病疫苗的模型，愿意开展合作，并希望这项工作尽早开始；2012年梁田庚写给沈荣显的生日贺卡，感谢沈荣显为我国农业科学事业发展做出的重大贡献，祝生日快乐，健康瑞祥！

证书

共采集沈荣显获奖证书及聘书75个，其中重要的有：1957年获得中国科学院科学奖金三等奖、1983年获得的国家一等发明奖、1990年度陈嘉庚农业科学奖、1996年世界知识产权组织颁发的中国专利金奖、1996年何梁何利基金科学与技术进步奖等奖项证书，以及1984年被聘为中国农业科学院第二届学术委员会委员、1996年被聘请为东北农业大学客座教授等聘书。

实物资料

沈荣显家人大力支持采集工作，提供了部分珍贵实物资料，其中有使用多年的试验器皿、笔筒、水杯、放大镜、马标石英钟等，还有13本研究领域的外文参考书籍，及多份研究记录、推荐书和报纸信件等。

研究思路与写作框架

采集小组严格按照传记写作要求，将沈荣显学术成长经历置于中国兽医免疫学发展背景之中，放在中国社会变迁背景之下，予以考量。在撰写过程中，将沈荣显院士人生的几个重要发展阶段（学习和工作的经历、重大疫苗的研制成功）为节点进行创作，在不同的历史时期，将家庭生活与之紧密结合起来，努力发掘资料，深入研究沈荣显学习、工作和生活经历，重点突出其学术成长历程，探求其性格特点、学术传承关联、重要研究成果、在动物病毒及免疫学界的地位等问题，客观呈现他的人生全貌。

由于没有沈荣显本人的口述材料，编者希望把采集到的素材汇集成册，传记初稿的写作首先从采集到的个人简历、研究记录、荣誉奖励、文献资料等档案素材中筛选有用信息，再加上间接访谈获得的信息，整理出一部相对完整的传记。但采集小组所得材料并不是全部都能使用，需要按照主题和结构，对材料做出选择和取舍，所以很多难得的资料并不能得到应用，很是惋惜。当然也有意义非凡的历史阶段和事件，就需要深入挖掘相关全部材料，原原本本的完整呈现，不放过任何细枝末节。撰写过程中，在科协领导小组王春法、樊洪业先生的指点下，采集小组发表了一些评论，对沈荣显的成长特点进行了适当的归纳总结，欢迎读者批评指正；同时我们非常注重信息的补充采集，当遇有不清楚问题时，就及时访问相关人员，将采集信息补充其中。我们总认为沈荣显院士传记是一部需要不断丰富的著作，即使完稿后，也仍有进一步完善的空间，使之更加完备，期待有更多研究者一起参与，不吝赐教。

传记以时间为线索，分为家世和求学经历、新中国成立前的就业经历、消灭牛瘟、成功研制羊痘鸡胚化弱毒疫苗、研发猪瘟兔化牛体反应疫苗、留学罗马尼亚、开始主持马传染性贫血病这一尖端课题、十年磨一剑攻克马传染性贫血病、马传染性贫血病弱毒疫苗的成功给艾滋病带来希望、夕阳灿烂、慢病毒疫苗的开拓者等十一章，每章分为二到四节，每节讲述一个主题，主题间有着密切的关联，也有的时间跨度较大，也可单独成篇，但其所述事件仍符合总体时间脉络。

本传记是沈荣显院士的第一本传记，之前未有过他的传记类著作。希望它可以清晰地呈现沈荣显从一名旧中国的大学生成长为出类拔萃的留洋归国学子，又从一名普通平凡的科研工作人员成长为享誉中外的家畜病毒病免疫学研究的科学家的艰辛历程。借此希望沈荣显不断进取的奋斗精神可以激励更多的人们刻苦钻研，锐意进取，积跬步而至千里，聚滴水而成江河，齐心协力、共同肩负起中华民族脊梁的大任。

第一章
家世和求学经历

家庭背景

1923年1月12日，沈荣显出生在辽宁省辽阳县刘二堡镇三岔子村一个贫寒的农民家庭。父亲给他取名沈荣显，大概是希望他将来能够有所作为，出人头地，光宗耀祖，光荣显赫之意。沈荣显的家乡辽阳有史以来都是中国东北地区的第一座重镇，成为这一地区长期以来的经济中心、军事堡垒、政治舞台，曾经是契丹、金、后金等政权的都城。

早在沈荣显出生之前，辽阳地区就已经陷入了内忧外患的处境之中。1905年12月22日，日本人小村寿太郎和驻华公使内田康哉，与奕劻、瞿鸿机、袁世凯经过22次会议近35天的谈判，在北京签订了中日《会议东三省事宜正约及附约》又称《满洲善后协约》。其中一条明确约定允许开放奉天的凤凰城、辽阳等共16处为商埠。1911年辛亥革命后，沈阳成为奉系军阀统治的首府，导致东北地区长期处于军阀混战状态，经济一片萧条，老百姓更是被连年的战乱折腾的民不聊生。王魁喜教授在1984年出版的《近代东北史》一书中，如此形容："东北人民，尤其是广大工农群众仍然处在水深火热之中，生活极为悲惨。"

沈荣显的父亲沈宝庆，是一个"面朝黄土背朝天"的普通农民，世代一直生活在辽阳这片土地上，凭借着祖辈的勤劳耕种，家境还算殷实。当时，阶级意识已非常明显，老百姓都被分为农民和地主等阶级。因为沈宝庆家里有很多土地，所以他们家被划分为地主阶级，但沈宝庆和人们印象中张扬跋扈的地主不同，他是一个敦厚朴实的东北汉子，他老实、勤恳、实在，没有像其他地主那样剥削百姓，剥削雇佣的长工而投机赚钱。沈宝庆和普通的农民一样，守着自己的田地和牲口，每天过着日出而作日落而息的生活，辛勤努力地在辽阳这片土地耕耘了一辈子。

沈荣显的母亲，姓魏，在旧中国的社会环境中，女人的地位非常低下，女人一般都没有自己的名字，她和沈宝庆结婚之后，就一直被称为沈魏氏。她是中国最传统的家庭妇女，丈夫就是她生活的全部中心，平日里少言寡语，更多的时间都是在辛勤劳作、操持家务、相夫教子。

沈宝庆夫妇一生共育有四个孩子，沈荣显在家排行老大，二弟沈荣久，三妹沈荣兰，四弟沈荣胜。沈荣显从小性格内向，和兄弟姐妹也很少言语，再加上一直在外读书，所以关于弟弟妹妹们的回忆并不多。沈荣显家人曾提起他的四弟沈荣胜，沈荣显 1948 年举家搬迁到哈尔滨后，沈荣胜于 1954 年投奔于此，当时他只有 16 岁，一直在哈尔滨读书学习，和沈荣显一家生活在一起，直到 1962 年到北京航空学校进修学习才离开哈尔滨，毕业后分配到了陕西省西安市工

图 1–1　沈荣显的家乡辽宁省辽阳县（1923 年。沈杰提供）

图1-2　兄弟姐妹在北京合影（1961年3月。左起依次为沈荣显、沈荣久、沈荣兰、沈荣胜，沈杰提供）

作，几年后辗转调回辽宁省沈阳市飞机研究所。[①]

沈荣显从小居住的三岔子村，始建于清末，因正岔、西北岔和西南岔的分岔之处，为此得名。三岔子正处在火山地带和北纬40° 大断裂带线上，在地理上造成极为复杂的地型，为各种矿产和动植物存在创造了条件，有丰富的森林资源和矿产资源。在行政区域上，渤海时期它是处在“西凉鸭绿府”的“丰州”与“神州”的交界处；辽代它是处在“绿洲”与“墓州”的交界处；元代它是处在“辽阳路”与“女真”住地交界处；明代处在“女真鸭绿都”与“讷殷部”的交界处；清朝末年和民国初年则

① 沈杰访谈，2013年8月6日，北京。资料存于采集工程数据库。

处在临江县与蒙江县（今靖宇县）的交界处。历来是各民族、各兵家必争之地。抗日战争时期，是东北抗联的根据地，也是同日伪军作战的主要战场。三岔子村当时有140余户商民，一所区立小学和一处由商家代办的邮箱。1927年三岔子村有16户水田户，共有438.6亩水田。

在那个内忧外患、战乱不断的年代，沈宝庆一家上下完全是靠天吃饭，风调雨顺就可免除饥肠辘辘，而遭遇干旱或洪灾，就只能忍饥挨饿勉强度日了。沈荣显出生的那一年（民国十二年八月十日至二十日），辽阳太子河流域一次降雨200毫米，引发山洪爆发，河水猛涨。辽阳境内堤坝冲开十余处，铁路中断，城内进水，大量房屋被冲倒，数万亩庄稼被淹没，北边墙至青鱼湾、西泗河、前蚂蜂泡一带，田禾均被淹没。太子河高丽门河段，流量高达11300立方米每秒，是辽阳有记录以来第三次超过万立方米每秒，此次大水是光绪十四年（1888年）以来未曾有过的大水灾[①]，因此省里决定免除本年度辽阳赋税。洪水淹没了农田，毁坏了房屋，这一年沈宝庆辛勤耕耘却颗粒无收，家中又添新丁，生活异常艰难。1924年家中获得了丰收，生活得到了极大改善，但11月份的一股寒潮，让人们措手不及，沈荣显一家人不得不相互依偎取暖，野外不少人迷了路，一时找不到回家的路，冻伤了许多，也有冻死的。[②]

沈荣显生前说他的儿时记忆已很模糊了，但那时的军阀混战给农民带来的痛苦和自然灾害给农民带来的灾难却在他幼小的心灵中刻下了深深的烙印。可能多为遗传的因素，他从小便从骨子里透露出一股像父亲一样的倔强劲儿。沈荣显长大后很少提起他的父亲，因为在他的记忆中，父亲就是那个深沉的背影，背着锄头，默默地喂养着牲口，耕耘着土地。沈宝庆沉默寡言，很少和孩子们沟通交流，沈荣显只记得在收成不好、牲口死亡的时候，父亲和母亲商量怎么维持生活，如何度过难关。沈荣显生前曾经说过，年少时，他和父母的交流并不多，特别是父亲，整日忙于一家的生计，在一起生活的时间也没说过太多话，平日的教导也很少，但是自己的性格却最像父亲，安静而又执着。如果没有父亲身上那份对待生活和工作

① 辽阳太子河水灾。《盛京时报》，1923年8月。
② 大事记·中华民国。辽阳市情网，2009年2月6日。

的勤恳与坚持，沈荣显在事业上就不会有这么大的成就。日后的生活中，面对科研工作的困难，沈荣显就像当年父亲面对贫瘠的土地一样，努力耕耘，忘我付出，等待着收获。

动荡少年

沈荣显除了具有农民特有的一股子倔强劲儿之外，也逐渐地显示出自己的性格：不爱疯闹，不爱说话，耐得住寂寞，甚至有些孤僻。在别的孩子四处奔跑玩耍的时候，他却能安稳的坐在那里静静的思考。随着家中经济状况的好转，父亲渴望孩子通过知识改变家庭的面貌，再加上沈荣显有这样的性格特点，父母认为他有读书的天分，于是紧衣缩食也要送他去上学。但动荡的局势，致使社会环境不稳定，人民生活不安定，学校也经常被迫关闭，童年的沈荣显基本就是在私塾中随老师读写古书。直到1930年，沈荣显进入三岔子村小学开展了较为系统的学习，但学习总是断断续续，间歇时还要帮家中做些农活和家务。

沈荣显的童年饱受战争摧残。辽阳是日本发动“九一八事变”的策划地，从而爆发了全面侵华战争。事变前，日本关东军司令官本庄繁，以视察为名，对事变的准备工作进行检查和动员。1931年9月17日夜，在辽阳检阅日军之后，本庄繁与关东军主任参谋石原莞尔和关东军高级参谋坂垣征四郎在辽阳站前白塔旅馆召开了事变前密谋会议。9月18日夜10点20分，日本守备队炸毁南满铁路奉天柳条湖附近的路轨，制造了“柳条湖事件”，即“九一八”事变。由于东北地方当局和国民政府对日本的进攻采取不抵抗政策。次日，日军侵占沈阳，又陆续占侵占了东北三省。

那个时候，沈荣显已经有了清晰的记忆，混乱的时局让沈荣显本就不太愉快的童年变得更加混沌和迷茫，在家人的护佑下，他能做的只有静静的等待。1931年11月，日本关东军以辽宁地方维持会名义宣布，将辽宁省改为奉天省。辽阳县成立县公署，属奉天省。1932年2月，东北全境沦陷。此后，日本在中国东北建立了伪满洲国傀儡政权，开始了对东北人民长达 14 年之久的奴役和殖民统治，使东北三千多万同胞饱受亡国奴的痛苦。东北沦陷后，中国老百姓生活很困难。很多东西都“配给”，只能买高粱米吃，几乎没有细粮。一个日本阔太太牵着哈巴狗对中国邻居说：“我的狗的吃大米！你的人的没有！”几个邻居敢怒不敢言。①

即使是在这样的恶劣环境中，沈荣显还是热爱学习，只要小学一恢复课程，他就早早地跑到课堂认真听讲。他的性格就是这样，平时很少说话，愿意思考，喜欢沉浸在老师的讲解中，不管是算数、语文，还是其他的课程，他都充满了兴趣。遇有不明白的问题，他总是反复思考，在学校问老师，回家问父亲，总是要问出个究竟，得到一个确切的答案。沈荣显的性格从小就是这样，安静沉着，却对知识充满好奇；有些内向，却又不乏独到见解，这些特点早已超出了同龄人的范畴，可能这正是他能够从事科研工作的必备条件之一，从而取得了事业成功。

在沈荣显的少年记忆中，家乡的抗日游击队伍和日本侵略者展开了长时间的殊死搏斗，这给他留下了深刻的印象。“九一八”事变后，辽南地区民众组织抗日武装。张海天（号老北风）、吴宝丰（号三胜）、项国学（号项青山）等绿林队伍参加抗日义勇军行列。他们活动在辽阳、海城、辽中、盘山、营口等地，其中“三胜”活动在辽阳县唐马寨、刘二堡一带。宋鸣皋（今灯塔县人）、陈德泉、何庸等十几名青年学生，在全国抗日高潮影响下，自发组建抗日义勇军，驻唐家堡子一带，称唐家抗日义勇军。在党中央统一领导下，中共满洲省委立即组织力量深入各地，宣传群众，组织群众，联络抗日武装，投入反抗日本侵略打斗争。1932 年 1 月，李兆麟②提议回辽阳县小堡村，组织当地群众开展武装抗日斗争。3 月，成立了“东北抗日义勇军第二十四路军，定以小堡为中心，驰骋在东

---

① 尹永美：父亲的故事。黑龙江大学图书馆网站，2006-05-12。

② 李兆麟（1910-1946），汉族，辽宁省辽阳县铧子乡小荣官屯人（现灯塔县）。中共北满省委主要领导人之一、东北抗日联军创建人。曾任中共满洲省委军委负责人，珠河反日游击队副队长、哈东支队政委、东北抗日联军第六军代理政治部主任、第三军政治部主任、北满抗日联军总政治部主任和东北抗日联军第三路军总指挥等职。参见辽宁社会科学院地方党史研究所：《李兆麟传》。当代中国出版社，2010 年。

至歪头山，南至铧子沟，西至烟台（灯塔），北至陈相屯方圆六十平方里的土地上，与日寇作战。同年底，因敌众我寡，部队遭到重创，被迫离开辽阳。

在大人们讲述这些抗日英雄的时候，沈荣显每次都听得十分入神，认真细致地体会个中滋味，当时年仅 9 岁的他，虽然没有参加革命的机会，但内心中却涌动着无限爱国热潮。穷人孩子早当家，一直少言寡语的沈荣显，心智却已经很成熟，他渐渐读懂了抗日力量的不易，总盼望着自己早日长大成人，来保护家人，救民族危难于水火之中，这样的简单信念也慢慢地成为了他的人生理想。就这样，沈荣显一路走来，都坚守信仰，坚定信念，不为外部环境所扰，刻苦学习，向着一个又一个目标前进。

在日本帝国主义的侵略下，沈荣显的少年时期很难吃上一顿饱饭，整个东北人民生活极其艰难，饿殍遍野的情形时有发生。据 1936 年伪满洲国国务院的资源调查报告显示，满洲地区可耕地面积为 4000 万顷（40 亿亩），其中已耕地 2500 万倾，年产粮食约 2000 万吨左右，其中必须优先供应日军和满军的军事用粮、日本与朝鲜移民的口粮以及对日出口[①]。根据关东军的要求，伪满洲国每年要向日本提供 1000 万吨以上的粮食，每年 8 月中旬开始征粮工作，11 月底结束。除去来年的种子之后，中国农民的口粮所剩无几，沈荣显家中每年的粮食也只能勉强维持温饱了。由于粮食供应不足，当局规定中国人不允许运输、食用大米、白面，只能食用由玉米、小米，甚至榆树籽和锯末混合磨成的“协和面”，违者按照“经济犯”治罪。而日本开拓团移民不仅不需要交纳农业税费，还能按月领取口粮，这令中国人民非常气愤。

面对拮据的家中生活，沈荣显平日既要学习，又要帮助家中干农活，但无论如何他都没有放弃读书的理想，仍然坚定上学的信心。1936 年，经过刻苦学习，沈荣显考入了刘二堡镇中学，开始了中学学习生活。当时的学校多已被日伪当局控制，他们企图通过教育改变中国人的思想，进而实现控制政权的目的。按照日伪当局公布《关于小学校教科

① 1932 年伪满洲国成立。中国广播网中国军事，2009 年 8 月 3 日。

图 1–3　日军占领时的辽阳（1934 年。资料来源：辽阳市情网）

规程》规定，从 1936 年 1 月起辽阳地区初等教育设经学，减少国文教学，以封建伦理毒化中国儿童，规定初小一年级设日本语课程①。即使是在日本人控制的学校，沈荣显也依然非常认真地学习，每一门课程都下很大功夫，有一种“打破沙锅问到底”的精神，因为他清楚地知道，在那样的情况下，想学知识就不得不学会隐忍和坚持。他后来和家人、同事提起那段经历，很多无奈和无助，但自己的日语基础的确是在当时打下的。

随着抗日战争愈演愈烈，给沈荣显原本就不太平稳的学习生活，又蒙上了一层阴影。那个时候每个家庭生活都十分艰难，沈荣显一家生存的难题都压在了父亲沈宝庆身上，活下去成了最紧要的事情。为了全家人的生计，父母的心思也动摇了，希望沈荣显辍学回家，干点营生，帮助家里缓解一下生存的压力。父母的决定让一切都变得无望……即便沈荣显依然勤恳而坚持，即便他依然喜欢读书与思考，但这似乎仍没有办法阻止读书与求学的梦想和他渐行渐远，但这时一个人的坚持，改变了沈荣显的人生轨迹。

除了父母，不爱言语的沈荣显说起的最多的就是他的舅舅，他曾经和家人说过，当时家里人都不再支持他继续读书，但他的舅舅却依然十分支持。舅舅并不是什么满腹诗书的才子，他也只是一个普普通通的农村汉子。正是因为他没读过书，所以他希望家里成绩最好的孩子，能够继续坚持学业，不要再持续一辈子守着贫瘠的土地“看天吃饭”的生活，不要再

① 大事记 · 中华民国。辽阳市情网，2009 年 2 月 6 日。

经历家里所有的牲口遭受瘟疫折磨时的痛苦，他希望沈荣显能用知识改变这个农村家庭的命运。“苦了谁都不能苦了孩子，断了什么都不能断了孩子学习的路，不能毁了孩子的好前程”，沈荣显一直铭记当年舅舅满含深意的话语。在沈荣显少年时期的求学生涯中，舅舅成了他最坚强的后盾，一直鼓励和支持他完成了学业。

在沈荣显读中学阶段，伪满洲国建立了完备的普及教育体制。1937 年，由日本傀儡皇帝溥仪颁发的 403 号“敕令”规定，辽阳实行市制。以辽阳县城和附近 16 个村屯与满铁附属地合并，建立辽阳市，面积 23.4 平方公里，人口 85700 人。市、县均隶属奉天省。在各级学校中以“民族协和”、“日满亲善”、“一德一心”为口号进行教育，伪满洲国规定在学校每届春丁仪式和秋丁仪式举行祀孔，多是在朝礼时由一位老师介绍孔子生平。1937 年实行新学制，缩短大、中普通学校的学时年限，广泛设立职业技能学校，培养相关职业技能人员；而专门培养高层官吏和殖民统治骨干的大同学院和建国大学，延长学制两倍为 6 年。招收学生都以日本人为主，只有少数中国人。相对以中国人为主的一般高等学校，则多是培养各种职业人员的学校。除人文、科学的教育外，重视学生的品格与体魄的培养训练，乡村学校注重学生对农业知识与科学耕种的训练，女学生还有家政训练课程。借此意图培养轻人文，重技能的可供驱使的伪满洲国民。

读书前的一波三折，入学读书的来之不易，这一切都使得沈荣显变得更加安静，因为他能够感受到身上沉甸甸的压力。从此，沈荣显学习更加努力，在家人的支持下，于 1939 年夏考上了辽阳县立高级中学。从那以后，他就离开了家乡，来到县城上学了。沈荣显刚到高中很不适应，再加上不善于和别人沟通交流，他基本上没有朋友，也没有人愿意主动跟他交朋友。在其他同学眼里，沈荣显就是一个独立、安静甚至孤僻得有些怪异的同学。沈荣显好像是故意把自己封闭在一个独立的小世界里，他从来不关心外面的世界发生了什么，“两耳不闻窗外事，一心只读圣贤书”在他的身上得到了最好的体现。那个时候的沈荣显，把全部的精力都放在了学习上，也正是因为这样的专心，他的成绩突飞猛进，很快就成为了班级里名列前茅的学生，从此再也没有人敢小看这个从农村来的孩子了。

沈荣显的高中生活异常艰难。1940 年 1 月，日伪当局制订《兴农合作社设立纲要》，将原金融合作社和农事合作社并为兴农合作社。4 月，辽阳县成立兴农合作社，全县实行粮食统制，推行粮谷“出荷”政策，强迫农民低价出售粮食。农民称兴农合作社为“坑农活作孽”。据记载，当年“出荷”100 公斤大豆价 17 元，而市场价达到 200 元左右[①]。

在那个动乱的年代，很多人都认为“百无一用是书生”，很少有人再坚持读书学习了，能上完中学的人已经是少数，更不要说大学了。当时，也有很多人劝说沈荣显不要继续念书了，莫不如就在城里找一份工作，哪怕是在家遵循父亲的老路，守着田地安逸地过日子也好。但是沈荣显知道，自己一路从私塾、小学走到高中付出了太多努力，尝过了太多心酸，他的身上凝聚着一家人的梦想，于是他还是咬紧牙关，依靠着非同寻常的毅力，坚持学习。沈荣显在亲人的支持下，凭借着那份自信和执着，刻苦努力，勤奋读书，终于排除万难，用尽全力迈进了梦寐以求的大学之门。

求学时代

功夫不负有心人，1942 年，沈荣显以非常优异的成绩考入了奉天农业大学（现沈阳农业大学）[②]的兽医系，立志学习农业科学，为中华民族服务。伪满洲国设立的大专院校共有二十所，参与其事绝大部分是日本人。当时的大专学校，教师 90% 以上为日本人，用日语授课，少数的非日本人

① 第一卷：大事记中华民国。辽阳市情网，2009 年 2 月 6 日。

② 位于沈阳市皇姑区塔湾街 34 号。该校始建于 1926 年，建筑为砖混结构，地上二层。初名为农业职业学校，1927 年改为奉天省立第一农科高级学校。“九一八事变”后，日本人占领学校，1935 年 7 月改名为奉天高等农业学校，1938 年更名为奉天农业大学。1945 年抗日胜利后该校成为东北大学农学院。1949 年与它校合并成立沈阳农学院，成为沈阳农业大学的前身。之后沈阳农业大学定址东陵。这里成为沈阳军区司令部塔湾招待所。现该建筑已做他用。

用汉语或者蒙语授课。比如说，建国大学每年招生 150 人中，一半是日本人，另外满洲人 50 名（在满洲国汉族和满洲族人都称为满洲人），朝鲜、蒙古和白俄共 25 名。①

在当时的社会，能够考上大学的人非常少，而步入大学校门的人一般都会选择医学、法律、经济等热门专业，以期未来获得一份既体面又稳定的工作。对于专业的选择，沈荣显并没有想太多，也从没后悔过报考了兽医学。沈荣显深感中国虽是古老的农业大国，有着辽阔的草原，但是兽疫危害非常严重，畜牧业十分落后。在家乡，他看到农民生活贫困，农村养畜和兽医技术十分落后，牲畜因得不到治疗而死亡，给农民带来巨大损失乃至破产。他看过太多因为家畜疾病不能及时被治愈，导致很多家庭破败的例子，不能忘记家乡父老看着家畜尸体默默叹气流泪的景象，深刻地体会着猪、马、牛、羊等家畜对于一个农村家庭的重要意义。沈荣显永远不会忘记老师的一段沉痛的讲述：“牛是农家的命根子，每当牛瘟流行，不知有多少土地被荒芜，多少农民被迫背井离乡，流落在外。”“当时，马、骡、驴等这些动物与老百姓的衣食住行都息息相关，而动物的疫病却非常严重。大量动物的死亡，严重影响了国民经济的发展和老百姓的生活。我是一个农民的儿子，对这一点的理解更为深刻。因此，我选择了在当时非常受偏见的动物医学专业。这是一个不被人认可和重视的专业，甚至有的同学都不敢和家人说明自己所学的专业是动物医学。”② 于是，他立下了攻读畜牧、兽医学的志

图 1–4　大学期间沈荣显和父亲的合影（沈杰提供）

① 满洲国的经济。黑龙江大学图书馆网站，2012–02。

② 傅宇：病毒研究是我生命中最重要的梦想——访中国工程院院士沈荣显。《黑龙江学子杂志》，2008 年 10 月 24 日。

愿，越来越关注畜牧业，经反复考虑，毅然一反当时我国轻视兽医的思想，谢绝了家人亲友的劝阻，决心涉足畜牧事业，经过努力，终于考入了奉天农业大学攻读兽医学专业。进入大学后，他很快就对兽医学专业产生了浓厚的兴趣，学习很努力，把自己的全部精力投入到学习之中。

沈荣显读大学的阶段，正值第二次世界大战期间，中国也正面临着日本的疯狂侵略，整个东北地区的人们在日本帝国主义的铁蹄下艰难生活。日本一直把教育看的十分重要，他们一直妄想企图通过教育来改变国人的思想，从而达到从思想上控制整个中国的目的。当时牛瘟、羊痘等动物性瘟疫困扰着很多国家，日本连年征战，每一项物资都十分的珍贵，当牲畜大批量地死亡的时候，对于他们的侵略计划十分不利，所以当他们攻陷东北的时候，奉天农业大学作为农牧业的专业学校，是最早被日本控制的几所学校之一。

日本帝国主义对中国人除了在思想上的控制，经济上的控制更为苛刻，导致沈荣显的大学生活过的非常艰难。1942 年，日伪当局决定辽阳市内中国人普通家庭每月粮谷的配给量：1 至 3 岁为 3 公斤、4 至 7 岁为 6 公斤、8 至 10 岁为 9 公斤、11 至 60 岁为 12 公斤、61 岁以上为 9 公斤。

图 1–5　奉天农业大学（1943 年。沈杰提供）

如此导致物资奇缺，以当时的公定价格为 100，粮、棉、煤等生活品黑市价格分别为：大米 415.7，白面 694.2，高粱米 603.4，鸡蛋 173.1，猪肉 154.4，砂糖 416.8，豆油 775.2，棉布 999.5，煤 238.3，火柴 500.5[①]。在这种情况下，沈荣显和大多数人一样，不得不过着忍饥挨饿的生活。

由于战局动乱，整个学校的教学计划全部搁浅。当时有很多人疲于奔命，不再坚持读书了，但是沈荣显一直铭记着自己的抱负，他坚信战争总有一天会结束，并逐步树立了为人民、人类服务的远大理想。他认为：为人民、为人类服务，让他们在物质生活和精神生活中不断地改善、提高，能过着幸福的生活，本是一个有良知的人都应该有的理想。从古至今，仁人志士，莫不如此。但这理想如何能实现呢？人民生活的提高、社会的发展、国家的富强，都是与知识的掌握息息相关的。原始的人类是靠天吃饭，大自然决定了他们的生死存亡，在必然王国立挣扎；当他们掌握了知识，了解了人类经过长期实践积累的正确的信息和经验，才从必然王国走向自由王国，能主动地创造条件，改变环境，掌握命运。所以，要想改变当前的生存环境就一定要学习知识文化。有许多人尽管用心良好，希望为人民、人类做点好事，为他们服务，但因为没有掌握知识文化，不能进入自由王国，因此常是事与愿违，达不到利国利民的目的。就是这样的信念支撑着沈荣显沉下心来，一步一个脚印地学习文化知识。

沈荣显十分珍惜能到大学读书这样难得的机会，从一个县城高中考到了奉天农业大学实属不易，到了大学后，沈荣显发现虽然自己一直很努力学习，但是仍然有很多知识是自己从未接触过的，要学的东西实在太多太多。面对图书馆里琳琅满目的书籍和文献，他就像久旱逢甘露一样，每天除了吃饭睡觉，不是在教室、实验室就是在图书馆。当时整个东北的形势都不容乐观，学习环境更是难以保证。沈荣显曾经说过，当时所有人都是他的老师，无论是日本人还是中国人，他都虚心地请教学习。他恨日本人，但是不能恨他们的技术，他懂得师夷长技以制夷的道理，实验的基本原理、实验的基本操作步骤这些最为基础的东西，根本没有人愿意教他，

① 辽阳市情网总述。黑龙江大学图书馆网站，2009-02-06。

图 1-6 沈荣显和师生现场学习情况（1943 年。沈杰提供）

沈荣显就在旁边认真地看、认真地记，然后再一遍一遍看别人的实验记录，逐渐摸索着进步，慢慢地掌握了扎实的专业技能。沈荣显生前接受采访时说："那时，我们的学习条件十分艰苦，没有电脑，也没有发达的网络，更没有现在先进的科学研究技术，获得信息的途径少之又少，只能参考有限的相关资料来学习，以自己手抄来一点一点记录成册。就这样，我靠着平时的积累和实践来丰富、完善自己的知识体系。"①

沈荣显读大学期间，日伪当局对中国人的管控更为严格，1943 年，日伪当局施行《国民身份证法》，凡 15 岁以上居民均持有身份证。即使是这样，沈荣显家乡一带的抗日活动一直没有停下，1943 年，"辽阳第三国民高等学校"一些学生，由该校学生范传鼎等人领导，进行反满抗日活动，直到 1945 年"八一五"光复。1944 年，国民党派张枢到辽阳进行地下活动。以市内和刘二堡为据点，用青年抗敌队的名义，发展队员 20 名左右，组织县党部，活动于沈阳、辽阳、刘二堡、亮甲、隆昌等地，1945 年 8 月党员达 30 余名。"八一五"光复后，一度与罗大愚共同组织县党部。沈荣显耳闻了很多优秀青年学子的抗日活动，当时他也热血涌上心头，有冲上战场的想法，但稳重的他转念想起家人对他的期盼，自己树立起为人民、为国家服务的理想以及眼下的学习重任时，他还是一次次放弃了这种念头。这个时候的沈荣显已经很成熟，他非常了解自己的特点，知道自己的任务是什么，坚持就是胜利，坚持才能胜利。而一路走来所取得的众多成就也充分印证了他当时的做法是正确而且科学的。

沈荣显将抗战的激情全部转化为学习的动力，在学校他十分珍惜和老

① 傅宇：病毒研究是我生命中最重要的梦想——访中国工程院院士沈荣显。《黑龙江学子杂志》，2008 年 10 月 24 日。

师交流的机会，他会把一段时间的问题记录好，一起向老师请教，老师们都被他这种刻苦钻研的精神所打动。沈荣显是一个非常执着的人，每当思想松懈的时候，他就会及时提醒自己，必须坚持下去，学好本领，才能在中国取得抗战胜利后施展才华，为民族的振兴、祖国的发展贡献力量。就是凭着那一股子韧劲儿，坚持不懈地做下去。沈荣显几乎每天都待在实验室，常常有人看到他在实验室里臂夹一个硬壳笔记本，踽踽独行，在各处转悠，把他随时想到的想法都记了下来。他很少与人交谈，总是一副沉浸于捕捉新思想苗头的状态。

那时沈荣显家中的经济条件已大不如前，供他读书学习非常困难。他深知家里的实际情况，自己就省吃俭用，经常是窝头就着咸菜就是一顿饭，衣服破了就自己补一补。他从不在意吃穿，他认为食物只要能果腹就可，衣服能避寒就行。他从不羡慕那些家境好的学生，只一心投入学习中去。沈荣显在大学期间经历过很多难以想象的困难，但是他依然凭借着自己的那份理想和满腔的热情，执着地坚持了下来，顺利地从大学毕业了。

对理想始终如一的坚持、善于学习的本领、潜心研究的执着，这三份大学时代沉甸甸的收获，一直伴随着沈荣显走过那段新中国峥嵘的科研岁月。正如多年后，时任黑龙江省委书记吉炳轩[①]慰问沈荣显家人时，对沈杰所说的："你父亲对国家的贡献很大，特别是在医学方面，我们从他身上感受到了强大的以治病救人为己任的使命感，感受到了勇于攻坚克难严谨的科学作风，这些都是值得后人好好学习的。正是因为有很多像沈荣显院士这样的科研人员夜以继日的工作，科研成果才给人类、给社会带来巨大贡献，才使得我国在动物防疫领域处于世界领先地位。"无论是家人、同事还是学生，当他们回忆起沈荣显的时候，都觉得他倔强，甚至有些古板，认准了什么事就一定要做成。他的这些特点从少年时期就开始显现，如果没有这样的韧劲，他就不会一直坚持读书学习，坚持完成学业，也不会在学术上有这么大的成就。沈荣显就是这么一个执着的人，一旦决定下来的事情就一定会坚持下去，这些都跟他从小的生长

① 吉炳轩，男，1951 年生，河南孟津人，曾任中共黑龙江省委书记、常委、委员职务。

环境和性格有非常大的关系。

虽然沈荣显从小生活在艰苦的农村，在一路求学的道路上也历经了无数坎坷，但是他的心灵却从来都不贫乏，他心中充满了理想的力量。大学生活即将结束之时，沈荣显早已做好准备，怀抱着一颗赤诚火热的心，去迎接大学毕业之后的工作和生活。

第二章
新中国成立前的就业经历

战争中的从业经历

1944年秋，沈荣显从奉天农业大学毕业后，随即被分配到奉天市（今沈阳市）铁西区的伪满大陆科学院奉天兽医研究所①（今沈阳兽疫研究所）从事科研相关工作。为了控制和掠夺东北地区农牧业资源，以达到其“以战养战”、“工业日本、农业满洲”之目的，日本“南满铁道株式会社”于

① 日本在日俄战争之后，从沙俄手中夺得了中东铁路南段，作为其势力范围，从此开始在政治、经济、军事等方面对我国展开侵略活动。同时，为掠夺东北丰富的物质资源，日本先以满铁为中心，以“关东州（旅大地区）”为根据地进行科技侵略活动。但是当时日本设立的科研机构不多，规模也较小，仅限于对东北的资源进行一些调查。伪满洲国成立后，日本军国主义者从国内调集大批优秀的科技人员，大量增设研究机构。伪满大陆科学院就是在这样的背景下建立的。伪满大陆科学院除本部以外，还设有分院及一些下属机构，如哈尔滨分院、奉天兽疫研究所、地质研究所和卫生技术厂等。到1942年，伪满大陆科学院共设有22个研究室、3个附属工厂。在伪满大陆科学院中还设有兽医处，对外称“马疫研究所”，由处长秘密负责对日本关东军100部队（细菌部队）进行业务指导，直接参与细菌战的研究工作。参见：伪满大陆科学院。《长春晚报》，2011年6月28日。

1913年在公主岭设立了“产业试验场”，在熊岳设立分场，于1923年在奉天设立了奉天兽医研究所[①]。当时的奉天兽医研究所，主要开展家畜疾病病源检索、防预治疗、兽医血清及疫苗制造等，其中尤以牛、羊、猪、鸡等疫病防治为重点。主要研究项目有：炭疽、牛病、鸡白痢、牛肺疫、家寄生虫驱除、传染性流产、犬病、羊痘、口蹄疫、猪霍乱、鸡瘟、家畜驱虫药物、畜产加工、细菌化学、狂犬病等研究。当时日本人把持着兽疫所的主要技术岗位，沈荣显为了科学研究，暗自下定决心，一定把技术学到手，掌握扎实的本领，才能在民族解放之时真正地为人民服务，等到把日本侵略者从中国驱逐出去的那一天，用自己的才学建立起真正属于自己国家的兽疫研究所。

这一时期沈荣显有了工作，但日本加大了对伪满洲国经济的管控力度，生活非但没有得到改善，反而更加窘迫。1944年，物价飞涨，达到了在历史最高水平。以公定价格为100计算，黑市价格大米为1169，白面3757，高粱米1762，大豆14732，鸡蛋324，猪肉4667，牛肉530，砂糖20584，豆油19452，烧酒14385，纸烟7516，棉纱30331，棉布69731，煤8571，火柴11042，实际是有价无货[②]。作为兽医的沈荣显，别说是肉，基本的温饱都成了问题。

沈荣显在奉天兽医研究所工作了近一年的时间，终于迎来了中国人民盼望已久的历史性时刻。1945年8月15日，日本天皇裕仁广播《停战诏书》，宣布接受《波茨坦公告》所规定的各项条件，无条件投降。1945年9月2日，日本政府正式向中国政府签署投降书，宣告了日本侵略者的彻底失败和世界反法西斯战争的最后胜利[③]。日本在华的所有农业畜牧试验活动也随着战败而终结。得知此消息，沈荣显和全国人民一样，庆祝胜利，欢呼雀跃，都兴奋得睡不着觉了。在沈阳，每一个中国人的脸上都洋溢着胜利的喜悦，他们热烈欢庆抗日战争的胜利结束。

① 侯江、李庆奎：1949年以前外国人在华创办的自然类博物馆探析。《安徽农业科学》，2009年，第26期第37页。

② 辽阳市情网总述。黑龙江大学图书馆网站，2009-02-06。

③ 1945年8月15日日本宣布无条件投降。中国网，2009-08-14。

抗日战争胜利后，东北地区即成为国共两党两军争夺的焦点。沈荣显一直在奉天兽医研究所从事科学研究工作，但在国民党的黑暗统治下，东北经济落后、物价飞涨、资源匮乏，工作环境依旧很糟糕。沈荣显生前每当回忆起那段工作经历，都满含深情地说："日本在中国开展农业兽医研究长达50年，其试验设施、试验材料、试验成果以及农业资源调查资料等等，都对中国近代农业兽医科学技术产生了深远影响。虽然日本犯下了侵略中国的深重罪行，但从科学研究和工作的角度来讲，日本科学家严谨细致的科学精神、一丝不苟的工作态度，以及对试验过程的详细记录和精心整理存档，都是非常值得赞许的。"沈荣显就是这样一个善于冷静思考的人，总是能在纷繁复杂的局面中，寻找有利于工作开展和事业发展的元素。

图 2-1　伪满大陆科学院奉天兽医研究所（1944 年）

图 2-2　伪满大陆科学院（1935 年 3 月 22 日成立，位于长春市人民大街 5625 号。资料来源：长春老建筑物语—"满洲国"大陆科学院）

在那个战乱的年代，国民党当局战略重心依然是争夺政权，无暇顾及科研事业，普通老百姓想的更多则是如何活命和生存，很少有人关心科研实践，研究所不受重视，沈荣显的工作也不受关注，所内连基本的试验器材都难以保障，工作环境越来越差，工作人员的积极性消耗殆尽，沈荣显和大家一样，工作在一段时间内都没有什么起色，生活得非常贫苦。在这样的艰苦环境下，沈荣显依然没有太多的抱怨，还是坚定信心，咬紧牙关，把大部分精力都放在了科学研究上，坚持工作和学习。1945 年，沈荣显顺利晋升为伪满大陆科学院①奉天兽疫研究所病毒系任助理研究员。

沈荣显大学毕业不久，他的父亲沈宝庆在辽阳交粮的时候认识了一位鞍山的老中医。这个老中医的女儿，就是沈荣显未来的妻子李雅珩。沈荣显曾说过：没有妻子李雅珩，就没有他后来的成功。沈荣显是一个真正的“科学狂人”，平日生活中，他除了科研和工作，几乎什么都不管，家里的事情很少过问，都是妻子一个人在操劳着，他的成功有妻子一半的功劳。

根据沈荣显的长子沈杰描述，他的妈妈李雅珩是一个非常大气的女人。雅，高尚、美好之意；珩，意为美玉。周围人眼中的李雅珩，就像是一块美玉，冰清玉洁，聪明善良，又不失优雅恬静。李雅珩和沈荣显不同，她受过良好的教育，从小在城市中长大，是一个知书达理的姑娘。虽然当时婚姻讲究的是父母之命、媒妁之言，但当时李雅珩非常喜欢这个不善言辞的知识分子，很同意这桩婚事，于是决定嫁给沈荣显。②

沈荣显和李雅珩结婚的时候，正值他事业最艰难的时期，他收入微薄，只够一家人勉强度日。清贫的生活中，虽然工作上不受重视，但是沈荣显依然把大部分时间放在了实验室里，他利用很多时间去读书，利用现有的资源去做实验。工作上，沈荣显非常在意细节，认真严谨，在别人眼里看来甚至是有些偏执，他每天到实验室的第一件事就是整理实验器材和原料，就连每个试验器具的摆放位置都要认真考究，一切都有条不紊，繁而不乱，这个习惯也一直保持了一生。但是对于家人，沈荣显则没有过多的精力去关心和照

---

① 伪满大陆科学院，位于人民大街 5625 号的长春应化所院内，1935 年 3 月 22 日伪满设立大陆科学院，首任院长为日本人铃木梅太郎。主体建筑被叫作“本馆”。“本馆”建筑为砖瓦结构的三层楼房，从 1936 年至 1941 先后修建了十八栋房舍，是伪满时期规模宏大的自然科研机关。大陆科学院内部分工严密，机构庞大。有农业化学、林产化学、畜产化学、生物化学、有机化学、无机化学、土性、燃料、土木、机械、上、下水等研究室和物理、化学、土木、低温等四个试验室。至一九四五年日本投降前又设立了兽医、防毒、建筑、燃烧、电气、纤维、发酵等研究室，使研究室数达二十三个。还辖有哈尔滨分院、马疫研究处、兽疫研究所和地质调查所等。参见：《长春老建筑物语——“满洲国”大陆科学院》。2011 年。

② 沈杰访谈，2012 年 12 月 20 日，北京。资料存于采集工程数据库。

顾，沈荣显连自己的父亲过生日、生病这些事都不知道，每天除了看书、工作，就是在不停地做实验，他把一切时间都奉献给了科学研究事业。家里的所有重担自然也就都落在了妻子李雅珩身上，她除了要照顾沈荣显，还要照顾一家人的饮食起居，整日十分忙碌，非常辛苦。

图 2-3　沈荣显与妻子在哈尔滨市植物园合影（1995 年。沈杰提供）

沈荣显大学毕业后，一直在奉天兽疫研究所从事兽医研究工作，积累了一定工作经验，当时像他这样的专业人才非常少，逐渐受到了国民党当局的重视。由于辽宁省各地都出现了大面积的家畜病倒甚至病死的情况，为了安定民心，尤其是保障军队战马的需求，国民党当局大肆寻找各类农业、畜牧业的人才。1946 年，沈荣显作为兽医专门高级人才，被国民党军队强制征用，进入国民党新一军①，担任兽医少校，开始了他的随军生涯，主要从事牲畜免疫和医治战马等工作。虽然沈荣显不愿意随军出征，但在战争面前，他这样一个手无缚鸡之力的知识分子根本没有选择的余地。国民党当局害怕征用的知识分子逃跑，就羁押他们的家人作以威胁，确保他们全身心为军队效力。沈荣显被迫随军的生活非常艰辛，他从小到大都没有吃过这样的苦，即使是在伪满时期也没有这么辛劳，和队伍一起参加战斗的生活经常是饥肠辘辘，忍饥挨饿，连日的长途跋涉使他身心俱疲，曾经多次跟不上队伍。沈荣显曾回忆说："当时的国民党军队装备十分精良，就是内部的组织管理不严格，纪律涣散，官员特别腐败，所以他们没有赢得民心和天下。"

① 新一军为国民党军五大主力之一，该师是宋子文大财政部税警总团改编而来。官兵文化水平高，将领强悍，有"天下第一军"之称。但军种派系争执厉害。

沈荣显随军期间经历过几次战斗，在和共产党部队交战的过程中，总是输多赢少，国民党军队被共产党军队打得落花流水。国民党不得民心和战场溃败的表现，让沈荣显深谙一条真理：只有共产党才能救中国，只有共产党才能带领中国人民走向更好的明天。于是，他一直忍气吞声，过着“人在曹营心在汉”的生活。因随军四处奔波，沈荣显多是给军队的马、牛等家畜看看病，军队中没有研究所，也没有实验室，所有的科研活动被迫停摆，但是沈荣显并没有放弃学习，停止科学研究的步伐。每当夜深人静的时候，沈荣显就拿出随身携带的书籍开始学习，还坚持做读书笔记，那时的学习积累，为他日后的科研道路积累了丰厚的理论基础。

国民党当局为了让这些高级人才和知识分子安心留在军队里为我所用，想方设法让他们加入国民党。当时很多人迫于压力，为了过的舒服一些，都选择加入了国民党，但是沈荣显却是让他们最头疼的一个人，因为无论国民党当局用什么方法，他都不为所动，坚决不加入。沈荣显曾经说过，他只会做学问，干工作，不懂政治，更不愿意参与政治，因为他清楚地知道，腐败混乱的国民党不可能给老百姓带来幸福安定的生活，他不想加入这样的队伍，也不想与一群这样的人为伍。也许是因为读书人的傲气，也许是因为农民孩子的那份纯朴，沈荣显宁可过苦日子，也不愿意加入他们。

进入东北行政委员会家畜防治所

1948 年，辽沈战役[①] 打响，这为沈荣显的科学研究工作带来了全新的希望。1948 年 11 月 2 日，沈阳宣告解放，11 月 9 日，锦西、葫芦岛地区

---

① 辽沈战役是中国近代史中第二次国共内战的“三大战役”之一，1948 年 9 月 12 日开始，同年 11 月 2 日结束，共历时 52 天。中国共产党称之为辽沈战役，中国国民党称之为辽西会战，又作“辽沈会战”战役结束后，人民解放军首次在兵力数量方面超越国民党军队。参见袁庭栋：《辽沈战役——大决战》。成都：四川天地出版社，2013 年。

的国民党部队从海上撤至关内，东北全境解放。据沈荣显生前回忆：“当时他作为随军兽医，跟着军队四处奔波，经历过很多战争，辽沈战役开战后，因为国民党军队内部溃散，即使装备精良，也很快败下阵来，最终共产党取得了胜利，后来他跟随共产党的队伍来到了哈尔滨。”

图 2-4　东北行政委员会家畜防治所（1948 年。哈兽研提供）

1948 年开始，东北地区全面进入恢复建设阶段，东北行政委员会农业部在沈阳市广泛招聘闲散在社会的农业科技人员和有相关工作经历的人员，统一编入东北行政委员会农业部行政人员培训班，通过系统学习后分配工作。沈荣显自 11 月辽沈战役后，就脱离国民党军队主动加入了培训班学习，了解形势，努力学习业务知识，等待组织安排工作。

沈阳解放后，沈荣显逐渐加深了对革命的认识，思想觉悟有了很大的提高。他认识到马列主义是最科学的思想，只有把握了马列主义的理论与方法，才能正确地认识问题和解决问题。中国共产党是真正把握马列主义理论与方法，领导革命胜利的政党。要献身革命，只有在中国共产党的直接领导下，才能不断成长，不断发挥力量，为革命事业奋斗到底。基于这样的认识，沈荣显在共产党的领导下，来到了哈尔滨，开始了全新的工作生活。1948 年 12 月，在组织的安排下，沈荣显服从分配来到了东北行政委员会家畜防治所（中国农业科学院哈尔滨兽医研究所的前身）[①]，从事家畜疫病防治、免疫和科学研究工作。

① 哈尔滨兽医研究所的前身是东北行政委员会家畜防治所，1949 年改名为东北人民政府农业部兽医研究所，1957 年划归刚组建的中国农业科学院领导，定名为中国农业科学院兽医研究所，1965 年更为现所名，2006 年加挂中国动物卫生与流行病学中心哈尔滨分中心。

1947年，东北大部分地区已经解放，为了恢复和发展农业生产，支援全国解放战争，东北行政委员会于1947年冬，委派陈凌风[①]等人筹建家畜防疫所，当时接收了缺门少窗及水电装置破坏殆尽的原伪满哈尔滨家畜防疫所。几经战火的试验场遭到严重破坏，大部分房屋门窗、地板等木制部分都已经被拆光了，有的房子甚至连屋顶都没有了，仅有的两栋实验楼由于地下室长期泡水，地基下沉，地板和墙壁已经断裂、倾斜。有一栋楼的山墙已经裂开一道大缝，马上就要倒塌，所有图书资料、仪器设备等都荡然无存，几乎成了一片废墟。陈凌风同志带领全所科技人员和职工开始了恢复建场和试验研究的准备工作。大家利用旧砖、旧瓦修补房屋，十几个人挤一个屋办公，没办公桌椅，就从附近小学借来长形桌椅和长条凳子，两人甚至几个人并坐一条凳子，共用一张桌子，这桌子既是办公桌又是工作台。

经过大家齐心努力，艰苦奋斗，终于克服种种困难，在1948年6月1日正式成立了东北行政委员会家畜防治所。当时中国正值解放战争的关键时期，辽沈战役即将打响，东北人民解放军有3个骑兵师、1个炮兵纵队，大批军马需要兽药供应。东北行政委员会家畜防治所全体同志团结一心，夜以继日地连续工作，在半年的时间里生产出8种药品总计17万毫升，既满足了战时的急需，也为解放区的家畜防疫工作提供了药品保障，为中国解放事业做出了不可磨灭的贡献。[②]

陈凌风是东北行政委员会家畜防治所第一任所长，也是沈荣显到所后的第一任领导，有着极强的工作能力和科研能力，对他的影响极大，在工作和成长方面给予了非常大的帮助。陈凌风于1935年毕业于广东岭南大学畜牧系，1938年同爱人朱明凯（著名蔬菜专家）到延安边区政府农业学校任教并兼任试验农场副场长，20世纪40年代初，在陕甘宁边区条件极其困难的情况下，他主持研制出牛瘟甲醛甘油疫苗和抗牛瘟高免血清，很

---

① 陈凌风，生于1913年11月25日，原籍广东省南海县，汉族，中共党员、研究员、著名畜牧专家、兽医专家。中国现代畜牧兽医科学研究工作的奠基人之一。是我国消灭牛瘟、防治炭疽等兽病的主要组织者和科研攻关倡导者。其研制的快速培育弱毒及其反应疫苗居世界领先地位。在指导控制马传染性贫血病、种草养畜和培养中国细毛羊新品种的工作中均取得了创造性成就。参见：陈凌风教授。《中国畜牧杂志》，2004年第5期第40页。

② 哈尔滨兽医研究所60年庆典大型专题片。哈尔滨兽医研究所，2007年9月。

快扑灭了边区的牛瘟，1943 年荣获边区特级先进工作者奖。1948 年，陈凌风在家禽防治所期间，成功地主持研究成牛瘟兔化弱毒牛体反应疫苗，使东北和内蒙古东部地区于 1951 年扑灭了牛瘟。随后，他又指导研制成功牛瘟绵羊化兔化弱毒疫苗，该疫苗对各种牛表现安全有效。同时，结合牛体反应疫苗的注射，他和广大兽医工作者深入牧区、农区大力推行免疫注射，于 1955 年在全国范围内彻底消灭了牛瘟，为新中国成立六十年以来成功消灭的两种动物疫病之一。他还组织和参加了猪瘟兔化弱毒疫苗的研究工作，所研制出的疫苗对控制猪瘟的发生和流行起到了决定性作用，中国猪瘟兔化弱毒株已被许多国家引进应用，被公认为世界上最好的猪瘟疫苗。在改良畜种方面，20 世纪 60 年代，陈凌风在新疆组织百万只细毛羊样板，在东北地区组织指导培育成功东北毛肉兼用细毛羊，在长江中下游丘陵山冈种草养羊试验取得成效，开辟了饲养绵羊的新区域。陈凌风于 1956 年参加拟订我国第一个十年科学规划（1956—1967），主持了畜牧兽医科技发展规划的制定工作。同年，他作为中国科学代表团团员赴莫斯科参加与苏联谈判科学技术援助项目。20 世纪 50 年代至 70 年代，他代表农业部与多个国家有关部门签订双边协定和畜禽检疫条款，为我国开展种畜禽国际贸易和合作交流进行开创性的工作。

图 2-5　沈荣显与陈凌风在哈尔滨兽医研究所合影（20 世纪 90 年代。林跃智提供）

1948年底，沈荣显来到东北行政委员会家畜防治所的时候，工作条件依然非常艰苦，他将满腔的热情化作无限动力，全身心投入到兽医科技事业的发展上来。当时实验器材非常缺乏，大家尽可能搜集失散的实验器材，那时，连根普通的试管、培养皿等玻璃器具用品，都是难得的好东西，偶有不慎打破几个，倍感可惜。许多同志外出时见到散失的实验器材和书籍就买回来，有时还专门到沈阳、长春去买，有的同志经常到旧货摊上去寻找这类物品，沈荣显就在旧货摊上买到过硬质玻璃的培养皿和质量很好的恒温箱。这些东西放进实验室，大家如获珍宝，高兴极了，解决了当时实验器材极缺的燃眉之急。

当时，东北行政委员会家畜防治所的主要任务，一是对伪满时农业研究与试验方面的资料进行整理；二是继续完成过去未完成的有价值的研究工作；三是在已有工作的基础上，根据目前和今后生产需要的可能进行新的试验研究工作，解决生产中急需的畜牧技术问题；四是与各省、地区互相配合，在技术上予以协助和指导；五是培养一批具有独立研究工作能力的技术干部，充实各级试验研究工作人员。试验任务是：在畜产方面，以各种家畜、家禽的繁殖与纯化为主，重点首先放在绵羊、猪、鸡上，其次是马、牛；在兽医方面，以畜禽一般疾病预防治疗为主，重点放在大牲畜马和牛上。1948年底，沈荣显和东北行政委员会家畜防治所的同事们着手对抗牛瘟病毒，就此他与动物病毒的不解之缘拉开了序幕。

试验条件的简陋、和家人的分别，这些都给沈荣显的工作带来了严峻的挑战，但无论遇到多少困难，沈荣显都能一门心思放扑在工作科研上。即使科研本身非常枯燥乏味，可沈荣显就是能耐得住寂寞，几十年如一日地守在实验台前，在他刚到东北行政委员会家畜防治所工作的日子，就显示出了这种一丝不苟的钻研精神。一开始，沈荣显的表现有些特立独行，同事们都很不理解，认为他是自命不凡、自以为是，但随着日常的了解和接触，大家逐渐认可他了，认为这个孤僻的研究员，并不是清高和内向，而是把所里有的心思都放在了工作和实验上，是值得大家学习的优点。他的孙媳妇林跃智曾经这样说过："这个倔强孤僻的老人确实让人觉得不近人情，但是只有接触到了解了科研这个行业，你才能够发自内心地理解他的性格，他不是两耳不闻窗外事，而是真的没有精力去管那么多的事情，他所有的想法都是在实验上，因为搞科研的人的思维真的并不是白天上班，回家就休息的。做科研的人连回家以后也在想实验的事情，所有人生活都是这样运转的，而对于沈荣显这样以科研为使命的人更是这样的。”所以当身边的人回忆起沈荣显，大家都觉得他这一生都为了兽医事业在奋斗，他的性格注定了他搞科研，他就是为科研而生的一个人。沈荣显生前曾经说过：“我只能搞科研，我就喜欢和这些瓶瓶罐罐打交道，我做了一个疫苗，就想做下一个，别的事情我不感兴趣，如果让我做其他的事情，我也做不好。”

1948 年 5 月，沈荣显的儿子沈杰出生。可是因为战争，沈荣显不得不和妻儿分开，自己先到了哈尔滨。沈荣显在东北行政委员会家畜防治所的工作稳定后，他的妻子李雅珩就带着孩子一路北上，辗转来到长春，最后抵达哈尔滨和他团聚。一路上，李雅珩带着不满周岁的儿子疲于奔命，没有钱坐车就靠步行，鞋子走坏了就补一补继续穿，常常是几天都没有一口

图 2-6　沈荣显家人合影（1961 年。左起依次为妻子李雅珩、次子沈涛、沈荣显、长子沈杰。沈杰提供）

饱饭吃，有时为了让孩子喝上一口米汤不得不挨家挨户的乞讨，晚上经常露宿街头，生病了也没钱医治，年幼的女儿因为疾病而夭折，没有人知道她在这段时间经历了多少苦难，她也从来没有和沈荣显提起过或者抱怨过。儿女们回忆起自己的母亲时说，她是一个了非常不起的女人，成就了父亲的事业。沈荣显从来没有在语言上表达过对夫人的爱意，但在生活各方面他习惯了征求夫人的意见，总是充分尊重和考虑夫人的想法。沈荣显一心扑在科研上，妻子毫无怨言地负责着一家大小的饮食起居，照料的有条不紊，让他毫无后顾之忧。当沈夫人去世之后，沈荣显回忆起和夫人相处的日子时，这个沉默寡言的老人总是流露出对逝去夫人的歉意。沈荣显和李雅珩一生共育两子，二儿子沈涛于 1950 年在哈尔滨市出生。

第三章
消灭牛瘟

兔化毒牛体反应苗研制成功

2001 年 12 月 20 日，中国工程院与中国科协联合举办的“20 世纪我国重大工程技术成就”评选结果在北京揭晓。在畜禽水产养殖技术的疾病防治方面，牛瘟山羊化兔化弱毒疫苗和牛瘟绵羊化兔化弱毒疫苗名列其中。这就是沈荣显日后享誉国际、造福万家的三大重要家畜疫病疫苗成果之一，也是沈荣显在自己科研生涯中向国家和人民交出的第一份满意答卷。

1948 年，整个中国百废待兴，农业发展仍处于使用畜力牵引和人力操作为主的传统农业，耕牛对于农民来说，是最重要的的劳动工具。新中国成立前，全国牛瘟肆意蔓延，严重影响农业和经济发展，为了保护耕畜、发展农牧业生产，1948 年 6 月，党和政府在日本人于 1945 年在哈尔滨成立的兽医研究中心基础上，利用原有设备，建立起了东北行政委员会家畜防治所（现中国农业科学院哈尔滨兽医研究所），开展家畜疫病防治和科学研究工作，家畜防治所接到的第一个重要任务就是消灭牛瘟。东北行政委员会家畜防治所建所后，在陈凌风的带领下，首先研制了牛瘟脏器灭活疫苗和高免血清，对控制东北解放区的牛瘟起到了积极作用。

牛瘟病毒引起的急性、烈性传染病在中国肆虐的历史可达上千年，它可以彻底毁灭牛群和水牛群体。尽管人们从未停止与牛瘟的抗争，但直到新中国成立前，牛瘟仍几乎遍及我国各省、自治区，每隔三五年左右便爆发一次大流行，死亡的牛多达数十万头。1938 年至 1942 年在川康、青藏、甘肃等青藏高原牧区，因牛瘟流行而死亡的牛就达百万余头，许多牧民倾家荡产，出现了“万户萧条鬼唱歌”的悲惨场景。虽然该病毒并不直接影响人类，但在依赖牛获得肉、奶产品和畜力的地区，牛瘟导致了大范围的饥荒，并造成了严重的经济和社会损失。在 80 年代初期，肆虐于非洲广大地区的牛瘟的爆发，估计造成了至少 20 亿美元的损失。

令中国老百姓谈之色变的牛瘟，又名烂肠瘟、胆胀瘟，是由牛瘟病毒所引起的一种急性高度接触传染性传染病，其临床特征表现为体温升高，病程短，黏膜特别是消化道黏膜发炎，出血，糜烂和坏死。世界动物卫生组织将其列为A类疫病①。在公元4世纪就有记载，是古老的家畜传染病之一。欧洲学者认为牛瘟起源于亚洲，该病曾广泛分布于欧洲，已经绝迹，只能在实验室里见到被严格密封保存的牛瘟病毒毒株。当年，牛瘟主要流行于中东和南亚、中亚地区，为这些地区带来了巨大的经济损失。牦牛、水牛、瘤牛，以及野生动物（非洲水牛、非洲大羚羊、大弯角羚、角马、各种羚羊、豪猪、疣猪、长颈鹿）等，不分年龄和性别对本病均易感，尤以牦牛最易感，黄牛和水牛次之。而在我国，黄牛、牦牛和水牛是饲养最普遍的牛种，所以，牛瘟对于我国的影响更为广泛和深远。

牛瘟病毒经消化道传染，也可经呼吸道、眼结膜、上皮组织等途径侵入。主要通过直接接触传染，也可通过密切接触的物体、昆虫间接传播，

---

① 世界动物卫生组织（OIE）《国际动物卫生法典》（1999 年版）和《国际水生动物卫生法典》规定，OIE 法定报告疾病分为 A 类和 B 类。A 类疾病是指超越国界，具有非常严重而快速的传播潜力，引起严重经济或公共卫生后果，对动物和动物产品国际贸易具有重大影响的传染病。A 类疾病有口蹄疫、水泡性口炎、猪水泡病、牛瘟、小反刍兽疫、牛传染性胸膜肺炎、结节性皮肤病、裂谷热、蓝舌病、绵羊痘和山羊痘、非洲马瘟、非洲猪瘟、古典猪瘟、高致病性禽流感、新城疫等 15 种。

但不是主要方式。病牛为主要传染源。潜伏期病牛（发热期前 1—2 天）的眼、鼻分泌物，唾液，尿液及粪便；临床症状出现前感染牛的血液及所有组织均具传染性。牛瘟发病具明显的周期性和季节性，以 12 月份和次年 4 月份间为流行季节。各种品种的耕牛，都没能逃过牛瘟的侵袭，当地西部蒙古牛和本地黄牛发病后死亡率达到了 50%，东部朝鲜牛病牛死亡率几乎达到了 100%。

面对严重的疫情，东北行政委员会家畜防治所研制牛瘟疫苗的任务不仅繁重，而且时间更是紧迫。1948 年，沈荣显只有 27 岁，就接受了研制牛瘟疫苗、保护耕牛、保证生产、支援解放战争的任务。沈荣显不善于和别人交流，作为整个项目的主要参与者，他感到前所未有的压力，凭着一股对科学研究的热情，在一间18平方米大小的实验室里，和牛瘟病毒展开了斗争。

因沈荣显具备较系统的知识背景和一定的工作经历，又是牛瘟疫苗项目的主要攻关人，为迅速提高科研能力，研制出有效的牛瘟牛苗，1948 年 11 月，东北行政委员会家畜防治所决定，派沈荣显代表东北行政委员会[①]前往北京参加农业部的学习，进修畜牧业和家畜防疫知识。沈荣显极其珍惜这次学习机会，虚心请教老师，和同学们开展交流学习，掌握了扎实的科研知识和实践方法，为牛瘟疫苗研究奠定了坚实基础。

早在日伪统治东北时期，就开始了寻找防治牛瘟的方法，日本兽医学家中村淳治曾培育成一株牛瘟兔化弱毒疫苗，但这株牛瘟兔化弱毒疫苗的毒性对牛的致病力仍然很强，不能用于防疫。1949 年 3 月，北京解放初期，东北行政委员会家畜防治所从华北农业科学研究所取得日本中村三系 799 代兔化牛瘟病毒，开始研究该病毒的形状以及对各种牛种的安全性与免疫试验。经过反复试验，兔化毒对家兔的毒力是 100% 的死亡率。最小致死量经测定为：血液及肝脏 1∶5000，脾脏 1∶50000，淋巴结 1∶10000。病

---

① 东北行政委员会于 1946 年 8 月 7 日成立，当时称为东北各省市行政联合办事处；同年 10 月改称现名，1949 年 8 月 27 日召开东北人民代表会议，正式成立了东北人民政府；根据中共中央 1952 年 11 月 12 日“关于改变大区政府机构与任务的决定”，1953 年 1 月复议改组为东北行政委员会；1954 年 8 月 15 日东北政委会根据中央人民政府“关于改变大区一级行政机构合并若干省市建制的决定”撤销。东北政委会是代表中央人民政府在东北行政区进行领导监督地方政府的最高行政领导机关，是本级人民代表大会的执行机关。

毒在0℃的井水中，13—16℃的温室中，以及23℃以下的室外阳光下可以经过72小时而不改变其毒力。此外，蒙古牛对于兔化毒的体温反应率是68.34%，本地牛是73.4%，但无一死亡。朝鲜牛的体温反应率是93.3%，其中呈明显症状的占46.6%。证明各种牛种在接种兔化毒之后，都能获得对抗牛瘟的强大免疫力。

应用牛瘟兔化弱毒疫苗防治牛瘟虽然可行，但在广大农牧区，搜集大批家兔十分困难，又加之应用兔体制苗产量小，成本高，做不到及时大量供应疫苗，所以严重地限制了牛瘟防疫工作的开展。如1949年内蒙古的锡盟牛瘟大流行，牛只死亡甚多，但因缺乏家兔，无法开展预防工作。

为了解决这一问题，沈荣显和项目主持人袁庆志[①]等人一起开始探索提高疫苗产量的新途径。他们根据病毒在家兔身上的反应做了大量的比对和实验。由于工作环境艰苦，实验设备数量少且比较落后，不能大批量地进行实验，所以沈荣显每天只能加班加点，大量地培养毒株进行实验。他和同事们就是依靠着几支注射器、手工乳钵器和简陋的显微镜进行了大量的试验工作。猪、马、驴……只要是沈荣显能够想到的培养样本，他都一遍一遍地做实验和比对，如此就是想要寻求一种提高产量的方法，彻底解除限制着沈荣显等研究人员牛瘟防疫工作开展的困境。

图3-1 袁庆志工作照（资料来源：畜牧科技兽医信息）

袁庆志是牛瘟项目的主持人，除了工作上的关系外，他和沈荣显同为辽宁辽阳人，以老乡相称，合作起来更加默契，工作中给予沈荣

① 袁庆志（1921–1988），男，辽宁辽阳人，动物传染病学及预防兽医专家。1941年毕业于奉天兽医养成所兽医本科。1947年参与筹建东北行政委员会农林处家畜防疫所（即中国农业科学院哈尔滨兽医研究所的前身），历任技术科长、计划科长、病毒系副主任、研究室主任、副所长、所长、研究员及顾问等职。参见：我国著名的兽医微生物学与免疫专家——原哈尔滨兽医研究所所长袁庆志。《畜牧科技兽医信息》，2008年第S1期。

显很多指导和帮助，并进行了多次合作。在 1947 年家畜防疫所筹建之时，袁庆志即应聘参加筹建工作，和大家齐心努力，艰苦奋斗，克服种种困难，终于在 1948 年 6 月 1 日正式成立了东北行政委员会农林处家畜防疫所（即中国农业科学院哈尔滨兽医研究所的前身）。在成立之日，陈凌风率领全体技术人员到解剖场，并由袁庆志开第一刀，放了一头猪的血，宣告家畜防疫所开始启动。家畜防疫所建立后，袁庆志将满腔的热情化作力量，全身心投入到兽医科技事业的发展上来。先后主持并研制成功牛瘟、猪瘟、羊痘、猪丹毒和伪狂犬病等疫苗，其中“牛瘟绵羊化山羊化兔化弱毒疫苗的研制和应用”，获得中国科学院奖三等奖，为全国扑灭牛瘟作出重大贡献。“猪瘟兔化弱毒疫苗”获得国家技术发明一等奖；“用牛生产猪瘟兔化弱毒牛体反应苗”及“伪狂犬病弱毒冻干苗”分别获得 1984 年和 1986 年原农牧渔业部科技进步二等奖；“羊痘鸡胚化弱毒疫苗”及“猪丹毒弱毒苗”获得 1978 年全国科学大会奖。曾 14 次获全国、黑龙江省和哈尔滨市的劳动模范和先进生产者称号，1957 年被授予全国农业劳动模范荣誉称号，1958 年出席全国劳模大会，受到毛泽东主席等党和国家领导人接见。袁庆志从事兽医免疫学研究工作 40 余年，主持研究牛瘟、猪瘟、羊痘、猪丹毒和伪狂犬病等多种疫苗，都获得了成功。其所以能够取得丰硕成果的主要原因在于治学严谨。“科学研究必须有严谨的思想和严肃的态度”，这是他常常挂在嘴边，并和同事共同严格遵守的人生格言，凡是了解袁庆志的人，对他的严谨精神没有不表示钦佩的。

1949 年 4 月，沈荣显和同事们经过反复试验，发现牛瘟兔化弱毒疫苗的毒株在小牛样本上反应良好，开始试验用 800 代以后兔化毒，通过蒙古牛、本地牛 3—5 代后均未能恢复其毒力，且仍然保持了兔化毒的特性，并具有良好的免疫原性，证明利用牛繁殖兔化毒作为疫苗是完全可行的，从而创立了反应疫苗的方法。其方法是以兔化毒静脉接种犊牛，选择其定型发热者，采取其血液或脾脏，淋巴腺经检验无其他病原者作为疫苗。

应用新的制苗方法，每头小牛做为培养源制作的疫苗可以注射 2.5 万头牛！经试验，牛体反应疫苗在现地对蒙古牛及本地牛应用结果，均证明安全有效。1949 年，内蒙古锡盟在现地制苗试用后，在东北及内蒙古东部地区解决了兔化毒疫苗的大量供应问题，使该地区不受限制地开展了全面普遍预防注射，因而对这些地区牛瘟的防治起了积极作用。

1949 年 10 月 1 日，中华人民共和国宣告成立，举国上下顿时一片欢腾。沈荣显生前回忆到："当时听到建国的消息，男女老少都非常高兴，10 月 1 日上午大家都出来游行庆祝，庆祝队伍排得很长，足有几千米，走在人堆里，只觉得前面也是人，后面也是人，绕来绕去组成了一条大蛇阵，望也望不到尽头。大家一边走，一边举标语、喊口号，情绪特别高涨。市内的游行队伍横穿道里区、道外区，最后大家全部汇集到市政府广场。"新中国成立后，东北行政委员会家畜防治所改名为东北人民政府农业部兽医研究所。同年，鉴于沈荣显在牛体反应苗研制过程中的突出表现，顺利晋升为东北行政委员会家畜防治所助理研究员。

从接手牛瘟疫苗研制项目到取得突破性研究进展，东北行政委员会家畜防治所只花了一年的时间。这一年沈荣显和团队人员几乎废寝忘食，一心扑在科学研究上，多少个深夜，他都埋头在实验室一次又一次地修改着数据；多少个天还没亮的清晨，在家人还在熟睡的时候，他就早早地来到了工作场所；有时到了研究的攻坚阶段，他一整天都将自己关在实验室里，不吃不喝，直到研究结果有了小小的突破。就是这样，在他和身边的研究员们一起辛苦耕耘下，忘我工作，辛勤付出，最终他们在牛瘟疫苗研制方面取得了重大胜利，为国家挽回了上亿元的损失。

绵羊化兔化牛瘟疫苗问世

1949 年，中华人民共和国建立后不久，农业部发出了开展牛瘟预防注射，限期消灭牛瘟的通知。牛体反应苗和之前的牛瘟兔化弱毒疫苗相比，虽然解决了疫苗的大量生产和供应问题，但在现地防疫方面，仍需携带少量家兔以繁殖兔化毒，而且利用兔化毒接种的牛只，合乎制苗标准的非常少，在交通不便的牧区开展普遍预防注射，极其不方便。

东北人民政府农业部兽医研究所肩负着东北地区消灭牛瘟的重要使命，于是受命沈荣显和他的团队继续开展研究，寻找效力更强，同时能够提高更大产量的培养样本。为了彻底解决不用家兔而采用就地取材，又能大量生产适合于牧区广泛应用的疫苗，沈荣显等人又进行了兔化毒通过山羊继代，培育弱毒疫苗的研究。

在别人看来是十分枯燥的科学实验，在沈荣显那里却充满了兴趣和信心，和团队们一起夜以继日地进行着毒株培养和免疫实验。沈荣显工作细致认真，对每次实验都记录的非常仔细，包括实验的时间、地点、试剂药品、实验动物以及步骤等信息都详细的记录下来，认为不清晰或者不完整的地方还要重新抄写。凭着这份对科研的热爱和执着，沈荣显避免了很多因为粗心大意造成的失败，即使遇到困难，他也能保持良好心态，坚定必胜信念，总结失败经验教训，重整旗鼓，继续进行实验。

1951 年春，全国第一次牛瘟防治会议在北京召开，时任农业部畜牧兽医局局长程绍迥[①]根据对牧区调查了解的情况在会议上明确指出，目前在牧区不宜采取封销隔离、检疫消毒的措施。同时确定了用牛瘟弱毒苗在疫区普遍预防注射的防治方针，并提出消灭牛瘟的最后一役将在青藏高原上展开，为此要尽早作好准备。[②]

同年，沈荣显和同事们在山羊身上找到了突破口。首代次曾以 888 代兔化毒血毒静脉接种于山羊，然后采取定型热反应，再无其他症状的条件下，用血毒连续传代 100 代后，病毒已完全适应于山羊，改变了兔化毒的固有特性育成了山羊兔化毒株。他们将牛瘟病毒的毒株经过驯化注入山羊的体内，反复对山羊化牛瘟疫苗进行试验和研究，终于发现了另一个关键问题。山羊化牛瘟疫苗对体质强健的蒙古牛、普通黄牛注射后可以产生很好的免疫效果，但它毒力比较强，体质较弱的朝鲜牛和牦牛根本抵挡不

---

① 程绍迥（1901–1993），兽医学家。我国兽医生物药品制造创始人之一。他主持建立了我国自行设计的上海商品检验局血清制造所。在我国创制了油剂灭能苗和牛瘟脏器苗、牛瘟弱毒冻干苗、兔化牛瘟弱毒苗等，并提出了培育弱毒苗的要求和标准，为我国消灭牛瘟和防治兽疫作出了重要贡献。参见：程绍迥同志从事畜牧兽医工作六十周年事迹简介。《畜牧兽医学报》，1990 年第 1 期。

② 程绍迥——我国兽医生物药品制造的创始人之一。光明网，2006 年 1 月 24 日。

住，注射疫苗后无法实现预期效果，个别实验过程中还造成牛的直接死亡。为此，沈荣显又投入到了紧张的驯化试验。因为在山羊身上，牛瘟病毒的毒株反应良好，所以沈荣显和同伴们决定继续以羊为样本开展研究。牦牛和朝鲜牛对于毒力的承受能力远远不如黄牛和蒙古牛，所以，如何在不削弱免疫效果和产量的前提下减弱其毒力，成了研究所遇到的最大的难题。

沈荣显经常和同志们一起去牧区、农村。在延边地区、浙江、四川、江西、江苏、河北等许多省市地区都曾留下了他们的足迹。为取得第一手可靠的实验数据，凡是力所能及的，他都要亲自动手，不管畜舍里屎尿泥水，他抬腿就进去；不管畜禽身上多脏，他动手就测体温。体温这是判断畜禽感染程度和采毒的重要根据，所以对畜禽的体温反应，沈荣显更是一丝不苟，一旦发现测温的工作人员不负责任，他不但提出批评，而且必定要重新测定，而对那些严肃认真工作的人，不管是谁，他都表示赞扬。

通过多次试验证实，牛瘟兔化弱毒转注山羊体，不仅不因生存条件的改变而影响传代，而且可以减弱毒性；尽管对朝鲜牛和牦牛仍有较大的副作用，却大大降低了死亡率。就此，山羊化牛瘟疫苗终于研究成功，这种疫苗免疫的能力更强，产量也更高。1951 年，在内蒙的全境与东北西部牛瘟常发地区广泛应用，最后消灭了这些地区的牛瘟。

自 1949 年全国先后应用上述兔化毒、兔化牛体反应毒和山羊兔化毒三种疫苗，至 1953 年末东北、内蒙古及关内各省自治区的牛瘟都已被扑灭，只有青藏高原牦牛产区牛瘟仍在大范围流行。牦牛对牛瘟敏感性强，感染后几乎 100% 死亡。应用兔化毒接种牦牛有 61.5% 出现神经症状，长期不能恢复，其中 10% 会死于牛瘟；用山羊化兔毒接种牦牛 17.5% 会死于牛瘟，证明这两种疫苗对牦牛均不能应用，几乎使我国防治牦牛的牛瘟工作处于停顿状态。鉴于此种情况，中央要求：一定要尽早解决防治牦牛的牛瘟疫苗。这是关系到民族政策的政治问题，东北人民政府农业部兽医研究所为了解决研制适于对牛瘟易感性强的牦牛的安全有效的弱毒疫苗，最后选择了绵羊来减弱山羊化兔毒的毒力。

山羊化牛瘟疫苗的成功，为沈荣显和科研团队进一步研究弱毒化疫苗奠定了基础。于是他又提出转注绵羊体传代的设想，以求进一步弱化毒性，经过大量试验，他发现病毒转注绵羊体后，活性降低，这说明会造成疫苗免疫性能减弱。为保证病毒的活性，他设计了一个快速传代的方案，从山羊体采毒的当天就转注给绵羊体，使病毒一脱离山羊体就尽早适应绵羊体。

从1951年起，为了证实这一设想，沈荣显和同事们经过了数不清的实验，反复研究，用第100代山羊化兔毒接种于绵羊，经过100代驯化培育成功了绵羊化兔化弱毒疫苗，绵羊化兔毒接种牦牛后，仅个别牛出现口腔潮红或粪便稍干，证明绵羊化兔毒的毒力明显减弱，再以牛瘟强毒攻击后，显示坚强的免疫力，免疫期可持续5年以上。这种疫苗系用牛瘟病毒（兔化山羊化弱毒或兔化绵羊化弱毒）采集含毒组织，制成乳剂，加适宜稳定剂，经冷冻真空干燥制成，不仅保证了产量和免疫效果，而且大大降低了毒力，对于家畜的伤害非常小，适用于任何牛种。牛瘟绵羊化山羊化兔化弱毒疫苗研究成功后，为解决防疫的急需，沈荣显立即率领课题组的同志用保温瓶装着弱毒疫苗深入牧区，在草地上支起帐篷搞疫苗试验。他们把弱毒疫苗注射入健康的绵羊体上，经过72小时后，剖羊取脏器和淋巴结，把它们磨碎，加生理盐水稀释，直接给牛注射。现场制疫苗，现场注射，一只绵羊的脏器制成的疫苗可用于5000头牛的防疫治疗，既经济又有效，收到了良好效果。

1952年，“绵羊化兔化牛瘟疫苗”在延边、蛟河等地对朝鲜牛注射并且获得了巨大成功。经过不断的普及和推广，绵羊化兔化牛瘟疫苗深入了中国的北方。到了1953年，这场席卷东北、华北的牛瘟终于被消灭了。

深入藏区，向牛瘟宣战

虽然东北和华北的牛瘟疫情得到了有效控制，但是对于祖国广阔的西部，牛瘟仍然是阻碍农业发展的问题症结。新中国成立前，这些地区在反动政府及封建部落头人的统治下，畜牧业生产极端落后，牛瘟危害严重，藏族群众对牛瘟疫情极为恐惧，真有谈虎色变之感。每当疫情发生，有些富户就请喇嘛念经求佛，广大牧户则立即驮着账房赶上牛羊四处流窜以躲灾避瘟。有些牧户在驱赶途中，牛瘟发病后丢弃于草原，避病不成却又酿成新的疫区。严重疫区死牛遍野，污染草原和河流。如此严重的恶性循环，在自然条件下，青藏高原地区长期存在牛瘟疫源地，病毒繁衍生息在适宜条件下不断发病，危害牛群。许多牧民因整群牛死亡而家破财空，赤贫如洗，无以为生。仅青海一个省于 1949—1953 年由于牛瘟流行就造成 9 万多头牦牛死亡，占我国面积五分之二的藏族地区，饲养的牛有 99% 为牦牛，其数量占世界的 93%，牦牛是藏族人民赖以生存的牲畜，衣食住行都离不开牦牛[①]。

如果西部地区的牛瘟病毒不能得到及时有效的控制，一旦牛瘟病毒发生变异，再次卷土重来，那么对于我们国家又将造成难以估量的影响和损失。为了解决西部牛瘟疫情，1952 年冬，我国召开了第二次全国牛瘟防治会议，专题研究了消灭青藏高原牛瘟问题，会上决定对牦牛、犏牛等全部采用这种安全有效的牛瘟绵羊化山羊化兔化弱毒疫苗。1953 年，农业部组成中央牛瘟实验组，东北人民政府农业部兽医研究所委派沈荣显及其团队携带绵羊化兔毒种登上青藏高原，从实验室到牧区开展了一系列实验研究与实践应用。

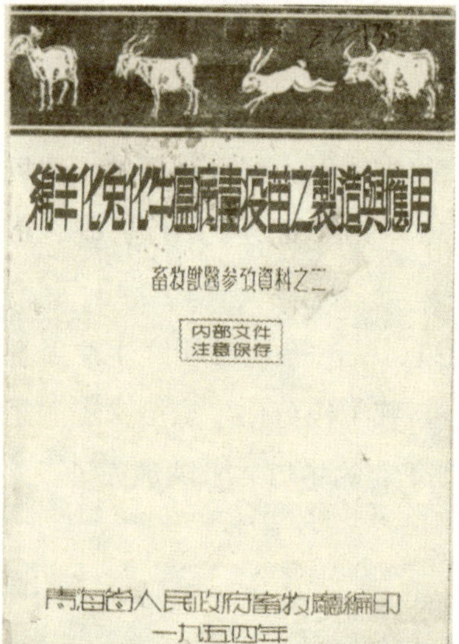

图 3-2 《绵阳化兔化毒疫苗的制造与应用》

1953 年，沈荣显在青海结识了当地牛瘟病毒主要攻关人彭匡时，上级决定由沈荣显、彭匡时[②]等主持负责编写《绵阳化兔化毒疫苗的制造与应用》规

① 中国消灭牛瘟 50 周年纪念座谈会。《动物保健》，2006 年 11 期。

② 彭匡时，1918 年生于湖南浏阳，中国动物卫生及传染病学中心高级兽医师。1940 年 6 月毕业后带头报名到大西北工作。1981 年 9 月，调入农业部动物检疫所，在资料室专职编校《英汉兽医词典》，填补了我国在这方面的空白。后又编写完成了《英拉汉寄生虫学综合词典》。参见：老骥伏枥志在千里——记农业部离退休干部先进个人彭匡时。中国动物卫生与流行病学中心网站。

程。规程对有关绵羊化兔化牛瘟病毒相关问题，包括接种羊只方面、病毒接种方面、接种后羊只反应及制苗方面、注射牛只方面进行了解答。极大地规范了制苗的操作，监测以及使用方法。此后，农业部决定在青藏高原地区全面推广“兔化绵羊化兔毒”疫苗（简称绵阳化兔毒）的使用。

图 3-3 彭匡时与妻子周慰曦（2013 年。资料来源：中国动物卫生与流行病学中心）

彭匡时，湖南浏阳人，辛亥革命爆发后，彭匡时的父亲在北伐战争中不幸牺牲，他作为革命遗孤被送到国民革命军遗族学校学习。他老家在湖南浏阳的一个小村庄，小时候目睹了农民的清贫生活，耕牛作为当时种植业的得力助手，成为农民家中的“宝贝”，由于贫穷有的甚至三四户共同供养一头牛。但瘟疫不会照顾农民的困苦，“牛瘟”的爆发常常搞得老乡们倾家荡产，生活无依。彭匡时上中学时就立志要学习畜牧兽医，为农民解决实际困难。1936 年顺利考入西北农学院（现西北农业大学）畜牧兽医系，1940 年 6 月获学士学位。毕业后，怀揣着“要杜绝牛瘟的发生，必须要找到发病源头”的信念带头报名到大西北工作。当时的青海、甘肃一带交通十分落后，基本靠走路和骑马，甚至随时都会有生命危险，但他全然不顾。经过不懈努力，他和同事们最终消灭了我国存在上千年的“牛瘟”，与此同时他还参与了“马脑炎”、“牛黑斑病甘薯中毒”和“猪气喘”等防治方法的试验研究，取得了重要成果。1981 年 9 月，花甲之年的彭匡时调入农业部动物检疫所，在资料室专职编校《英汉兽医词典》，填补了我国在这方面的空白。后又编写完成了《英拉汉寄生虫学综合词典》。从 1992 年起享受国务院颁发的政府特殊津贴。①

青藏高原饲养的牲畜以牦牛和藏绵羊为主。为了防止牦牛的牛瘟，在交通十分不便的广大牧区，必须就地取材，应用藏系绵羊制备绵羊化兔毒疫苗。沈荣显及其团队通过对藏系绵羊的反复实验，认为利用其进行牛瘟疫苗的生产是完全可行的，于是在青藏高原支起了帐篷，现地制苗，直接进行牛只的预防接种。

在青藏高原，由于高原反应，沈荣显的同事们相继出现了呼吸困难、嘴唇发紫的不良反应，再加上牛瘟的长期肆虐，物资十分匮乏，生活环境十分艰苦，大家经常吃不饱穿不暖也睡不好，一些人难以支撑，相继病倒了，有的同事甚至生命垂危。据沈荣显生前回忆“我们那个时候吃什么都吃不饱，也没有什么吃的，当地的牧民就抓牛粪给我们弄什么东西吃，现在想想都觉得很难受，也很不可思议，但是当时也就那么吃了，也没怎么样，现在身体也很好。”即使面对各种各样的困难，沈荣显都没有忘记自己肩负的崇高使命，他坚持到疫区检查，观察注射疫苗的效果，及时作出评估，为全面接种疫苗做好各项准备工作。

就是在这样恶劣的环境里，防疫工作在他们不舍昼夜、不畏艰险的奔波中迅速推进。第一年，沈荣显和同事们深入青海省同仁果牧区，用绵羊化兔化弱毒疫苗注射一万头牦牛，并证明安全有效。作为第一站，沈荣显心里也没有把握，到底能够取得什么样的效果。但是前期的大量实验没有白费，试验得来的疫苗已经非常成熟，不仅毒性很弱，而且免疫能力高，大部分牛体都能够很好地获得免疫。仅仅用了一年的时间，沈荣显研制的牛瘟疫苗就迅速得到推广，同仁大部分地区的疫情得到了有效的控制。沈荣显和同事们也因此受到了藏民们的爱戴，都将自己家里最好的食物拿出来感谢他们，因为他们深知，是这支特别能吃苦、特别能战斗，甚至是不顾生命的防治疫病队伍，奇迹般地拯救了他们的牦牛，让他们的生活有了可靠保障。

1954 年春，农业部由 100 多人组成的防疫大队支援青海省，抽调 104 人的防疫大队支援西藏自治区，在两省区就地制苗，就地使用。在同仁地

① 彭匡时：95 岁每天学习 10 小时。《老年生活报》，2013 年 1 月 25 日第二版

区的疫情得到控制后，沈荣显及同事们又马不停蹄地带着 5 支防疫队深入青海其他地区。青海的地势非常险峻，复杂的地形地势是阻止防疫队推进工作的最大困难。当年，在青海玉树时，沈荣显清晰地记得，由于当地山路险要，不管什么样的机动车行进的速度都非常缓慢，有一次在赶路途中，下起了小雨，地形复杂，能见度又很低，大家眼看着前面的一辆车坠下了山崖。这次经历给沈荣显和防疫队都带来了不小的惊吓，但是这样的危险并没有让他们望而却步，沈荣显深知此行责任重大，绝不能半途而废，于是他们还是咬紧牙关，坚持了下来。沈荣显的儿子沈杰后来了解这件事情后，着实为父亲捏了一把汗，不禁感叹道："父亲就是命大，能够安然无恙地完成工作回到家乡[①]。"虽然在青海也经历了许多常人难以想象的困难，但是沈荣显还是带着防疫队伍，开展了卓有成效的牛瘟疫苗推广普及工作。在青海的一年时间里，沈荣显和防疫队集中力量，为农牧民注射了几十万头牦牛，并取得了十分显著的成效。青藏地区牛瘟防疫的成功，不仅挽救了几十万头牦牛的生命，更为农牧民的生活带来了全新的希望。

在沈荣显的主持参与下，1953—1954 年期间，用绵羊化兔化牛瘟疫苗在青藏高原地区对数十万头耗牛进行了注射，控制了当时正在暴发流行的牛瘟疫情。通过在青藏高寒地区现地制造疫苗和应用于牦牛的防疫结果，充分地证明了绵羊化兔化牛瘟疫苗对耗牛安全有效，免疫时间可长达 5 年以上。

在青海的疫情得到控制后的第三年，1955 年，沈荣显等科研人员又在西藏昌都地区对牦牛进行免疫，免疫牦牛总数达到了 300 多万头。随后一段时间里，沈荣显和他的防疫队继续推广疫苗并且应用于整个西藏地区，对牦牛进行了大规模的免疫注射。在西藏还有随军进藏的兽医干部组成的防疫队，用绵羊化兔毒相继展开了大规模防疫注射。与此同时，农业部用该疫苗对青藏高原地区耗牛开展了大规模预防注射。截止到 1955 年末，我国仅用了三年时间，就消灭了中国历史上严重流行的牛瘟，这是我国兽医史上的一项重大业绩。

① 沈杰访谈，2013 年 8 月 6 日，北京。资料存于采集工程数据库。

新中国成立后，有两个人畜传染病被消灭，一个是人的天花[①]，另一个就是牛瘟病。沈荣显在青藏高原地区的贡献，除了对牦牛进行直接的免疫，沈荣显和他的团队还在中印、中尼边境建立了免疫隔离带，有效阻止了国外疫情的传入。我国的西南边陲之外的印度、尼泊尔、中东、整个非洲等地区牛瘟仍在流行，特别是1997年巴基斯坦暴发了大规模牛瘟，死亡了10多万头牛，而与其相邻的我国西藏、新疆边境却安然无恙，经受住了严峻的考验。因此，这一成果创造的经济效益是无法估量的。

在新中国成立后短短六年多时间里，在幅员辽阔、农牧业交通不便，养牛近亿头的广大疆域，在当时技术设备简陋的条件下，东北人民政府农业部兽医研究所坚持党的领导，群策群力，根据当时国情研制了几种牛瘟疫苗，至今已六十年，仍未见复发，这是历史上的奇迹。沈荣显和他的团队凭着一颗赤诚报国之心，听党指挥，服从命令，一切服从防疫的需要，服从工作的需要，因陋就简，凭着两条不怕累的腿，凭一双不怕脏的手，采取就地取材、就地制苗、就地应用的战略战术，消灭了我国历史上猖獗流行的牛瘟，迄今为止，国内尚没发现牛瘟复发的迹象。据农业部估算，50年间该疫苗为我国减少经济损失达数十亿元，对我国发展养牛业，提高人民生活水平起到了积极作用，在中国具有里程碑的意义。牛瘟疫苗的研制和使用得到了联合国粮农组织和其他国家的一致好评，特别是对当今牛瘟流行的国家和地区具有重要借鉴意义。

50年后，时任中国畜牧兽医学会副秘书长的朱延永对这段历史这样描述道："我们都知道，牛瘟在中国的历史很久。在20世纪30年代，我们的老前辈们就开始研制牛瘟疫苗。新中国成立以后，党和政府对牛瘟十分重视，组织了全国的兽医力量和地方政府官员群众，在那种艰苦的条件下，投入到了消灭牛瘟的人民战争中。在1949—1956年不到七年的时间，在我国消灭了第一个急性、烈性的动物传染病牛瘟。"[②] 沈荣显和团队一起

① 天花（Smallpox）是由天花病毒引起的一种烈性传染病，也是到目前为止，在世界范围被人类消灭的第一个传染病。天花是感染痘病毒引起的，无药可治，患者在痊愈后脸上会留有麻子，"天花"由此得名。天花病毒外观呈砖形，约200纳米×300纳米，抵抗力较强，能对抗干燥和低温，在痂皮、尘土和被服上，可生存数月至一年半之久。

② 中国消灭牛瘟50周年纪念座谈会。《动物保健》，2006年11期。

付出辛勤劳动，先后研制成功了对不同牛种具有良好效果的疫苗，为消灭牛瘟提供了强有力武器。在与牛瘟的对抗历程中，东北人民政府农业部兽医研究所获得了巨大胜利，祖国和人民获得了巨大胜利，而在这巨大胜利中，善于钻研、百折不回的沈荣显及其团队起到了至关重要的决定性作用。

人生的第一次重要荣誉

沈荣显顺利完成消灭西部地区牛瘟疫情的任务回到哈尔滨后，还经常回忆起在青藏高原的生活。那时他经常和同事们一起风餐露宿，在强烈的高原反应下，大家常常晕倒在地，见此情形，藏民们冒险为他划船背药，并总是端出最好的奶茶款待他。无论在哪里，只要是“共产党的门巴（藏语医生）”来了，便畅通无阻。但沈荣显知道，自己是个“门巴”，但还不是共产党员。在青藏高原四面透风的帐篷里，一个新的意念萌发了，沈荣显向党组织表达了想加入中国共产党的意愿，向党组织正式递交了申请书。[①] 沈荣显立志于“逸豫富贵非吾愿，请缨战斗分国忧”，他希望牛瘟防疫队大无畏的革命精神能够发扬下去，沈荣显坚信，只要坚持这样的精神，就没有送不走的瘟神。

1956 年 3 月 24 日，沈荣显的愿望终于实现了，他和另外 49 名知识分子，在哈尔滨中国中苏友谊宫光荣地加入了中国共产党，这对沈荣显来说是莫大的鼓励和至高无上的荣誉。党组织非常重视这次入党宣誓大会，当时的黑龙江省委第一书记欧阳钦[②]、中共哈尔滨市委书记任仲夷亲自到

---

① 张晓鹏、印蕾：艰难困苦终不悔逆境而上战瘟神追记沈荣显院士。《黑龙江日报》，2013 年 7 月 1 日。

② 欧阳钦（1900–1978）号惟亮。湖南宁乡人。1919 年赴法国勤工俭学，参加了中国旅法学生爱国请愿活动。1924 年加入中国共产党。1925 年 8 月，到苏联入军事训练班学习。1926 年回国，入叶挺独立团，参加了北伐战争。从建国初期到 60 年代，欧阳钦同志长期担任中共黑龙江省委第一书记和东北局第二书记。参见金宇钟、李鸿义：《回忆欧阳钦》。北京：中共党史出版社，1992 年。

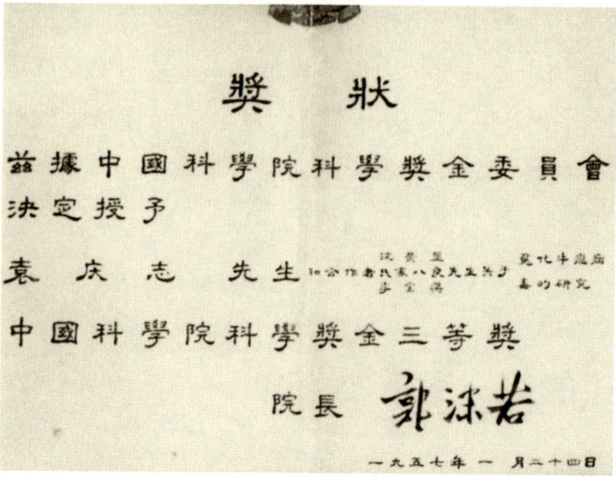
奬　狀

兹據中國科學院科學奬金委員會決定授予

袁庆志　先生和合作者沈荣显、氏家八良、李宝启先生关于兔化牛瘟病毒的研究

中國科學院科學奬金三等奬

院長　郭沫若

一九五七年一月二十四日

图 3-4　1957 年中国科学院科学奖金委员会授予袁庆志、沈荣显等人中国科学院科学奖金三等奖（林跃智提供）

会，包括入党人员及各单位的党务负责同志和非党人士，共计 960 余人参加了大会。1956 年正处于社会主义建设的高潮，每一名新发展的党员都是一个行业标杆和代表。沈荣显，是当时唯一一名来自科学研究领域的新党员。沈荣显一直记得当时在入党宣誓时的讲话：一名党员，要更加努力地工作，要为社会主义建设和实现共产主义献身。当时的中共哈尔滨市委书记任仲夷[①]也发表了讲话，他再一次阐明了当时党对知识分子的政策和对知识分子的关怀，指出沈荣显这样的高级知识分子在社会主义建设中将起到不可估量的重要作用。[②]

1956 年，对于沈荣显来说是意义非凡的一年，除了光荣加入中国共产党外，还有一项荣誉让他声名鹊起。从大学时期的坎坷，到工作之初的不受重视，对于沈荣显这样一个把科研当作生命的人来说，没有什么比研究成果得到肯定更值得骄傲和欣喜的。这一年，中国科学院颁发了新中国历史上的第一次科学奖金，因为牛瘟疫苗的成功研制，东北人民政府农业部兽医研究所的袁庆志、沈荣显、氏家八良、李宝启等人获得了我国首次颁发的国家科学奖三等科学奖金，该项目也是农学领域唯一的奖项。此次国家科学奖的研究成果共有 34 项，其中一等奖 3 项、二等奖 5 项、三等奖 26 项。这些得奖研究成果的作者有中国科学院的研究人员、高等学校的教

① 任仲夷（1914 年 9 月—2005 年 11 月 15 日），原名任兰甲，曾用名任夷，河北邢台威县西小庄人，中国共产党元老、著名政治家。参见王廉：《任仲夷评传》。广州：广东人民出版社，1998 年 12 月。

② 积极吸收优秀积极分子入党。《黑龙江日报》，1956 年 3 月 26 日。

师和业务部门的技术人员等。获奖者除了获得金质奖章、奖状外，还获得了奖金，其中一等奖一万元、二等奖五千元、三等奖二千元。

科学奖的颁发，对于中国这样经历了如此多苦难的国家是一个长足的进步。当年为了鼓励科学工作者的积极性和创造性，促进新中国科学事业的发展，1955 年 8 月 5 日，国务院全体会议第十七次会议上，通过并发布了《中国科学院科学奖金施行条例》。国家已经在生产方面建立起对生产技术的创造发明和合理化建议的奖励制度，现在科学院又建立了对于科学院的奖励制度。通过这种制度，检阅我国科学技术方面的成就，奖励先进，鼓舞后起，更好地促进向科学技术的大进军，这是一件很有意义的事情。对于当时年轻的中国来说，每一笔钱都要用到刀刃上，科学奖的审核和选拔，必须遵循高标准和严要求。从 1955 年 10 月 1 日起，一直到 1956 年 3 月 1 日为止，半年多的时间，先后收到了各方面推荐的自然科学研究著作 419 件，其中属于数学、物理学、化学方面的共 109 件，而沈荣显参选的农学、生物学等方面的参选论著达到了 200 余件。①

在后期评选过程中，沈荣显和其他参选者一起经过了层层选拔。当年的中国科学院科学奖，首先要经过各方面专家的复审，然后在学术常务委员会扩大会议上进行试选。通过复审之后，还要综合考量相关论著对于学术理论、学科发展以及国民经济意义，然后进行不记名投票。根据投票结果排定等级后，还要将获奖名单送往中国科学院科学奖委员会进行审核和投票，最后，还要经过国务院常务委员会的审议和通过，获奖名单才能最终生效。

就在当年这样苛刻和严谨的审核制度之下，因为牛瘟疫苗为新中国的经济发展带来了巨大的经济效益，挽救了价值数以十亿的畜牧资产，也让中国克服了牛瘟的侵袭，沈荣显的牛瘟疫苗团队，光荣地获得了中国科学奖。

这是新中国颁发的第一个科学奖，对于沈荣显来说，这更是党和国家对于他工作的充分肯定和极大鼓励。1957 年 1 月，沈荣显作为科学工作者

---

① 奖励先进，鼓舞后起，齐向科学大进军——我国首次颁发科学奖金。《人民日报》，1957 年 1 月 25 日第一版。

积极分子代表出席了中国科学奖表彰大会。在会议上，沈荣显感到无比的光荣和兴奋，他知道，自己团队的研究成果得到了肯定，他当年学以致用的愿望终于实现了。在表彰大会上，沈荣显还受到了毛泽东主席、周恩来总理等党和国家领导人的接见，领导人对于科学家的鼓励让他觉得身上有使不完的劲。在实验过程中的无数次分析、总结如今都得偿所愿，失败、成功、再失败、再成功的苦辣酸甜如今都换来了成功的果实。自此，沈荣显越挫越勇的精神越发地激励着他奋勇向前。

在表彰大会上，评委会这样评价沈荣显等人完成的“兔化牛瘟病毒的研究”：本工作在 1950 年 1 月开始，将日木中村淳治培育成的“兔化牛瘟病毒”连续通过山羊体，育成了“山羊化兔毒”。然后又将“山羊化兔毒”通过不易感的绵羊体中连续继代，改变了病毒的性质，在保持它的优良免疫原性的同时，使它对牛体毒力得到进一步的减弱。这项工作正确运用免疫学原理，适合我国具体需要和情况，结果育成了另一种牛瘟弱毒—“绵羊适应山羊化兔毒”。为大量供应牛瘟预防注射所需要的疫苗，解决过去应用兔化毒疫苗需用大量家兔，防疫时携带不方便以及应用反应疫苗时，犊牛发病率低，和采取犊牛血液群众有顾虑等问题，将兔化毒通过山羊体，育成“山羊继代毒”，用它代替了“反应疫苗”。从 1951 年即在内蒙和东北部分地区，推广应用“山羊继代毒”进行预防注身。1951 年和 1952 年年共预防牛只 200 多万头次，由于应用“兔化毒”疫苗、反应疫苗和“山羊化兔毒”大量开展预防注射，并结合进行群众性的防疫措施，到 1952 年消灭了内蒙和东北地区的牛瘟。但是“兔化毒”、“山羊继代毒”对易感性较大的牛种如朝鲜牛、牦牛不够安全，有强烈症状反应及部分死亡，因此将“山羊继代毒”又通过绵羊体育成“绵羊适应山羊化兔毒”。这种疫苗适于易感性校大牛种的注射，从 1953—1955 年在青海、西康及昌都地区免疫注射牦牛、犏牛约 100 万头次，经过这种疫苗注射的地区现在已基本控制了牛瘟，对团结少数民族也起了一定的作用。这种疫苗的育成意味着在我国首次解决了易感性较大的牛种——牦牛、犏牛、朝鲜牛的牛瘟预防注射所需要的疫苗，而且可以利用现地绵羊大量制造，安全有效，成本也比较低廉。成为消灭我国高原地区的牛瘟的有效武器。

和“兔化牛瘟病毒的研究”一同获得了国家第一次颁发的科学奖的有34项科研成果。根据1956年度科学奖金评审工作的经验，和学部委员在第二次全体会议期间对有关科学奖金颁发年限问题的意见，6月21日，科学院向国务院科学规划委员会并副总理聂荣臻建议修改《中国科学院科学奖金暂行条例》，将其第四条“中国科学院科学奖金每两年颁发一次”的规定改为每四年颁发一次。但由于左的干扰，直至1982年才再度颁奖，届时评奖、颁奖工作已改由国家科委负责组织进行，并改称“国家自然科学奖”。

1956年，同时获奖的成果还有人们熟悉的华罗庚的“变数函数论”、钱学森的“工程控制论”等。也许和华罗庚、钱学森这些大家耳熟能详的科学家不同，很多人不了解也不知道沈荣显。这个把全部精力都放在科研上的动物病毒及免疫学家，就是用这种“老黄牛”一样的精神，创造了不可思议的成就和财富。2006年10月，时任中国畜牧兽医学会理事长陈凌风在中国消灭牛瘟50周年纪念座谈会上说：“解放初，在政权建设时期，社会治安待治，经济萧条，百废待举。在这样的历史背景下仅用6年时间就消灭了危害千年的恶性传染病：牛瘟，创造了人间奇迹。成就的取得，一靠党政的坚强领导，各级政府畜牧兽医管理部门尽职尽责。二是畜牧兽医工作者同心断金，鞠躬尽瘁，报效国家，安抚黎庶。三是科技工作者急生产所急，日夜攻关，研制出了安全、效力俱佳的牛瘟兔化弱毒疫苗和牛瘟兔化绵羊化弱毒疫苗和反应疫苗，是消灭牛瘟的核心技术。四是广大农牧民全力支持，紧密配合。诛一乡之疫，得一乡人之悦。为了成就伟大的事业，有的防疫战士献出了宝贵的生命。中国消灭牛瘟创造了多项世界‘领先’：中国研制成功的兔化牛瘟弱毒疫苗、牛瘟兔化绵羊化弱毒疫苗，是世界上最成功的牛瘟疫苗，其安全性、免疫效果、种毒的遗传稳定性等多项指标，是其他国家的同类疫苗所无可比拟的；中国创立了反应疫苗的理论和方法，可无限量地生产所需疫苗，中国开创了用牛瘟弱毒疫苗消灭牛瘟的新纪元；解放后仅用了6年时间，在全国范围内彻底消灭了这个曾经横行无忌的瘟疫，50年不复发，经受住了时间的检验，速度之快，史无前例。中国消灭牛瘟的经历堪称人与瘟疫较量历程中的一个典型范例，人生能有几回搏，消灾灭病死则死之，为社稷亡则亡之。娓娓说来，绝非哗众取宠，实则中华民族精神的体现。”①

2008年，当记者再次采访沈荣显抗击牛瘟的经历时，他说：“牛瘟是一种烈性传染病，当时造成了上百万只牛的死亡。疫情快速蔓延，严重告急。在接受农业部的命令后，我们工作组日夜奋战，在以往研究的基础上，积极进行现地试验，经过大量的传代过程研制成牛瘟兔化弱毒疫苗，并亲自到现地进行注射和观察，有效地预防了牛瘟扩散，阻止了病毒的肆虐。”②

沈荣显从事家畜病毒性传染病与免疫学研究六十多年，取得了多项有世界领先水平的创造性科研成果，在急性病毒病方面，他研究成功的兔化、绵羊化等牛瘟弱毒疫苗，在全国应用后彻底消灭了牛瘟。新中国成立后，牛瘟是第一个消灭的家畜传染病，创造了不可估量的经济效益，沈荣显所主持的“兔化牛瘟病毒的研究”，可谓功在当代，利在千秋。

---

① 田曾义、尹德华：战斗无穷期——庆祝中国消灭牛瘟50周年。《中国动物保健》，2006年第12期。

② 傅宇：病毒研究是我生命中最重要的梦想——访中国工程院院士沈荣显。《黑龙江学子杂志》，2008年10月24日。

第四章
成功研制羊痘鸡胚化弱毒疫苗

开展羊痘疫苗研究工作

牛瘟山羊化兔化弱毒和牛瘟绵羊化兔化弱毒疫苗的研制成功，并没有使沈荣显沾沾自喜、居功自傲，反而更加激发了他对科学研究的热情和决心。沈荣显爱岗敬业，在团队的工作配合中也显现出极强的集体认同感，他生命中所凝结的财富和热爱都聚集在东北人民政府农业部兽医研究所里。

1953年，我国正处于羊痘盛行阶段，羊痘在很多地区普遍流行，严重地危害养羊事业的发展，使广大牧民及国家遭受很大的经济损失。因此消灭羊痘疫情，以保障羊只的顺利繁殖，实为当时兽医工作的重要任务之一。

羊痘（Capripox），又名“羊天花”，是由山羊痘病毒属（Capripoxvirus，CPV）的痘病毒引起的羊的一种急性、热性、接触性传染病，包括绵羊痘（Sheep pox，SP）和山羊痘（Goat pox，GP）。主要表现为发热，无毛或少毛部位的皮肤或黏膜发生丘疹和疱疹。羊痘是所有动物痘病中最为严重的一种，有较高的病死率，羔羊发病较重，死亡率较高，除造成死亡之外，还影响羊品质、孕羊流产，能造成巨大的经济损失，严重影响国际贸易和养羊业的发展。世界动物卫生组织（OIE）将羊痘列为 A 类疾病，我国将其列为一类动物疫病，《农业发展纲要》中将羊痘定为计划消灭的十大疫病之一。此外，羊痘在公共卫生方面也有重要意义，中国、瑞典、印度依据流行病学和临床症状都有人类感染羊痘病毒的报道。世界各国都高度重视羊痘，有本病的国家和地区的易感动物及其有关的产品被世界各国列为严格限制进出口的对象。①

羊痘广泛分布于非洲、中东、印度次大陆、北欧、地中海各国及德国、澳大利亚、美国等，特别是非洲北部、中东和亚洲的部分国家流行较为严重。13 世纪英国首先报道，15 世纪在法国、17 世纪在意大利和德国也先后见报道。1805 年曾在欧洲南部与中部一些国家流行，造成大批羊的死亡。与我国接壤的周边国家，如印度、孟加拉、尼泊尔、巴基斯坦、俄罗斯、蒙古等不少国家均有本病的流行。美国、德国、日本等发达国家经采取强有力的防控措施，已消灭该病。我国早在北魏（6 世纪）时期就记载有绵羊痘，一直到新中国建立前后均有羊痘流行史。在内蒙古自治区，1951—1957 年发病羊 909016 头，死亡 94921 头（死亡率 10.4%）。成年绵羊患病的死亡率一般在 2%—25%，羔羊的死亡率在 50%—100%；患病不死的绵羊，其毛、皮的产量和质量下降，使畜牧业遭受巨大的经济损失。

山羊、绵羊均为易感动物，绵羊为绵羊痘病毒，山羊为山羊痘病毒，各种动物的痘病毒各有其固定的宿主，绵羊比山羊易感。在自然界传播的潜伏期为 6—12d。病羊与带毒羊是主要传染源，病羊的含毒的皮屑随风和灰尘吸入呼吸道而感染，也可通过损伤的皮肤及消化道感染。丘疹中含大量病毒，黏膜上的丘疹破溃后可从鼻、口分泌物和泪液排泄病毒。乳汁、尿液和精液也可成为病毒传播的重要来源。被病羊污染的场所、草地，与病羊接触过的用具、饲管人员，以及蚊蝇等吸血昆虫和体外寄生虫

---

① 康文玉、徐自忠、高洪卜等：羊痘的研究进展。《畜牧兽医杂志》，2005 第 3 期第 24 页。

均可成为传播媒介。羊痘一年四季均可发生，但以春秋两季多发，主要在冬末春初流行，常呈地方性流行或广泛流行。气候严寒、雨雪、霜冻、枯草和饲养管理不良等因素，都有利于羊痘的发生和加重病情。

世界各国预防羊痘的疫苗有很多种，但各有不同程度的缺点，例如，利用羊痘强毒制造各种活毒疫苗，虽然能确实免疫，然而由于病毒未经减毒处置，易使机体产生严重反应，引起部分损失，并可成为传染的源泉，此种疫苗只宜用于发病羊群的紧急接种，不宜广泛应用。羊痘氢氧化铝甲醛灭活苗是在上世纪 40—60 年代初，国际上预防羊痘较好的疫苗，在前苏联、土耳其及伊朗等国家长期应用。1952 年，自苏联学者 M. M. 伊万诺夫[①]来我国介绍斯大林奖金[②]获得者李哈捷夫在 1944 年创造的羊痘氢氧化铝疫苗后，我国才有了制造良好疫苗的方法。

20 世纪 50 年代开始，羊痘氢氧化铝疫苗在我国已大量制造，并在预防工作上取得了良好成绩，但由于羊痘氢氧化铝疫苗产量低、成本高、使用剂量大、免疫期短和保存期短等缺点，尚不能满足广大农牧区的需求。而这些缺点都是灭活苗本身所决定的，基本上是无法克服的。为尽快研制出适合我国国情的、成本低、产量高、免疫性能好的羊痘活疫苗，1953 年，沈荣显和袁庆志等人临危受命，承担了这一研究课题。采用绵羊痘病毒通过鸡胚培养继代方法进行了羊痘弱毒疫苗的研究，从根本上解决疫苗的产量和质量问题。

使用鸡胚培育羊痘疫苗是世界上长期没有解决的科研难题。之前曾有过报道，30 年代时，印度科学家 RAO. R. SANJIVA 曾把羊体的羊痘病毒转注到鸡胚上，然后连续用鸡胚传代，但只传到第 9 代，此时病毒仅能引

---

① M. M. 伊万诺夫，俄国生殖生物学家，家畜技术的奠基人。1870 年 7 月 20 日生于俄罗斯共和国库尔斯克州希格雷市，1932 年 3 月 20 日卒于哈萨克共和国阿拉木图市。1896 年毕业于哈尔科夫大学。十月革命后，先后在国立兽医实验研究所生殖生物学研究室、家畜繁殖试验站、全国畜牧研究所和哈萨克共和国畜牧兽医研究所领导家畜生殖生物学研究工作。对羊的人工授精技术进行了系统研究，首先将家畜人工授精从实验性质转变为一种畜牧技术，并在生产中积极推广应用，对苏联家畜品种改良发挥了指导作用，也促进了世界家畜人工授精技术的发展。

② 斯大林奖金是根据 1939 年 12 月苏联人民委员会决议设立的一项奖金，旨在鼓励科学技术发明和文学艺术创作。从 1941 年起开始颁发，一年一次。由有关单位和各方面的著名人士组成委员会，对已提出的候选人进行评选，在十月革命节时颁发。

起被接种羊只的局部发痘，而不能引起全身感染，虽然他认为有用作疫苗的可能性，但试验最终没有取得成功。据了解，1937 年 Gins 氏和 Kunert 氏、1938 年的 Rao 氏等人，以及 1957 年天 rtenzi 和 TibCCo 氏、1957 年 Sabban 氏等研究团队，都曾尝试用羊痘病毒通过鸡胚培养继代的方法培育弱毒，但均未取得突破性进展，未获得成功。①

沈荣显广泛涉猎动物免疫学及生物学知识，尤其是国外先进技术，他积极借鉴，为我所用。米丘林②生物学证明了生物体与其生活条件构成一个统一的整体，如果生活条件有改变，生物体也就随之发生变化。沈荣显和袁庆志等人根据这一原理，将羊痘病毒通过鸡胚培养，希望能使它发生定向变异，以便获得制造弱毒疫苗的种毒。

试验使用的羊痘种毒是太原系（1950 年来自华北农业科学研究所防疫系），内蒙系（1953 年来自农业部兽医生物药品监察所），朝阳系（1953 年 1 月在热河省朝阳羊痘流行区采取的）及青海系（1954 年 4 月由青海省畜牧厅兽医诊断室寄来），毒力均属良好。太原系及内蒙系的丘疹毒皮内接种于仔羊及静脉接种于成羊可引起全身发痘，以至死亡。太原系的丘疹毒毒力滴定为 10^{-7}（1 毫升皮内接种 10 颗），可使本地羊局部发痘。供试鸡蛋来自航鸡产的种卵。供试绵羊系哈尔滨地区的本地羊及一代杂种棉羊（个别试验中曾用一部份的钝种羊）和由内蒙购回的蒙古羊。除一小部分利用生后 4 至 6 个月的仔羊外，绝大多数是 1 至 3 岁者，其中以 2 岁者为最多。

沈荣显首先仿照印度科学家用鸡胚传代的方法做了试验。着重用不同品系的不同含毒组织（丘疹、皮下水肿组织、淋巴液）的羊痘强毒，以不同的方法直接在鸡胚绒毛尿膜上培养继代，病毒在绒毛尿膜上繁殖、发展。一连做了 4 次试验，都只能传到第 9 代，以后就无法从鸡胚的绒毛尿膜上找到病毒了。实验证明，单纯由鸡胚传代这条路走不通，而传不下去

---

① 沈荣显团队申报国家发明奖申报书。1987 年 2 月，未刊稿。资料存于采集工程数据库。

② 米丘林（1855–1935）全名伊万弗拉基米洛维奇米丘林（Ivan Vladimirovich Michurin），是苏联植物育种学家和农学家，苏联科学院荣誉会员，米丘林学说的奠基人。米丘林学说的基本思想认为生物体与其生活条件是统一的，生物体的遗传性是其祖先所同化的全部生活条件的总和。参见雅柯甫列夫:《米丘林》。北京：科学出版社，1955 年。

就无法增加疫苗产量。

沈荣显和团队人员详细分析了试验数据，认为病毒从羊体转到鸡胚，生存条件发生了急剧的变化，病毒不能适应可能是鸡胚传代失败的原因。因此，他设计出缓慢适应办法，以利于病毒传代。他提出了一个设想：如果用较缓和的办法制造出使病毒的存活率回升的条件，比如使病毒从鸡胚第一代后再回注给羊体一次，然后再转注给鸡胚，可能比单纯由鸡胚传代更有把握。按照这个设想，课题组以羊体→鸡胚→羊体→鸡胚→鸡胚的方式反复试验，病毒传代继承下来了，获得了成功。因此第5次试验就改用鸡胚与绵羊交替继代，即交替1代绵羊后相继在鸡胚尿膜上继代，结果较为满意，并达到90代。其后，他们又用同一种毒，按上述方法进行第6次直接通过鸡胚继代的试验，结果继代至第10代即不能使羊发痘，也未获得免疫。

第5次试验开始时是用太原系的丘疹毒制成10倍生理盐水乳剂，以0.1—0.2毫升接种于孵育10—11日的鸡胚尿膜上，在35—36℃孵卵箱内培养四日，收获接种局部的尿膜为种毒（下简称为鸡胚毒）。经细菌检查无菌者，制成10—20倍乳剂以0.1—0.2毫升接种于次代鸡胚，以此方法传至第5代时，发现病毒已消失，乃用第3代鸡胚毒接种羊并取羊的丘疹毒再在鸡胚尿膜上继代，并顺利继代至90代。在继代过程中，如种毒被杂菌污染时，就用适当量的青霉素和链霉素处理后再行继代。如发生断代时，就进行反复继代。为了及时了解毒力与免疫原性的变化起见，在每代接种鸡胚的同时并作复归绵羊的试验，且每隔适当的代数进行鸡胚与绵羊的最小感染量、绵羊的全身感染、同居感染等试验和测定鸡胚的不同部位的含毒量。一部分羊在观察二至三周后，接种羊痘强毒作免疫试验。

沈荣显等人通过试验证明，根据米丘林的生物学原理，将羊痘病毒在鸡胚尿膜上继代培养，迫使羊痘病毒朝着我们所要求的方向去变异，从而获得了满意的结果。病毒已适应了新的外界生活条件，能够在鸡胚尿膜上发育，其对绵羊的毒力有了显著的减弱，而更重要的是免疫原性也得到了保持，可以用作制造弱毒疫苗。

当时，中国在生物疫苗研究方面的硬件条件和其他国家还有一定差距，所以在疫苗培育方面，不仅要学习发达国家的疫苗培育方法，更多的则是依靠科研人员艰苦卓绝、不懈奋斗的信心和决心。面对一次又一次的失败，沈荣显和团队人员既没有气馁也没有放弃，他甚至认为这些都是非常正常的。他总是鼓励团队的成员们，要坚定信念，要相信自己，要以一种不怕失败、持之以恒的钻研精神奋斗下去，终有一天会取得成功。于是，在那些不分昼夜的科研攻关日子里，小小的实验室满是沈荣显和同事们忙碌的身影。

羊痘鸡胚化弱毒疫苗的研发及推广使用

羊痘鸡胚化是一个艰难的过程，丝毫的大意或者操作不当都会使整个培育过程的艰辛付出不见任何成果，这就要求科研工作人员需要时刻保持认真严谨的态度，同时还要具备坚韧不拔的拼搏精神，才能克服重重困难，成功研制出管用的羊痘疫苗。

在 1956 年一整年里，沈荣显始终保持充足的劲头和亢奋的精神状态，专注于严格的培育程序和实验过程，不断地进行大量的试验工作，连吃饭、休息的时间都很少，他的科学研究的思维从不停歇，在每一个试验阶段，如果没有实质性进展，他就不会真正地让自己休息，白天上班做试验，回家休息的时候，脑子里也还在不停的思考，沈荣显的生命就是这样运转的，他将全部的心思都放在了自己的科研工作中。沈荣显性格内向，不善于表达自己的情感，大家也很少从他的话里听得到丰富的感情色彩，但是对试验顺利进行时的一种不经意流露，将沈荣显对于兽医科研事业的无限热爱展露无遗。就是这样，沈荣显一直关注研究所的发展，潜心研究羊痘病毒的特征、原因以及如何攻克羊痘病毒，试图尽快研发出能够应对羊痘病毒的有效疫苗，并加紧投产使用，帮助养羊业尽快恢复正常的健康发展态势。

1957 年，沈荣显和团队凭借着一股不服输的精神，以第一完成人将绵羊痘病毒通过鸡胚培养继代，成功地培育出可以用于制苗的羊痘鸡胚化弱毒毒种，突破了羊痘病毒不易通过鸡胚继代进而育成弱毒这一国际上没有突破的技术难题。至 1957 年，已通过鸡胚继代 200 代。病毒随着通过鸡胚代数的增加，逐渐适应于鸡胚，改变了原有的性质，对绵羊的毒力明显减弱和日益稳定，且仍保持良好的免疫原性。具备了生产羊痘弱毒苗的种毒条件。自此在国内外首次培养成功羊痘鸡胚化弱毒疫苗株（简称鸡胚毒）。

用鸡胚毒接种鸡胚制苗产量少，而用其接种绵羊的反应毒制苗则可大量生产。由于用同一种毒制苗，所生产的疫苗性质基本上是一致的，均具有产量高、成本低、使用剂量小、免疫时间长等优点。沈荣显在培育成功的鸡胚化羊痘弱毒株基础上，制成冻干疫苗，既可以预防绵羊痘也可以预防山羊痘，全面挖掘出鸡胚化羊痘弱毒株的免疫潜质，从而根本解决了疫苗的产量和质量问题，满足了实际防疫的需要，突破了当时国内外生产使用灭活苗的范畴。在工艺流程方面在此基础上，根据 50 年代我国具体情况研究出三种方法生产疫苗，即反应毒湿苗、筋胶苗和冻干苗，又结合各地生产疫苗的不同条件研制出了“羊痘鸡胚化弱毒通过绵羊反应毒湿苗”、“羊痘弱毒蛋白筋苗”、“羊痘弱毒疫苗第Ⅱ号炭疽芽胞苗”等系列疫苗，对于不同的地区可以因地制宜地选择一种方法生产疫苗。

疫苗成功研发后，沈荣显又马不停蹄地编写羊痘鸡胚化弱毒冻干疫苗使用方法，以规范疫苗的免疫注射。对性状、用途、用法和用量、保存期、注意事项等都作了详细明确的规定。

（1）性状：系利用通过鸡胚减弱的羊痘弱毒感染绵羊，采取反应羊发痘丘疹磨碎后，加入保护剂，经冷冻真空干燥而成。为淡白、淡黄或淡红色的海绵状疏松固体，加入生理盐水即溶解成均匀的悬浮液。（2）用途：专供预防绵羊痘病之用。（3）用法和用量：按实含组织量加生理盐水 50 倍稀释，不论羊只大小，一律在尾内侧或股内侧皮内注射 0.5 毫升。可用于成年绵羊、羔羊、怀孕母羊及瘦弱羊，但羔羊的免疫反应率较成年羊低。因此，3 个月哺乳羔羊在断奶后应加强免疫 1 次。（4）反应：一般没有不良反应。（5）免疫期：注射后

4—6日就产生可靠的免疫力。免疫期为1年。(6)保存期：自采痘之日算起，保存在0—40℃冷暗干燥处，有效期为18个月；保存在8—15℃阴暗干燥处，有效期为10个月，保存在16—25℃阴暗干燥处，有效期为2个月。(7)注意事项：①发生过羊痘地区的羊群，或邻近受威胁的羊群，均可注射。在已有羊痘流行的羊群中，除已发痘羊不可应用外，对未发病的健康羊可进行紧急接种。②在非疫区应用之前，必须对本地区不同品种的绵羊进行小量试验，证明安全后，方可全面使用。③使用时要充分摇匀。④注射后要注意检查。一般在注射后的5—8天仅局部发生豌豆大乃至核桃大的硬结肿胀，但不化脓，约持续1—2周后消失。如同批疫苗所接种的羊群局部无反应，须用另批疫苗重新注射（发生过天然痘或注射过羊痘疫苗的羊群例外），并查清疫苗失效的原因。检查日期在注射后7—9日内为宜。

1958年，羊痘鸡胚化弱毒疫苗开始投产并推广应用，中国每年免疫注射数百万只羊。自此猖獗流行的绵羊痘，在不同地区逐步得以控制或消灭。在经济效益上，羊痘鸡胚化弱毒疫苗与苏联的氢氧化铝甲醛苗生产相

图4-1　与妻子回鞍山探亲（1980年。沈杰提供）

比，每年可为国家节约八百六十余万元。①

在羊痘鸡胚化弱毒疫苗研发期间，沈荣显家人给予了他很大的支持，据曾在黑龙江省畜牧局防疫站工作的沈荣显的儿子沈杰回忆，沈荣显对于家庭是很少顾及的，而母亲一直都十分支持沈荣显的工作，他平时很少休息，就连过年也只不过休息 3 天而已，有的时候一直在实验室工作到除夕的下午最后一个离开，而初一一大早又一如往常一样去实验室工作，这种专心钻研的态度以及对国家和单位的奉献精神是让人无比敬佩的。沈荣显的父亲以种地营生，岳父是鞍山的中医，并开有米面加工厂，是个地道的资本家，当年就是看上沈荣显老实本分的性格，这种老实本分的品质，放在做学问上也是一样，沈荣显一直勤勤恳恳，踏踏实实的搞科研工作，而妻子则将家里照顾得井井有条，可以不让沈荣显牵扯任何精力，一门心思做学问。沈荣显当时没有家庭的牵挂和负担，他的妻子承担了家里全部的事情，家里人都十分支持沈荣显的科研工作。②

1959 年，根据中苏科技合作协定，苏联引用羊痘鸡胚化弱毒疫苗的种毒和制苗方法，进行了试产试用，并证明不论对大小羊只和怀孕母羊应用后，均甚为安全，免疫效力坚强，认为羊痘鸡胚化弱毒是一株良好的弱毒。1960 年兰州厂生产的羊痘鸡胚化弱毒苗，曾远销越南；70 年代中期我国兽医支援埃塞俄比亚时，曾将羊痘鸡胚化弱毒苗用于该国预防羊痘，在国外使用都证明安全有效。

上世纪 60 年代后期，国外有了羊痘组织培养细胞苗的试验和应用的报道，较我国此项发明晚了 10 年左右。根据 60 年代后期以来的国外报道材料，概况起来说，国外的羊痘组织培养细胞苗接种绵羊后的反应，其安全性和免疫效力与我国的羊痘鸡胚化弱毒苗基本相似。1978 年，Rao 及 Malik 氏参照沈荣显等人的研究报告，也采用鸡胚培养继代方法培育弱毒，用鸡胚 18 代毒接种绵羊，测试毒力和免疫原性变化，但未见其成功的报道。总之，不少外国科学家利用鸡胚培养羊痘病毒，育成弱毒株并用于制

① 刘筱华：羊痘鸡胚化弱毒疫苗接种羊暴发羊痘及对现阶段的该苗种毒毒力的探讨。《中国兽医杂志》，1985 年 7 月。

② 沈杰访谈，2013 年 8 月 6 日，北京。资料存于采集工程数据库。

苗的报道，至今未见到。[①]

自1978年以后，在我国有部分药厂利用鸡胚毒接种绵羊的反应毒，也在生产细胞冻干苗，其疫苗性质与羊痘鸡胚化弱毒疫苗所述工艺流程生产的冻干苗基本一致。

冻干羊痘弱毒疫苗区域性效力试验

1962年4月，山东省济南兽医生物药品制造厂请教中国农业科学院兽医研究所沈荣显，用筋胶乳糖进行干燥的方法制备冻干羊痘弱毒疫苗。同年5月，兽医研究所介绍了在冻干羊痘种毒中所用筋胶乳糖液的配制方法，并认为用筋胶乳糖液作保护剂制造冻干疫苗是比较新的东西，如果还没有经验，应做好保存期、有效期、区域性各种试验。

从1962年5月起，沈荣显多次通过书信等方式指导试验过程，最终取得了良好效果。一开始即以哈兽研所介绍的方法进行试制,（组织与保护剂配制比例是1∶1），但感到这个比例磨碎和滤过仍有很多困难。山东省济南兽医生物药品制造厂先采取1∶1，1∶2.5，1∶5的不同配制比例小量进行干燥，在同一羊身上作毒力测定；在接种的二头羊中，各种配制比例的毒价都能达到10^{-5}，不过发现1∶5的10^{-5}丘疹直径不到1厘米；10^{-2}、10^{-3}、10^{-4}、10^{-5}也都比其他比例的消失快。鉴于这种情况，为了磨碎过滤的方便和不影响毒价，又采用了1∶2的配制比例：即组织一份、保护剂二份。1962年5—6月干燥二批，1963年5月干燥二批，无菌、安全、效力试验都符合规程要求。鉴于保存期、安全性还没进行过系统的区域性试验，于1962年7—8月组织人员在潍坊、昌乐两地用山东寒羊（部分为考利贷羊）作区域性效力试验。

冻干羊痘弱毒疫苗的制苗主要采取筋胶乳糖液之配制方法。筋胶系济

① 沈荣显团队申报国家发明奖申报书。1987年2月，未刊稿。资料存于采集工程数据库。

南生产的医用片状筋胶，乳糖系上海新中华化学厂生产的化学纯粹乳糖。以筋胶0.5克、乳糖5克加入100毫升蒸溜水充分溶解后流通蒸汽灭菌，每次15分钟连续三次。将丘疹组织毒以绞肉机绞碎二遍，称其重量，再按1∶2比例加入筋胶乳糖液，再用铜丝纱和纱布滤过二次，然后分装于25毫升小瓶中，每瓶2毫升。疫苗装入干燥箱后 −30℃予冻4—6小时，开真空泵，真空度在30微米以下。升温的掌握：在0℃以下，每小时升温1—2度，0℃以上每小时升温3—5度，待至28℃推持2小时。干燥全程约36小时左右，出箱后抽空密封即成。按农业部颁发的兽医生物药品制造及检验规程进行无菌、安全、效力试验以及含残水量、真空度、溶解度等物理性状检验，全部符合规程要求；冻干疫苗的感染量均可达到 10^{-4}（10^{-4} 以下未测定）。

1962年6月组织了区域性效力试验，地点选在了潍坊农场三里庄分场及昌乐县种畜繁殖场二处。潍坊试验羊群体质健壮，平均体重在70斤左右，全部是山东寒羊，全群81头除1头新疆细毛羊以外，全部接种了疫苗；昌乐羊分二群放牧，一群是考利贷纯种羊39头，体质较差，除5头瘦弱羊未接种以外，接种了34头；另一群是山东寒羊40余头，体质也较差，除弱羊、羔羊以外接种30头。用已在15℃保存14个月的6201批真空度良好和失去真空（确知失真空时间至少为10个月）的及在 −15℃保存80天的6301批真空度良好的干燥疫苗二个批号同时进行不同稀释度感染量区域性试验。疫苗从低温冷库取出后立即放入加冰广口保温瓶中带到试验地点，在注射时疫苗稀释前后仍放人加冰广口保温瓶中，以免疫苗受热。

按照实验规程要求，试验羊于接种疫苗后第4—8天每日一次逐羊检查发痘情况，第8—14天每二日检查一次，最后于第25天检查一次停止观察。检查时对痘疹的大小以米尺测量其痘疹直径为标准。试验羊不论何种稀释度的感染量测定，除个别不反应羊以外，均于注射后第4—5天开始出现反应，至第6—8天痘疹发得最大，一般在0.5至3厘米之间，但无化脓结痂等现象。以后逐渐消退，到第14天时80%以上痘疹已经消失。小部分尾内面接种的寒羊因痘型较大痘疹表皮磨破结痂消失缓慢，但到第25天检查时也已大部脱痂消肿，没有化脓、痘疹扩散等现象。上述试验羊的反应按照中国农业科学院兽医研究所痘型判定标准判定，均属于不全经过型，其中Ⅰ型占12%，Ⅱ型占88%。试验羊在观察期内，据饲养员反映：羊群的食欲、精神等方面均很正常。潍坊羊群在试验期间还出生小羔3只。昌乐的考利贷羊在试验期中，未接种疫苗的5头瘦弱羊，先后死亡4头，经解剖检查，系寄生虫病致死。

在这次羊痘弱毒冻干疫苗的试制中，采用筋胶乳糖代替规程规定的HG氏液作为保护剂，并将痘毒组织与保护剂的比例改为1∶2进行配苗制出了效力良好的冻干疫苗，疫苗的感染量能达到10^{-4}规定的标准。在配苗比例方面，曾以1∶1，1∶2.5，1∶5三种不同比例进行过初步比较，结果1∶5的似乎不如1∶2.5的好，而1∶1的由于研磨过滤方面存在着一定的困难，所以初步认为配苗比例1∶2者较为合适。

通过区域性效力实验证明，用丘疹组织毒以1∶2筋胶乳糖保护剂配制的冻干疫苗，在实验室作试验安全性良好，而在野外试用也很安全；羊群接种疫苗后的反应，全部是不全经过型发痘，符合规程的要求。羊群并不因接种疫苗而引起精神食欲上的任何可见变化，而且对怀孕母羊也是安全的（如潍坊试验羊试验期中顺利的产下了羔），对体质较弱、染有寄生虫病较重的羊群，只要不过分瘦弱，接种疫苗也并未引起发病（如昌乐的考利贷羊瘦弱羊5头虽未接种疫苗，先后患寄生虫病死亡4头，而接种疫苗的羊却无一死亡）。

第五章
研发猪瘟兔化牛体反应疫苗

着手对抗猪瘟

在我国，猪瘟对养猪事业构成严重危害，直接关系到老百姓的餐桌安全问题，关系到人民的肉食结构和生活水平的提高，关系到农村经济的振兴和发展，同时严重关系到农业生态的平衡发展。

猪瘟俗称“烂肠瘟”、“猪霍乱”，是由黄病毒科猪瘟病毒属的猪瘟病毒引起的一种急性、发热、接触性传染传染病，具有高度传染性和致死性。猪瘟是一种死亡率高、无特效药治疗的病毒性传染病，其特征是：急性，呈败血性变化，实质器官出血，坏死和梗死；慢性呈纤维素性坏死性肠炎，后期常有副伤寒及巴氏杆菌病继发主要通过直接接触，或由于接触污染的媒介物而发病。消化道、鼻腔黏膜和破裂的皮肤均是感染途径。猪瘟是养猪业的一种毁灭性传染病，几乎遍及全世界（除北美洲和大洋洲外），死亡率高达 80%—90%。1885 年首先在美国发现，以后传播到世界各大洲，中国大部分省都有发生。1903 年，美国兽医学家德希尼兹和多赛特鉴定本病的病原是披盖病毒科的瘟病毒属（Pestivirus）中的猪瘟病毒。国际动物卫生组织将猪瘟列入 A 类 16 种法定传染病之一。[①]

解放初期的中国养猪业深受其害，由于旧中国的羸弱，动物疫情预防几乎为零，当时，猪瘟的解决办法就是扑杀。防治猪瘟已经成为新中国动物医学界刻不容缓、亟需解决的重大课题。作为中国最早的专业兽医研究所，东北人民政府农业部兽医研究所在建所之初就将猪瘟的防治作为了一个重要研究内容之一。

上世纪 40—50 年代，国际上对抗猪瘟有三个弱毒疫苗，美国的 ROV—AC、MCV、英国的 SFA，但共同的缺点是注射后反应重，死亡率分别为 5.1%、66.9%、5.1%，给怀孕母猪注射后或引起死胎和流产，而且免疫时要与抗猪瘟血清共同注射，因此不够理想。黑龙江省在 1941—1951 年之间猪屠宰头数每年约 150 万，以福马林不活化组织疫苗控制猪瘟，但猪瘟发生率高达 8%。在 1952—1959 之间陆续以结晶紫不活化疫苗及兔化猪瘟活毒疫苗控制，结果使猪瘟发生率大为降低，直至全省普遍推广使用后，虽然养猪头数增至每年屠宰 600 万头，但猪瘟发生率仅为 0.02% 左右。上世界 50 年代，我国和世界其他国均用猪瘟结晶紫疫苗预防猪瘟，但生产这种疫苗的原材料需要用猪，利用率仅 50%—60%，每头猪（50kg）仅能预防 300 头猪，生产周期要 2.5 个月，效力只有 70% 左右。

从 1948 年起，在老所长陈凌风的带领下，东北人民政府农业部兽医研究所开始了对猪瘟病毒长达 18 年的科研攻关。1954 年，袁庆志等人承担了研制猪瘟兔化弱毒疫苗的任务。他们首先从毒力较强的兔化弱毒入手，又通过兔体进行快速继代，传到 50 代后，毒力明显减弱。通过现地大量试验，证明对预防猪瘟安全有效。后由农业部畜牧兽医局指示，将此弱毒移交中国兽医生物药品监察所继续进行试验研究。1955 年，他们通过猪瘟石门系强毒在兔体上连续传几百代后培育成功了一株猪瘟兔化弱毒疫苗。

1956 年，C 株[②]疫苗在全国各省试用，开始推广应用。猪瘟兔化弱毒

① 于立权、崔玉东、朴范泽：猪瘟流行病学研究概况。《动物医学进展》，2003 年第 2 期。

② 一般来说，C 株指的是中国创制的猪瘟兔化弱毒疫苗，简称“C 株”（Chinese strain，C-strain）。参见丘惠深：猪瘟兔化弱毒疫苗效力与安全性。《中国畜牧报》，2004 年 2 月 29 日。

疫苗给猪注射后，仅有轻微的体温反应和病毒血症，不引起发病和死亡；接种怀孕 1—3 月母猪不引起死胎和流产；未吃初乳新生猪接种后无不良反应；免疫 10—14 日龄吮乳仔猪，不影响其发育；对不同品种、各种年龄猪均可使用，无残余毒力。注射后 3 天产生坚强的免疫力，其效力为 100%，断奶仔猪注射后，免疫期可达 1.5 年，通过试用证明疫苗安全有效。

猪瘟兔化弱毒疫苗口服接种也非常安全有效。用 C 株疫苗经口服接种家猪和野猪，接种后第 2—12 天从家猪鼻腔分泌物和粪便中均分离不到病毒，仅在接种后第 8 天在家猪部分器官（扁桃体、下颌淋巴结、脾脏）中可检测到病毒，接种后第 9 天仅在野猪扁桃体中检测到了病毒。这表明猪接种后不大可能排毒和散毒。在欧洲，通过饵料投送高滴度猪瘟兔化弱毒疫苗（在其中添加稳定剂）控制野猪的猪瘟，借此阻断猪瘟向家猪传播。试验证明猪瘟兔化弱毒疫苗对各种年龄的野猪也是安全有效的。

法国学者系统地评价了不同动物口服免疫 C 株疫苗的安全性和免疫保护。这项研究用 47 头猪、11 头野猪、26 只家兔、10 只野兔和 16 只绵羊进行了 7 项试验。研究结果表明，口服接种 3 周内，所有猪发生抗体阳转；接种 6 周后，免疫猪可完全抵抗强毒攻击；口服接种后 4 d 内，均未从接种猪的扁桃体、脾脏、淋巴结、胸腺、唾液、尿液和粪便中分离到疫苗病毒，与接种猪直接接触的未接种易感猪无一发生血清学阳转，这表明 C 株疫苗经口服能产生免疫保护，并且接种猪不会向外界散毒；野猪上的试验结果与家猪上的结果相似，绵羊和野兔口服接种后不表现任何临床症状，家兔则出现定型热和生长迟缓。试验结束时从接种绵羊没有检出抗体，而部分家兔和野兔则发生血清阳转，与接种动物接触的家兔和野兔均未发生阳转。这些结果与预期一致，即 C 株疫苗对家猪、野猪和绵羊是安全有效的，对家兔和野兔有轻微致病性（发热反应）或无致病性。

我国从 1957 年开始投产 C 株疫苗，全国每年生产冻干疫苗可供 4 亿—5 亿头猪注射。1957 年又研究成功低温真空干燥疫苗，解决了工厂生产和保存、使用的问题，并正式在全国推广，对控制猪瘟流行起了决定性作用。但我国幅员广大，饲养几亿头猪，用家兔制苗产量小，成本高，而且有的地区兔源缺乏，难以满足猪瘟防疫的需要。如一只家兔的脾、淋巴结只有 3—

图 5-1 与父亲在公园合影（上世纪 60 年代末。左一为沈荣显、左二为其父亲，沈杰提供）

4 克能制苗。按规定 100 倍稀释成 300—400ml，每头猪注射 lml。每只家兔只能制出 300—400 头猪份的疫苗，如制造 4 亿头猪的疫苗则须使用 100 多万只家兔，至少需开设年产万只兔的养兔场 100 个。为适应我国养猪业的大发展，迅速控制消灭猪瘟，迫切需要一种能大量生产弱毒疫苗的方法。

在这种严峻的形势下，东北人民政府农业部兽医研究所将这项关于猪瘟病毒疫苗研发的任务，交给了沈荣显和他的科研同事们。沈荣显当时就向领导明确表态，只要是关于家畜免疫疫苗的研发工作，一定会全力以赴，攻克难关。就这样，沈荣显满怀信心地投入到了从事猪瘟兔化毒—牛体反应疫苗的研究工作中，与一群和他有着共同目标的科研工作者们朝夕相处，忘我工作，为加速推动人类克服猪瘟的步伐而努力奋斗。

猪瘟兔化牛体反应疫苗大获成功

1957 年，东北人民政府农业部兽医研究所划归刚刚组建的中国农业科学院领导，定名为中国农业科学院兽医研究所。划归后，中国农业科学院向兽医研究所投入了大量新技术和精密仪器，示踪原子、γ 射线、超音波、紫外线、红外线等的应用，极大地促进了科学工作者的研究工作向高深而专精方面发展，有助于畜牧兽医科学研究水平的提高和发展。沈荣显于 1957 年开始利用猪瘟兔化毒对牛进行人工感染试验，以它增殖病毒来试制牛体反应疫苗，最终取得了令人满意的效果。

1958 年，沈荣显以猪瘟病毒通过兔体继代培育成功了猪瘟兔化牛体反应疫苗，并推广应用。它与兔化毒在质的方面没有明显变化，仍保持了兔化毒的特性。这种牛体反应疫苗注射各种猪的安全性和免疫效力与猪瘟兔化毒本身完全一致，无论牛或兔的脾、淋毒都是 1 万倍稀释对猪免疫，而牛体反应毒疫苗对猪的免疫期二年仍 100% 保护。用牛制造的疫苗产量高，成本低，制造方法简便易行，节省大量人力物力（不需使用大量培养瓶、药品、电力）。制造牛体反应疫苗一头 2 岁小公牛可制出 12 万—20 万头份猪疫苗（皮、肉仍可利用）。牛体反应疫苗大小猪均可应用，注苗后第 4 天产生免疫力，免疫持续期可达 19 个月。由于它产生免疫力快，可用于疫区的紧急接种，来扑灭猪瘟的流行。它即适于兽医生物制品厂生产冻干疫苗，又适于现地集中生产湿苗，是一种极其优越的制苗方法。

猪瘟兔化牛体反应疫苗研制成功后，为规范各地使用，减少疫苗污染机会，保证安全，提高工效，沈荣显等人一同编写了猪瘟兔化牛体反应疫苗制苗操作规程。

一、磨碎程序：1. 把事先按猪瘟兔化牛体反应疫苗制造技术操作规程所制好的淋巴、脾脏及血毒拿入无菌室（罩），并分别称重量。2. 把淋巴、脾组织倒入事先准备好了的研钵（或捣碎机）中，充分捣碎后加入等量（或数倍）原有接种动物的血毒（牛淋巴、脾组织加牛血毒），加血毒数量的多少，可按原接种动物采血数量的多少而定，其目的主要是为了便于组织的研碎、过滤。3. 充分拌搅后倒入装有 3—4 层消毒纱布或细孔钢丝网的漏斗中过滤，将滤液盛集于有色瓶中。4. 为防止滤液污染，在每毫升滤液中按常规加入青、越霉素各五百单位。5. 充分振落，待青、链霉素充分溶解后即分别用有反口胶塞的小瓶进行分装。每瓶装多少，按每防疫队每天工作量决定，一般为 1、5、10 及 20 毫升。6. 把分装后的滤液（即原液）贴上标签，封腊后立即放入冰壶中保存待用。7. 以上制作过程动作要快，特别夏天，室内最好加上低温装置，同时全部过程应在无菌操作下进行。

二、使用方法：1. 稀释：使用时从冰壶中拿出，用生理盐水进行与稀液冻干苗或抗菌素方法一样稀释。稀释的倍数按原液中每毫升含有多少淋巴、脾组织剩一百倍计算。例如原淋巴、脾组织 10 克，在研碎时所加血毒 10 毫升。即其每毫升滤液在注射稀释时所加生理盐水为一百毫升。同样，如果在研碎时共所加血毒为 20 毫升或 40 毫升，则每毫升滤液在稀释时所加生理盐水为 50 毫升及 25 毫升。2. 稀释后的疫苗每头猪不论大小注射量一律 1 毫升。注射方法及注射时对疫苗保存应注意事项一律按规定执行。3. 原液在 0—4℃保存期定七天，原液保存后最小免疫量未经详细测定。

在猪瘟兔化牛体反应疫苗研究中，沈荣显作为第一完成人，首次独特地应用兔化猪瘟病毒感染牛体获得成功，并首次证明猪瘟病毒通过兔体后可以感染没有亲缘关系的动物——牛体。这样一来，每头牛可生产 10 万多头份猪瘟疫苗，该疫苗免疫原性强，又提高了产量，对猪瘟防治起了积极作用。这项成果不仅在生产上具有重大价值，而且在学术上还证明了猪瘟兔化弱毒可在牛体内增殖，感染的牛只不产生任何临床症状，呈隐性感染状态，从而为利用隐性感染动物制造反应疫苗创出了一条新途径，也为研制牛源细胞苗提供了启示。

1958 年，山西省猪瘟疫病流行严重，积极开展防治工作，普遍、彻底地进行猪瘟兔化弱毒牛体反应苗的预防注射。猪瘟兔化弱毒牛体反应苗在应用过程中受到好评，预防猪瘟有明显的优点：一是能大量生产，突击完成防疫任务如晋东南专区以四头牛制苗 60 万头份，长治市 7 天完成 10 万头。二是节省人力，根据长治市经验，以往完成 10 万头任务就需 5 人连续工作 30 昼夜，现只需二人工作 7 天就可以。三是花费少，收效大。经详细核算，如果牛的感染率高，疫苗浪费少，比用家兔制造猪瘟兔化毒成本低。四是安全有效：根据晋东区注射牛体反应苗 50 万头、晋北区 41 万、晋南区 85,000 头的统计：晋东南反应 500 头，反应率 0.1%、晋北区反应 211 头，反应率 0.05%、晋南区反应 81 头，反应率 0.1%。总反应率 0.08%。且多见于注射后 2—7 天的幼、弱小猪。凡是注射牛体反应苗后，猪瘟很快停止蔓延。经过三年来的努力，1961 年山西省猪瘟疫病已基本上得到控制。

猪瘟兔化牛体反应疫苗研制成功后，在山东、山西、辽宁、江西、贵州和黑龙江等省，现地或个别药厂生产疫苗免疫注射千万头猪，收到了良好效果，直至上世纪 70—80 年代在四川省几个县，也在现地制造湿苗应用。在 1984 年农业部批准了猪瘟兔化毒牛体反应冻干疫苗制造及检验规程。

在中国，猪瘟兔化弱毒疫苗有不同的生产工艺。除了沈荣显团队研制的牛体反应苗外，科学家们相继创制了家兔脾淋组织苗、乳兔组织苗、乳猪肾细胞苗、绵羊肾细胞苗、犊牛翠丸细胞苗。应用比较普遍的是犊牛翠丸细胞苗，乳兔苗和牛体反应苗也大有市场。试验表明，牛体反应疫苗保持了猪瘟兔化弱毒疫苗的安全性、免疫原性和遗传稳定性，用其接种猪后 3 天就能产生对强毒攻击的保护，该疫苗还可以用于紧急预防接种。

尽管采用的免疫攻毒方法不尽相同，但大量研究证实，不管采用何种毒株进行攻击，猪瘟兔化弱毒疫苗的保护效力均接近 100%。国内研究表明，注射猪瘟兔化弱毒疫苗后 72 小时即可产生坚强免疫力；断奶仔猪免疫保护率可达 100%，免疫期可达 1.5 年；国外研究也证明，用猪瘟兔化弱毒疫苗接种后 2—4 天，即能对强毒攻击产生一定保护，1 周后能提供完全保护（比亚单位疫苗要提早 1—2 周），免疫保护至少可持续 6—18 个月，乃至数年或终生。

目前在国内外有不同“版本”的 C 株用于研究和疫苗生产。20 世纪 60 年代 C 株从中国被引入东欧和亚洲友邦，被称为“K”株或“LC 株”（lapinized Chinesestrain），后来又流传到西欧和拉美各国，Riems 株就是 C 株的一个变种。因为 C 株安全有效，从创制至今被广泛应用于世界各国。

各国以猪瘟兔化弱毒疫苗为基础研制了各种形式的疫苗。最初多用乳兔生产猪瘟兔化弱毒疫苗，因为产量有限，后来又将猪瘟兔化弱毒疫苗适应于各种细胞培养物。法国将猪瘟兔化弱毒疫苗适应于绵羊肾细胞得到 CL 株，免疫效力高，无残余毒力，不返强，也不排毒。荷兰 Terpstra

等用猪肾细胞系 SK6 培养的猪瘟兔化弱毒疫苗制备了疫苗 "Cedipest"，以 400—600TCIDS 接种猪，7 天和 6 个月后，接种猪能抵抗 100 LDS 猪瘟强毒的攻击。意大利 Rivero 等将猪瘟兔化弱毒疫苗（L 猪瘟兔化弱毒疫苗）适应于小型猪肾细胞系 MPK 获得成功，适应后毒株的抗原性无明显改变，但对家兔的免疫原性和毒力有所增强。这种细胞可以替代家兔用于猪瘟疫苗生产。用经过 MPK 细胞适应的猪瘟兔化弱毒疫苗（MPK-LC-HCV）接种 2 月龄仔猪能产生对强毒的免疫保护；接种 6 个月或 11 个月后进行强毒攻击，接种猪产生较高滴度的抗体，并且不发生排毒。TerziC 等用 MPK 细胞培养的猪瘟兔化弱毒疫苗接种 85 日龄猪瘟抗体阴性猪，接种后 28d 攻毒，接种猪全部存活，无猪瘟临床症状，但与 E2 亚单位疫苗相比，弱毒疫苗产生的中和抗体较慢且滴度较低，可能是因为毒价较低的原因。①

我国的猪瘟兔化弱毒疫苗经匈牙利、意大利、波兰、罗马尼亚、捷克、保加利亚、法国、比利时、前民主德国、秘鲁等国应用后，一致认为中国的猪瘟兔化弱毒疫苗比美国的 ROV—AC、MCV、英国的 SFA 均安全，无残余毒力。国外还对注苗猪使用强的松或抗胸腺血清处理，提高易感性，也不引起发病死亡。但在同样条件下，使用其他欧美国家的兔化弱毒可引起 5%—70% 的死亡。

应用 C 株接种在一个地区根除猪瘟，取得了很多成功的经验。据报道，在荷兰 3 个猪瘟高发地区，对所有 2 周龄以上猪用 C 株疫苗密集接种，此后，对 6—8 周龄后备种猪和引进猪也实施接种。实施强制性接种的同时，淘汰感染猪群并辅之以兽医卫生措施。从接种计划实施 2 周后起接种地区猪瘟爆发数减少，5 个月后临床疾病消失，此间发生爆发有些归咎于接种程序不当（导致先天性感染仔猪向母源抗体消失的易感仔猪散毒），仅有一起是由于疫苗所致。接种计划实施了 1 或 3 年，停止接种后 2 年里未发生因残留病毒引起猪瘟爆发的报道。这表明通过实施 1 年左右的严格接种计划可以从猪瘟地方性流行地区根除猪瘟。

C 株不仅安全稳定，而且能诱导坚强的免疫保护，是一株举世公认的

① 仇华吉、童光志、沈荣显：猪瘟兔化弱毒疫苗——半个世纪的回顾。《中国农业科学》，2005 年 38 卷。

优秀猪瘟疫苗，无疑它是动物疫苗史上的一个经典之作。因此，C 株至今仍然在世界很多国家广泛应用。1976 年在由联合国粮农组织和欧共体召开的专家会议上，专家一致认为猪瘟化弱毒疫苗的应用对控制和消灭欧洲国家的猪瘟做出了重大贡献。经历了半个世纪的风雨洗礼，猪瘟化弱毒疫苗的地位和价值至今无可动摇。

借助于 C 株疫苗接种，许多国家成功消灭了猪瘟。尽管如此，目前猪瘟仍然在很多国家散发或呈地方性流行。在全球根除猪瘟是一个任重道远的目标，经过现代生物技术改造的 C 株理当担此重任，以完成它为之“献身”半个世纪的未竟之业。这个目标实现之日亦是 C 株功成身退之时。

从 1948 年以来，沈荣显在中国兽医传染病的防制研究中经历了两个阶段，即从用异种动物培育驯化弱毒疫苗发展到用细胞培养物培育驯化弱毒苗。这个过程是艰苦而缓慢的，利用异种动物培育驯化弱毒疫苗本身就是一样非常耗时的过程，期间不允许有一点闪失，即使在每一代都符合要求的情况下，也并非一定能够得到想要的驯化弱毒疫苗，甚至可以说相当难得到；而细胞培养物培育弱毒疫苗则需要相当高的硬件设施与精湛技术的科研人员，它虽然较异种动物培养成功率高，但需要的精力也更多，在这样的对比条件下，沈荣显等坚持病原微生物在机体内由渐进性量变发展到质变的理论，大力主张使用活苗，并先后培育出了牛瘟、羊痘、猪瘟等疫苗，由于这些疫苗研制及成功的应用，极大地推动了中国预防兽医学和免疫学研究的进步。当时及日后的兽医学上所研制成功的疫苗，基本上都是采取了这条技术路线。

第六章
留学罗马尼亚

获得留学深造的机会

沈荣显为人正直，工作认真、刻苦钻研，凭借着显著的科研成果和优秀的现实表现，1962 年，他顺利晋升为中国农业科学院兽医研究所副研究员，并被确定为公派留学的对象。

苏联计划经济的模式，对新中国的经济体制产生了很大影响。在第一个五年计划期间，中国政府在坚持自力更生为主、争取外援为辅的方针下，确定了以苏联为主要学习对象，优先发展重工业的道路。这是在西方敌视和封锁的情况下，新中国唯一可行的选择。在中华人民共和国成立后不久，中央即决定大规模向苏联和东欧各社会主义国家派遣留学生，成立了由聂荣臻、李富春、陆定一主持的留学生派遣工作领导小组，制定方针、计划和组织实施，以便与经济建设计划相协调。

新中国派遣留学生计划与国家工业建设计划密切结合。全国解放后中央政府立即开始制定工业化发展计划。在周恩来总理领导下，花了三年的时间制定了第一个五年计划草案（1953—1957），规定了“集中主要力量优先发展重工业，建立国家工业化和国防现代化的基础”；“相应地培养技术人才，发展交通运输业、轻工业、农业和商业”。1952年8月周恩来率团到莫斯科与苏联政府商谈援助执行“一五计划”问题。1953年5月签订《关于苏联政府援助发展中国国民经济的协定》。1957年3月，中苏政府又签订《关于特种技术给中华人民共和国援助议定书》。1958年1月又签订《关于共同进行和苏联帮助中国进行重大科学技术研究的协定》。由于中国科技人员严重不足、缺乏工作经验，为实施这些计划，必须加速派遣留学生，加强对尖端技术和科学前沿人才的培养。

苏联政府曾经给予我国大量的帮助，尤其是在科技与医学方面，派遣过很多从事不同行业的专家学者们到我国来支援社会主义建设。当时的长春兽医大学就根据兽医局的要求，让中国的学者们吸取苏联国家的教学经验，大量地阅读和翻译苏联的教科书，在学习苏联科学体系和理论的同时，迎接苏联的学术专家组，为中国拟定符合实际的教学大纲和教学计划，我国在兽医方面的研究向苏联借鉴和学习了很多。

在这样的形势下，苏联成为当时我国广大学子和科技工作者留学进修的主要目的地。1960年，沈荣显以优异的表现，被中国农业科学院兽医研究所领导选派到北京的“外国留学生高等预备学校”留苏预备班学习，为留学苏联做准备。这在当时绝对是一份难得的殊荣，在那个时期，能被公派出国的人凤毛麟角，竞争也是非常激烈，很多年轻的科技工作者都希望幸运能降临到自己的头上，然而沈荣显凭借自己科研上的卓越实力和优秀业绩，毫无争议地成为了首批出国进修人选。

因为工作和学习的需要，沈荣显在留苏预备班学习，非常重要的一项任务就是全力学习俄语，这给他带来了不小的困难，他为了不耽误日常的研究工作，常常挤出休息时间去学习俄语。刚开始的时候，这种语言学习让他觉得很乏味，不像科学研究那么有趣而又让人充满激情。但是他清楚地知道，自己即将出国进修，在国外语言是最重要的沟通工具，如果不精通他们国家的语言，就如同聋子和哑巴一样，日常交流都成问题，更不要说学习国外的先进技术。所以，一定要认真学习而且一定要学好外语。当时虽然正值北方寒冷的十二月份，但他每天天不亮就开始背单词，大声地朗读，白天要进行其他文化的学习和进行科研工作，晚上睡前还要背单词，做一些基本的练习，经过一段的学习，俄语水平有了较大的提高。

然而国际形势波谲云诡，六十年代中苏关系急剧恶化。1960 年 7 月，苏联政府突然照会中国，单方面决定立即招回在华工作的全部苏联专家，废除两国经济技术合作的各项协议。这种背信弃义的行为发生在中国正经受严重经济困难时候，在军事、科技甚至国家发展方面都给中方造成了巨大的打击，极大地损害了中苏两党和两国关系。从此开始，中苏两党两国的关系越来越恶化。我国建国后，向苏联派遣留学生经历了巨大变化，1956 年，由中国教育部门派往苏联和东欧各国的留学生达到 2401 名，而 1957 年开始，直至 1960 年，每年减少至 400—500 名。1960 年代初，中苏关系紧张后，派出人数进一步减少，1964 年以后基本停止向苏联派遣，改向西方各国。

在当时的国际环境下，沈荣显留学派遣地由苏联变为同中国关系良好的罗马尼亚。沈荣显的俄语课程随即被迫取消，转而学习速成罗马尼亚语课程，沈荣显不得不放弃之前付出了很多辛苦和精力学习的俄语，又重新投入了罗马尼亚语的学习中。在学习语言的同时，沈荣显还学习和了解罗马尼亚的文化和畜牧业发展情况，为留学生活做着各项准备工作。

1963 年 1 月 29 日，周恩来在上海科学技术工作会议上讲话指出：要实现农业现代化、工业现代化、国防现代化、科学技术现代化，简称“四个现代化”，把中国建设成为一个社会主义强国，关键在于实现科学技术现代化。这一时期国内政治环境，为科研人员潜心进行学术研究，提供了一个良好的社会环境。这一时期属于中国近现代留学史的前一阶段，出国留学全部都是由中央和地方政府的各有关部门公派的，而且都需要由各级政府和有关单位层层严格挑选，沈荣显在当时凭借着自己的优异表现，很荣幸地获得了留学罗马尼亚的宝贵机会。由于来自西方的封锁压力比较大，当时中国人前往留学的主要国家是“老大哥”苏联和东欧一些国家。据教育部统计，1950—1963 年间总共派出留学生 9594 人，分布于苏联

（8357 人）、东欧（共 925 人：东德 273、捷克 238、波兰 160、匈牙利 88、罗马尼亚 75、保加利亚 68、阿尔巴尼亚 23、西欧和亚洲各国 17 人）。他们学成归国后，通过其思想、言论和行为，为中国社会方方面面的发展注入了新鲜空气，为新中国成立初期的经济、军事以及科学技术的发展贡献了巨大力量。

在 20 世纪五六十年代向苏联等国家派遣留学生必须经过严格选拔。中国农业科学院兽医研究所一直很重视科研人员的成长和培养，1963 年 9 月，对全体志愿留学者进行了层层筛选、推荐、考核、把关，从预派人员的思想政治素质、业务发展前途到个人的家庭情况以及社会关系等方面进行综合比较、选拔和审定。经审查，沈荣显历史清楚、政治上可靠，思想进步；学习工作积极努力、品质优良，有培养前途；家庭成员与主要社会关系无政治问题。尽管当时在去往罗马尼亚的整个留学生队伍里沈荣显的年纪最大，但中国农业科学院兽医研究所领导考虑沈荣显工作干得特别好，成绩十分突出，一致认为沈荣显同志政治上经过审查，完全可靠，在学习和工作中一贯表现忠诚积极，思想进步，品质优良，纪律性强，是一位有着极强地钻研精神和培养前途的人才，也被一同选派出国了。[①]

图 6-1　在罗马尼亚（1963 年。沈杰提供）

沈荣显曾经说，从 1948

① 柳彦：新中国出国留学工作的先河。《中国高教研究》，1990 年第三期。

年到1963年，他主要是个实干家，整日忙于试验工作，没有来得及去总结工作经验和提高自身理论知识水平，非常盼望能有机会进行深造学习，用世界上先进的科学理论和技术武装自己，不断提高科研工作水平。1963年，这个宿愿终于实现了。

1963年12月，沈荣显和家人交代了出国学习的事情后，简单地收拾些行李衣物，告别妻儿，怀揣着报国之志踏上了异国学习之路。列车飞驰而上，像精灵在飞快地跳跃一般，一座座欣欣向荣的厂矿、山川、河流……连成一串美妙的珠链，承载着沈荣显内心对知识的无限渴望和对即将开始的新的学习生活的极大热情。太阳西斜，阳光普照下，山林、原野、溪流全部镀上了金色的外衣，一切仿佛都闪耀并孕育着勃勃生机。沈荣显清楚地记得这一切，并牢记所领导的嘱托："这是党和政府交给你的一项光荣任务，也是祖国和人民对你的充分信任，一定要珍惜难得的出国机会，一定要学习最先进的科学技术，回来报效祖国，不辜负祖国和人民的期望。"

在罗马尼亚的学习生活

罗马尼亚国土面积237,500平方公里，人口2,040万，畜牧业生产在罗马尼亚分布广泛，比较发达。[①] 上世纪60年代的10年，是罗马尼亚民族共产主义的一段宽松时期。卫生保健、教育、养老等社会福利更为普遍，这都是积极成就。文化知识领域中的变化尤为明显，学者可以扩大自己的研究范围，作家可以写以前禁止写的东西。这一时期的学术氛围十分活跃，也为国际留学生来到罗马尼亚进修学习提供了大好的机会，促进了科学领域突飞猛进的发展。这种政策放宽来自于罗马尼亚民族共产主义的出现。50年代晚期乔治乌－德治害怕由苏联新领导人赫鲁晓夫发起的非

① 罗马尼亚畜牧业概况。《云南畜牧兽医》，1973年第一期。

斯大林化运动可能会迫使自己下台，因为他是最坚定的斯大林主义者。但是，他也反对赫鲁晓夫坚持让罗马尼亚放弃工业化的努力而接受充当向经济互助委员会指定的“工业国家”提供农产品和原材料的角色。在这种条件下，乔治乌－德治选择采取全新的探索方式，也就是相对宽松的罗马尼亚民族共产主义，这为沈荣显等一批公派留学生的学习和深造，提供了前所未有的便利条件。

图6–2 沈荣显在罗马尼亚留学（1965年。沈杰提供）

1963 年 12 月，沈荣显到了罗马尼亚的首都布加勒斯特，进入了在世界上颇有名气的罗马尼亚科学院病毒研究所。罗马尼亚人民共和国科学院把活动集中在科学与文化所有部门的主要问题上，借着一般科学的、文化的、经济的实现的应用，它研究了对人民大众有莫大福利的利用所有天然资源与国家生产力的可能性，由于本身的主动或由于政府的需要，科学院更组织了科学研究工作，它配合了国内研究所、科学研究中心站以及文化中心站的活动[①]。科学院共设有原子物理研究所、农业研究所、化学研究所、冶金研究中心等 30 个研究所，病毒研究所是其中之一[②]。

初到罗马尼亚时，语言上的障碍使得沈荣显特别上火，他是一个很有志气、从不认输的人，因为这个原因在罗马尼亚大病了一场，可能是急火攻心，再加上留学生活的不适应，还有学术研究方面和留学学习生活的诸多不顺利带来的烦恼，沈荣显的病情非常严重，差点就没能带着自己的科

① 孙桨先：罗马尼亚人民共合作科学院。《科学通报》，1952 年 3 期。

② D. 拉扎列斯库：罗马尼亚人民共和国科学院的若干研究工作。《科学通报》，1956 年 16 期。

研成果重新回到祖国的怀抱，在病情危机之际，中国驻罗马尼亚大使馆接收了他。当时大使馆的官员提出将他送回国去治疗的建议，但是沈荣显坚决地拒绝了。他说："我是祖国派来这里学习先进知识和技术的，我还没有完成任务，不能就这样回国，身体的疾病是暂时的，我的头脑是清楚的，我还可以继续在这里学习"。沈荣显赴罗马尼亚留学的那个年代，由于当时的条件限制，通讯设备落后，沈荣显的家里没有电话，沈荣显也只能通过大使馆给家里面带信。当时沈荣显家里的生活条件虽然一般，但是家里人还是克服了困难，十分支持沈荣显出国留学，希望他能够在学术方面取得更大的突破和进展，他们虽然十分关心沈荣显在罗马尼亚留学的情况，并且惦念他的生活，但是通讯设备的发展滞后，可能一两个月才能带那么一封信，所以沈荣显与家人的联系很少，但是家庭的支持一直是他前进在学术道路上的巨大动力和坚强后盾。想着家人义无反顾的支持，想着祖国和人民的信任，沈荣显每天坚强地和病魔做斗争，最终他凭借着顽强的意志战胜了病魔，又回到了病毒所里去学习，与他同去的留学生们都很佩服他的毅力。

沈荣显病好以后，又重整旗鼓，开始攻克语言的难关，想尽一切办法尽快熟练掌握罗马尼亚语，投入到专业的学习当中。沈荣显的第一外语是日语，对罗马尼亚语没有进行过系统的学习，这对于四十几岁的人来说，难度可想而知。通过培训学习，日常用语逐渐熟练会说，但是正常交流仍存在困难，语言上还是存在一定的障碍。那段时间，曾有一个小插曲，极大地促进了沈荣显学习语言的步伐。在学习专业中，沈荣显和两个罗马尼亚的学生交流时，由于语言不通很难表达出自己的意思，理解不了专业中的奥秘，遭到了同学们嘲笑，弄得场面

图 6-3　罗马尼亚科学院病毒研究所（1964 年。沈杰提供）

图 6-4　在罗马尼亚期间和同学一起读书学习（1966 年。右一为沈荣显，沈杰提供）

非常尴尬。沈荣显很是懊悔，当时虽然没有说什么，但是在内心却暗下决心，一定要克服重重困难，一定要学好罗马尼亚语，看懂当地的专业书籍和报刊，从中汲取知识和技术，不能再让别人瞧不起。就这样，沈荣显利用一切可以利用的时间，废寝忘食，通宵达旦地学习，认真细致地钻研每个单词，通过自己的刻苦执着精神在比较短的时间里达到了可以交流应用的水平。

沈荣显在罗马尼亚留学期间的导师彼得莱斯库，是著名的病毒学家，在国际上非常有名望，这使他在学习专业知识方面受益匪浅。沈荣显跟随导师主要学习了细胞培养技术和病毒提纯技术等先进技术，这些在国内当时是非常鲜见的。细胞培养实验对环境和细节要求较高，每次试验进行前，都要对无菌室及无菌操作台（laminar flow）以紫外灯照射 30—60 分钟灭菌，以 70%ethanol 擦拭无菌操作台面，并开启无菌操作台风扇运转 10 分钟后，才开始实验操作。每次操作只处理一株细胞株，且即使培养基相同亦不共享培养基，以避免失误混淆或细胞间污染。实验完毕后，还要及时将实验物品带出工作台，再次以 70%ethanol 擦拭无菌操作台面。操作间隔应让无菌操作台运转10分钟以上后，再进行下一个细胞株之操作。当时，针对细胞培养试验，彼得莱斯库对沈荣显和其他学生提出了严格要求：细胞培养的最大危险是发生培养物的细菌、真菌和病毒等微生物的污染，操作者的疏忽、操作间或周围空间的不洁、培养器皿和培养液消毒不合格或不彻底都容易引起污染，由于培养的每个环节的失误均能导致培养失败，所以细胞培养的每个环节都应严格遵守操作常规，防止发生污染。沈荣显时刻牢记导师的教诲，严格按照操作规范进行试验，出国之前严谨细致的工作作风在这里得到了充分展示和进一步提升。

沈荣显经常谦虚地向导师请教问题，虽然语言上还存在一定问题，有时不能完全表达出他的意思，但是他不气馁，语言表达不清楚的时候，他就拿数据说话，用自己辛苦了无数个日夜的研究成果和老师研讨。这位知名的罗马尼亚教授数次被这个虚心求学的中国学生所感动，毫不保留地将自己所学传授于他。直到沈荣显回国多年后依然对这位令人尊敬的老师念念不忘，总是和自己的家人和学生提起，曾经在罗马尼亚有那样一位老师，认真地对他进行指导，对他科研水平的提高起到了至关重要的作用。沈荣显也从这位老师身上学到了为人师的真谛，等到自己开始带学生以后，也是这样毫无保留地为学生传道授业解惑。

在上世纪五六十年代的留学工作中，中央和教育部十分重视对留学生思想教育和管理。要求留学生在国外期间政治方面积极提高，严格要求；业务方面启发自觉，加强检查；思想作风方面抓紧教育，严肃管理。并规定在国外完成学业的同时，应分别上交进修、实习总结报告以及学习期间所写的学术性文章。除此之外，中央对留学人员还充满了关怀，寄予了厚望，希望他们能够学到建设祖国的本领，成为有用人才。① 沈荣显谨记这些要求，学习上认真刻苦，生活上勤俭朴素，作风上严谨优良，给大家做出了良好的表率。

按照惯例，罗马尼亚的大学宿舍，往往优先给外国学生居住，所以

---

① 柳彦：新中国出国留学工作的先河。《中国高教研究》，1990年3期。

沈荣显和他同期到罗马尼亚留学的学生，都住进了大学宿舍。当地饮食令很多留学生不适应，烹饪很少用香料，吃起来淡而无味，而且每晚六点吃饭，很多留学生经常由于吃不惯，或者吃不饱而忍饥挨饿。但是他们并不把这样的生活当作是一种苦难，不太在乎吃穿这些事情，都特别能吃苦，反而把这次留学当作难得的学习和提高自我知识水平的机会。留学生们出国学习期间，经常要起早贪黑专心搞科研，因为留学期间并不是只做一个课题，而是多个课题都要同时进行，比方说这边在学习细胞培养，到那边还要同时参与学习病毒之类的相关知识，这些都是科学研究中最基本的手法，都要去学习，不能顾此失彼，所以当时的学习任务是十分艰巨的。

据沈荣显生前回忆，当时在罗马尼亚的留学生说："我们能够有机会在这里读书，有这样发达的学术环境，这样先进的设备，这样优秀的师资力量，实在是一种享受。"就这样，沈荣显与自己当时一同留学的同学们，确立了一个目标，那就会一定要学好，他们忽略了饮食上的不适应和语言上的沟通障碍，把学习放在首位，每天苦读十四小时，每周七天。读书时间对于当时的留学生们来说非常紧张，但也是他们最大的热情，真如孔子所说的

图 6-5　和同学们在列宁雕塑前合影（1964 年。第二排左起第二位为沈荣显，沈杰提供）

"学如不及，犹恐失之"。因此，他们在罗马尼亚期间读书都读得很好，有不少留学生更是名列前茅。不能毕业的，百中无一，多是外语太差，或是求学时谈恋爱。曾有两位同学读书不成，但一个开了二间餐馆和一间地产公司。另一个开了三间礼品店。对这样的事情，沈荣显认为人各有志，他的志向就是科学研究，要为祖国的兽医事业做出应有的贡献，所以他心无旁骛，一心钻研，最终学有所成，荣归故里。

在当时一起出国的二十几个留学生中，沈荣显的年纪最大，还是中共党员，技术职称相对较高，有一定的威信，大家都拥护他，就担任了学生会主席和党支部书记职务①。那个时候，国外留学生的工作很多，沈荣显知道国外不比国内，以前的他从不在意做干部或是领导工作，他只想一心搞好科研。但是此时此刻，尽管他明知道担任这个职务无形中会多了很多责任和工作，但是他仍然承担了下来，因为在这个群体里他年纪最大，和这些学生们一起出国学习，大家这么信任他，他就要对大家负起责任来，所以沈荣显以高度的责任心做好各项工作，热爱集体，关心同学，其性格中的谨慎和细致在工作期间得到了充分的发挥，受到了大家的爱戴。

1964 年 8 月，由国务院副总理李先念率领的中国党政代表团，应邀前往布加勒斯特参加罗马尼亚解放二十周年的庆祝活动②。期间，李先念副总理看望了在罗马尼亚的部分留学生，并进行了亲切交谈。

沈荣显在罗马尼亚学习的三年中，我国国内关于病毒细胞培养方面的研究仍然非常落后。沈荣显到国外以后属于访问学者，是没有单独课题的，只能参与到别人的课题中或者到各个实验室去参观和学习，学习一些基本的技能，如果手中没有材料就只能一点一点的自己去记录。沈荣显在平时的工作中，做事极其严谨和认真，他将所有的东西都学习得很透彻，这样就使自己能够记得非常非常细致，在异国他乡学习语言的时候用笔事无巨细的记录，比如他学习电镜方面的知识，并不像其他人学电镜时只是看一下怎么使用，而是把那个电镜整个结构用铅笔画出来，自己做深入的研究，认真琢磨其中的奥妙所在。令人感到震惊的是，沈荣显的这些记

---

① 沈杰访谈，2013 年 8 月 6 日，北京。资料存于采集工程数据库。

② 中国与罗马尼亚的关系。国际在线，2004 年 6 月 8 日。

录，包括笔记和画图，几乎都是一气呵成，很少有修改的地方，足见其对待科学的认真严谨和求真务实的一贯精神。

在罗马尼亚学习的过程中，沈荣显感受到罗马尼亚教育体系的先进性，各个大学、研究所在学术方向、培养目标、课程安排等方面都有自己的特色，很少雷同，这样学生就可以按照自己的志趣就学，学校也可以不拘一格地教育出不同类型的人才。也许就是各大学培养人才的风格不同，学生可以按着自己喜欢的方式学习知识和技能。在留学期间，沈荣显从实验室的技术人员身上学习了很多兽医科学，但是在学习中也遇到一些问题，令他极为关注。于是他非常珍惜时间，认为必须要在有限的时间内解决这些问题，因为他担心回国以后，脱离了罗马尼亚的学术氛围和实验室环境恐怕更难解决这些问题。

在罗马尼亚学习期间，研究不忙的时候，沈荣显和同学们曾一起郊游，其中一次到位于罗马尼亚首都布加勒斯特市西北郊的莫戈什瓦亚湖郊游令他记忆深刻，湖水清澈透底，欢快的游鱼穿梭其间，湖周围古柏参天，绿柳依依，景色极美。每到节假日，很多布加勒斯特的市民来到湖畔休憩，乘汽艇漫游湖上，湖水长天一色，游客仿佛置身于一幅美丽的图画之中。

沈荣显喜欢搜集当地带有风景的宣传画和明信片，几厚本工整的研究

图 6-6　和同学们在罗马尼亚的莫戈什瓦亚湖（1965 年。后排右起第一位是沈荣显，沈杰提供）

笔记以及几张花花绿绿的风景卡片成为沈荣显留学期间的最美好的记忆。后来沈荣显经常将留学时候的这段经历讲给自己的孩子们，激励他们去学习，希望对他们有所帮助。但在平日里，“他总是谦虚的说自己学习不好，靠的就是那股钻研的劲头，踏踏实实的去做，当真正用心思钻研的时候，成功也就离自己不远了。”沈荣显就是在这样信念的支撑下在科学研究道路上长期钻研，勇往直前。

沈荣显后来回忆那段留学经历时说：“能到罗马尼亚科学院病毒研究所去学习对我来说是非常难得的机会。当时罗马尼亚科学院病毒研究所在病毒研究方面的相关领域还是非常领先的。在那里，我开阔了自己的眼界，掌握了很多当时在国内还没有开展的先进技术，这段经历为我今后在病毒研究上的突破创新奠定了一定的基础”。① 沈荣显在罗马尼亚学习期间，定期和单位进行沟通，主要是汇报学习及工作情况，并了解单位的一些工作讯息，得知中国农业科学院兽医研究所于 1965 年，正式更名为中国农业科学院哈尔滨兽医研究所，并确定了当时的主要工作任务是：从事动物传染病的防治技术及其基础理论的研究。

带着总理的嘱托学成归国

1966 年 6 月，应罗马尼亚共产党中央的再三邀请，周恩来由中联部副部长赵毅敏和外交部副部长乔冠华等陪同，对罗马尼亚进行了正式友好访问。周恩来总理访问罗马尼亚期间，接见了中国留学生，鼓励他们早日学成回国，为祖国的社会主义建设作出自己的一份贡献，帮助促进我国经济更好更快的良性发展。周总理的嘱托，沈荣显记忆深刻，没齿难忘，为他增添了无限的攀登科学技术高峰的勇气和力量。

周恩来总理接见留学生时，对大家说：“三五年后，你们一定能接替

① 傅宇：病毒研究是我生命中最重要的梦想——访中国工程院院士沈荣显。《黑龙江学子杂志》，2008 年 10 月 24 日。

我们的工作，为建设社会主义而奋斗。你们今后的任务比我们这一辈更重；你们要好好学习，吸取外国的长处，化为我国的长处，这是我们民族的传统；现在我们更需要建设社会主义的科学知识，这一光荣任务放在你们身上，需要你们学好为祖国服务。”[①] 周恩来总理这些语重心长的话语和嘱托，激励着沈荣显等一批留学生、实习生们勤劳奋斗，刻苦努力，以优异成绩完成了学习任务，回国后做出了重要贡献。

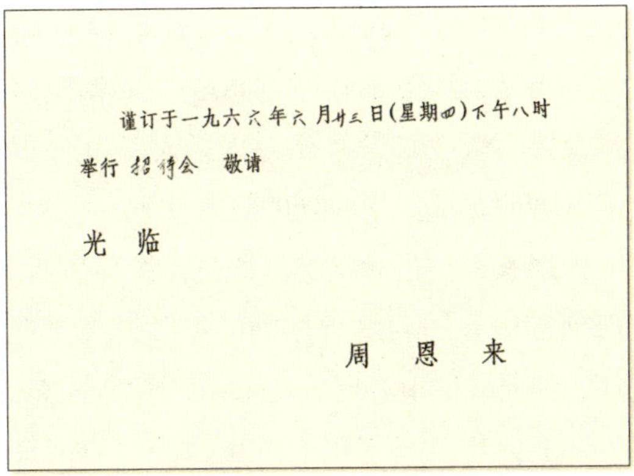
谨订于一九六六年六月廿三日（星期四）下午八时
举行招待会　敬请
光临
周恩来

图 6-7　周恩来访问罗马尼亚期间邀请留学生参加招待会（1966 年。沈楠提供）

“当时我们国家的领导人毛主席、周总理对留学人员是非常重视的。周总理非常关心我们的学习和生活情况，详细询问了我们学习的进展和感受，并勉励我们说道：‘你们要抓住宝贵的学习经验，掌握先进的技术，学成后要报效祖国。’”沈荣显生前回忆道：“周恩来总理接见留学生时，对大家提出三点希望：第一，要身体好，这是革命的本钱。他还建议大家，利用留学机会到罗马尼亚各地去走走看看，可以了解当地人民的生活，建立友谊，增长知识。第二，要学习好，学好建设国家的本领。有许多先进的科学技术值得我们学习，要虚心向他们学习。他说，一个人的时间精力有限，与其门门功课平均用力，不如把力气花在重点课程上，不学则已，学就要把问题解决得透彻些。对次要课程了解个大概，及格就可以了。第三，祝你们将来工作好，为国家做出有益的贡献。做好工作是不容易的，将来你们去当厂长、党委书记、校长、教授、工程师……试试看。工作中难免会有错误，有错误就要认真地改。世界上就怕“认真”二字，共产党最讲认真。”周总理的一番话对我们每个人来说都字字入心，增强了我们努力学习的信心和克服困难的勇气。看到了祖国对科学研究工作者的重

① 沈杰访谈，2013 年 8 月 6 日，北京。资料存于采集工程数据库。

视，更坚定了我回国后持之以恒地从事科学研究之路的想法。[①]

当时，沈荣显说："周总理的一席话，化作了强大的前进动力，时刻提醒我要不断进取。"[②] 周总理为人很和善，没有官架子，还与沈荣显单独聊天，聊他在那里学习到的科学知识，也关心沈荣显在国外的个人生活，询问他的家人的生活状况。这让在罗马尼亚留学生活并不是很顺利的沈荣显得到了极大的启发与帮助，可以说周总理是沈荣显在留学期间的人生导师，使他战胜了心理上的阻碍，最终学成归来，报效祖国。

上世纪五六十年代，我国派出的一万八千多名留学人员基本全部回国，无条件地服从分配，愉快地奔赴祖国最需要的地方，奉献出自己的智慧和青春年华，成为后来发展工业和全面建立科研体系的骨干力量。他们在苏联、东欧各国学习期间得到了各国政府和人民的热情帮助，与教师、同学建立了诚挚的友情，成为中俄、中欧友好时代的美好佳话载入史册。

在罗马尼亚的 3 年里，沈荣显先后进过 3 个研究所和 13 个研究室，学习了病毒感染机理、免疫学概论，掌握了细胞培养技术、电子显微镜技术、病毒提纯技术，提取病毒核酸蛋白技术等一系列与病毒有关的研究、理论和技术。这些技术当时在我国还很难接触到，这样系统的学习为他后来在病毒研究上的突破创新打下了坚实的基础。

沈荣显这段艰难的留学经历在打磨他的毅力、丰富他的知识的同时，也对他今后思想观念、学术观念的创新带来了极大的帮助，使他感受颇深，同时也使他在日后为自己学生的留学选择，带来更多的精神引导。沈荣显根据自己在罗马尼亚留学期间的心得体会，给了他的学生们很多的指引和鼓励。沈荣显曾经对他自己的学生说过，当年我们国家对科研领域的这种重视程度，是不可想象的，更是前所未有的，如今国家对科学研究投入的增长更是迅速，完全能够保证科研工作的顺利开展和进行。所以沈荣显一直鼓励自己的学生留学深造后，一定要回到自己的国家，回到自己的实验室，做一些以前总在讨论的科研问题，利用学习到的新知识，和

---

① 傅宇：病毒研究是我生命中最重要的梦想——访中国工程院院士沈荣显。《黑龙江学子杂志》，2008 年 10 月 24 日。

② 沈杰访谈，2013 年 8 月 6 日，北京。资料存于采集工程数据库。

国际上最新的研究成果相结合，一定会使学术研究更上一层楼。

图 6–8　在罗马尼亚布加勒斯特市政厅前广场（1966 年。沈杰提供）

1967 年 1 月，沈荣显从罗马尼亚学成归国，带着大批图书资料和满腔报国之志回到了哈尔滨。他按捺不住自己对祖国的向往和思念，一泻千里的江河、金色的庄稼地和一望无垠的山岗，这些沈荣显再熟悉不过的工作环境和农村生活气息，让他为之兴奋，并且更加激发了他的工作热情。

1967 年，沈荣显回国后接受了组织安排，开始主持研究马传染性贫血病课题，当时，马传染性贫血病已成为我国流行的头号烈性传染病，给军马及农业生产造成严重威胁。自 1955 年 2 月，兽医研究所在黑龙江省勃利马场、牡丹江军马场和内蒙古大雁马场首次确诊了马传染性贫血病以来，就对这个恶魔开始了长达十几年的艰苦攻关。马传染性贫血病就是由一类慢病毒引起的传染病。慢病毒是当时世界上危害动物与人类健康的最严重的病源，这类病毒的特点是：地方性流行，世界性分布，感染呈持续性，发病的潜伏期很长，所致疾病的性质极其严重，多以死亡告终，是被科学界认为无法进行预防、治疗和控制的世界性重大科学难题。

第七章 开始主持马传染性贫血病这一尖端课题

“文化大革命”印象

1967年，沈荣显回到哈尔滨，参加了黑龙江省承办的“全国马传贫染性贫血防制座谈会”。会议在总结我国“马传贫”防控基本经验的基础上，提出“养、检、隔、封、消、处”六字综合防制措施，“养”即加强饲养管理、“检”即检疫诊断、“隔”即隔离限制、“封”即疫区封锁、“消”即消毒灭原、“处”指扑杀净化。六字综合防制措施适用于“马传贫”防治的各个时期，也成为动物疫病防治工作的通用措施。在实际应用中，随着历史时期各方面条件的变化，往往会在六项措施并用，相互协同促进的同时，以某1—2项措施为主导，并紧紧围绕主导措施实施防治，才会充分发挥出综合防控措施的效能，但在免疫预防方面一直没有好的办法。

面临严峻的形势，中国农业科学院哈尔滨兽医研究所早已把研发马传染性贫血病疫苗列入重点工作。1967年，沈荣显回国后，就接到了主持研究马传染性贫血病这一世界尖端课题的任务。就在他满怀信心要大干一场之时，“文化大革命”却波及到科学研究领域，科研项目大多被砍掉，马传染性贫血病研究室被改成“毛泽东思想攻克 40（马传染性贫血病的代号）战斗队”。沈荣显和全国其他的科学工作者们一样，无可奈何地又经历了一次曲折。

沈荣显刚刚回国后，因受国外生活环境的影响，还经常穿着西服，保留着国外的生活习惯，因此就有人批评他穿西服，是西化，迫使他不得不换上了普通老百姓的衣服。在接下来的日子里，沈荣显逐渐意识到：在这个知识被搁置、人才被摧残的时代，自己这个的“科研知识分子”，可能已经成为“革命”的攻击对象了。

沈荣显为人低调、和善、人缘好，所以并没有像其他人一样被“隔离”，在当时像他有过国民党随军经历的人并不多，按照他的出身很可能受到非常惨无人道的摧残和批斗，但他很少参加各类社会活动，不参与政治，不交人也不得罪人，人缘不错，更没有什么阶级敌人，所以没有遭到严重的迫害。因为沈荣显从罗马尼亚留学归来，所以必须定性，认为他符合“三开分子”[①]的条件，说他精于事故，善于见风使舵，在日本、伪满时期，国民党时期和共产党执政时期都能很好地生存，扣上了“三开分子”的罪名。

图 7-1　沈荣显从罗马尼亚留学归国（1967 年。林跃智提供）

沈荣显被“清”出实验室，下放到锅炉房，安排在研究所后面挑煤，还要烧锅炉、扫垃圾。不让沈荣显搞科研，满腹才学无的放矢，空怀一腔报国之志，这是让他最难以接受的事情，一度也让他质疑自

① “三开分子”，指在日本、伪满时期吃得开，国民党时期吃得开，共产党执政时期也吃得开。

己选择回国到底是不是对的，为什么要受到这样的待遇。

沈荣显生前曾这样回忆：“无论如何也不会忘记被下放时，那简陋的场景：坑坑洼洼的黑色道路，几个布局杂乱而又分散的小土房，房顶上铺的是一些稻草，四壁透风，真可谓是‘八月秋高风怒号，卷我屋上三重茅’，墙壁也是黑漆漆的。在锅炉房挑煤的日子也是苦不堪言，由于组织担心知识分子被下放心存不满，伺机报复，所以不允许沈荣显向锅炉内铲煤，只允许从锅炉里向外铲烧剩的残渣。”

在这期间，沈荣显和自己的家人被撵到位于哈尔滨市宣德街的一个小土房里，据沈荣显的家人回忆，当时全家人被挤在一个不到十平米的小平房里，生活条件非常艰苦，小平房的窗户也只不过是墙上留下的一个大洞，自己在窗户上固定了几根树枝，再糊上一层纸，就成了窗户。由于家里人口多，沈荣显的妻子还有岳父和家里的孩子们都住在一起，而小平房的面积实在有限，大家就只能将就着挤在一起，沈荣显和妻子在厨房搭起了木板，这样才能保证大家的居住空间。严冬的时候，面积狭小的小平房内没有取暖设备，寒风刺骨，家里人就只能聚在一起依偎取暖，而离房子不远处就是牲畜的棚屋，空气中弥漫着一股猪食和泔水混合的苦涩味儿，让人喘不上气来。但是沈荣显和他的家人仍然十分庆幸，在沈荣显的家里人看来，他们能够平安的度过这一时期，就已经十分幸运的了。①

由于家中居住条件都难以保证，孩子们甚至没有地方睡觉，在沈荣显和妻子一番盘算后，决定将两个儿子送下乡。1968 年，沈荣显的大儿子沈杰作为知识青年下乡，赴嫩江（今九三垦局）劳动锻炼，8 年后返回哈尔滨，到黑龙江省畜牧局防疫站工作。同年，二儿子沈涛也下乡了，赴江川农场接受锻炼，于 1973 年回城，在哈尔滨兽医研究所工作一段时间后，到哈尔滨人事局劳动服务总公司工作。当时，沈荣显的孩子都离家下乡，他和爱人在那段日子里，除了强忍物质生活上的艰难外，也承受着精神上的思念之痛。

① 沈杰访谈，2013 年 8 月 6 日，北京。资料存于采集工程数据库。

图 7-2　在哈尔滨市防洪纪念塔前与母亲合影（1973 年。右一为沈荣显、右二为其母亲，沈杰提供）

沈荣显不愿意参与政治上的事情，只是一心惦念科研项目，也从不太愿意发表任何的言论，对于他本人而言，自己只是一个老实本分的农民的儿子，求学时代两耳不闻窗外事，一心只读圣贤书。到了工作岗位，一心研究兽医科学，不论哪个政权当政，从不趋炎附势，也从未想谋个一官半职，只是想做好兽医研究工作，让更多的牛、羊等家畜免于疾病，让更多的农民和老百姓能够吃饱饭。在“文化大革命”结束之后的采访中，沈荣显曾经说过：“虽然说我被定为“三开分子”，但实质上并没有遭受到什么折磨，那个时候大家都保护我，除了生活条件苦了一点外，自己没有受到什么委屈，感到很幸运。唯一觉得遗憾的是科研设备和试验场所完全被破坏了，那几年几乎没有任何实质性的科研进展，时间被完完全全的浪费了，那段时间如果好好把握，一定会有更大的成就。”

沈荣显没有太多的抱怨、消沉和退缩，而是乐观的想，一定要继续走好自己的道路，无论科研的道路有多么艰难，也要坚强地走下去。那个时候，沈荣显把学习的希望寄托在多年来收集的国内外资料上。每天白天挑煤，夜晚借助昏暗的灯光，翻译外文书籍。经过留学期间三年的锻炼，语言已经基本可以看懂，他拼命地翻译、摘抄、研究……密密麻麻地记了几个笔记本。后期沈荣显对马传染性贫血病研究的许多新思路，就是在自家土屋的夜读中萌生的。

1972 年，哈尔滨兽医研究所的工作逐渐恢复，科研项目也重新上马，沈荣显和其他的科研人员一样，满怀欣喜地返回了暂别已久的实验室，开始打扫房间，整理设备，为潜心科学研究做好准备。

担任马传染性贫血病研究室主任

1972 年，沈荣显已经 49 岁了，能够重新回到工作岗位，接手马传染性贫血病疫苗的研发工作，正式担任马传染性贫血病研究室主任。

马传染性贫血病（EIA），简称”马传贫”，是马、骡，驴的一种病毒性传染病，以马、驴、骡持续感染，反复发热和贫血为主要特征的一种烈性传染病，其病毒属反转录病毒科慢病毒属。慢病毒最早是兽医病理学家 Sigurdsson 于 1954 年在研究绵羊的两种疾病时提出的。一种是绵羊的痒病，是大脑的一种慢性进行性退化性疾病。另一种是绵羊的梅迪一维斯纳（Maedi–Visna），是一种慢性进行性肺炎—脑炎的综合症。随着科学技术的发展，后来又发现许多种类似病毒。这些慢病毒包括马传染性贫血病毒（EIAV）、梅迪一维斯纳病毒（MMV）、山羊关节炎—脑炎病毒（CAEV）、牛艾滋病病毒（BIV）、猫免疫缺陷病毒（FIV）、猴免疫缺陷病毒（SIV），以及人的艾滋病（HIV）。它们在病毒分类上属于反转录病毒科中的慢病毒亚科成员[①]。慢病毒是一群形态特征、理化特性、基因组结构都十分相似的反转录病毒，它可持续感染人和多种动物，并通过多种机理导致慢病毒病。在生活周期中将前病毒 DNA 插入宿主细胞基因组中，在宿主体内发生快速而连续的变异，感染单核巨噬细胞，使病毒能克服免疫应答的作用，与免疫系统建立起一种动态平衡。这些特性决定了一旦感染上慢病毒，就会引起致死性疾病。慢病毒感染的共同特点是地方性流行，世界性分布，感染呈持续性，发病的潜伏期特别长，可达数月甚至数年。临床症状一旦产生病情就呈现慢性进行性发展过程，预后不良，最后多以死亡告终[②]。

马传染性贫血病于 1843 年首先在法国发现，直至 1904 年才由法国兽

---

① 陈纪煌：马传染性贫血国外文献综述。《云南畜牧兽医》1980 年第 1 期。

② 涂亚斌、仇华吉、王柳、童光志：马传染性贫血病毒免疫学研究进展。《畜牧兽医科技信息》，2002 年第 1 期。

医师瓦勒和卡雷证实是由病毒引起。一旦染上马传染性贫血病，病畜将终身带毒，有 1/3 很快就会死亡，其余的也都逐渐在极度贫血、衰弱、反复发作中死亡！其特征主要为间歇性发烧、消瘦、进行性衰弱、贫血、出血和浮肿；在无烧期间则症状逐渐减轻或暂时消失。马传染性贫血病于第一次和第二次世界大战期间曾广泛传播，后几乎遍及全世界，此病在世界上传播已 170 多年，至今还有许多国家流行，给经济上造成巨大损失。

发烧期的病马是最危险的传染源，其血液和脏器（肝、脾、骨髓、淋巴结等）含有大量病毒，常随同分泌物和排泄物排出体外而散播。慢性病马能长期甚至终身带毒，还可以子宫感染，但在马间自然扩散似仅由于吸血昆虫的机械带毒。传染途径主要通过吸血昆虫（虻、刺蝇、蚊、蠓等）的叮咬，吸吮急性病马血后 3、10 或 30 分钟的虻有传染性，而经 4 或 24 小时后的，则已无传染性，由于虻的飞行距离在 6.5 公里以上，过去要求病马隔离 182 米，而在多虻地区是不够安全的；也可由被病毒污染的注射针头和诊疗器械等散播，微量病毒就能在易感动物中引起感染。经消化道的传染也有发生。

病原马传染性贫血病病毒进入机体后，首先在肝、脾、骨髓等组织中繁殖生长，当各种原因使机体抵抗力降低时，病毒便进入血液，大量繁殖，引起细胞结合性病毒血症，并可终身持续感染。病马体温升高，呈稽留热。当机体抵抗力增强后，病毒可暂时从血液中减少或消失，体温逐渐下降或恢复正常，病马处于无热期。一旦病马的抵抗力再度降低，马传染性贫血病病毒又可重新进入血液中繁殖，使体温再次升高，病马又处于有热期，因此病马呈现间歇热型。病毒感染可能抑制骨髓细胞，或因自身免疫破坏，导致贫血，并进一步出现血液稀薄、心肌变性、心室扩张，致使心脏机能紊乱。同时，毛细血管管壁通透性增大，血浆蛋白减少，血液胶体渗透压降低，引起出血和浮肿。病马的肝、脾等网状内皮系统在病毒的作用下，使网状内皮细胞大量增殖，吞噬能力增强，变性的红细胞被大量吞噬，由于吞噬细胞酶的作用，将被吞噬的红细胞的血红蛋白转变成含铁血黄素，即成为吞铁细胞。此外，病毒感染后可形成免疫复合物，导致肾小球肾炎。病毒囊膜蛋白 gp90 的主要中和表位的变异或缺失，可影响本病病程的发展和康复，从而出现多种临诊发病类型。

根据临诊表现，马传染性贫血病常分为急性、亚急性、慢性和隐性 4 种病型，潜伏期一般 1—3 周，但可能积延更久。除有主要症状如发烧、贫血、黄疸、出血、心机能紊乱外，血液学的变化也很突出，如红细胞数减少、血红蛋白量降低、白细胞数常减少和静脉血中出现吞铁细胞等。有些病畜甚至仅呈轻微的症状后，或完全没有症状，而成为带毒者。急性或败血型见于年幼动物，1—3 天内死亡，时间上来不及出现贫血症状，病驹常有出血性肠炎。尸体剖检时，急性型主要表现败血性变化，而亚急性和慢性型则主要表现贫血性和增生性变化。

马传染性贫血病毒在反转录病毒研究中有重要的意义，是第一个被分离出来的慢病毒和以昆虫为媒介传播的反转录病毒，且也是首先发现反转录病毒的抗原很易变异。肝和脾的巨噬细胞对马传染性贫血病毒极为易感，可大量增殖病毒，并随血流扩散至全身，最终破坏巨噬细胞和导致出血。由于马传染性贫血病毒具有血凝素，可吸附于红细胞表面，形成的病毒—抗体—补体复合物是马匹发生贫血的原因。

1956 年，中国引进的种马中带有马传染性贫血病。在不到三年的时间里，主要产马省的疫情不断扩大，数以百万计的耕马岌岌可危！为控制疫情，最大程度地减少损失，我国也和其他国家一样采取了屠杀病马、封锁疫点等办法。马传染性贫血病严重流行，作为我国农村主要生产力的马每年要死亡几十万匹。国家曾颁布相关法令，必须要集中精力攻克这个马传染性贫血病这个项目，全国各地的所有专家，在当时都不再存在地域，区域的差别，纷纷投身到马传染性贫血病的研究工作中来，为消灭马传染性贫血病献计献策。

当时，世界上防制“马传贫”主要靠以血清学检疫为主的清厩扑杀病马的综合防制措施，长期实践证明，应用此法达不到控制和消灭此病的目的。控制和灭消人、畜传染病关键措施之一，在于疫苗预防接种，但“马传贫”属于慢病毒感染，有无免疫性，能否研制出有效的疫苗，各国学者均未定论，也未达到预期结果。

为了征服马传染性贫血病恶魔，人们纷纷把希望寄托在美、法、日等国家的科研机构上。在灭火疫苗研究方面，法国曾报道了乃丙内脂灭活菌，但无实际应用价值，至于早起应用结晶紫、甲醛等灭活的血苗、组织苗和白细胞培养物等对马进行免疫，也均告失败。在弱毒疫苗研究方面，60 年代初，日本部野等用马白细胞毒临界稀释法选育的弱毒株，证实只对同株病毒有免疫力，提出马传染性贫血病的“抗原漂移”① 说，指出马传染性贫血病病毒侵入细胞后，病毒呈现变异和不规则运动，所以，不可能成功研制出免疫疫苗。这个结论等于宣布“马传染性贫血病永远无法被征服”，听到这一结论，许多生物学、病毒学专家纷纷“倒戈”。

马传染性贫血病毒于 1961 年最先由日本国立感染症研究所免疫部长小林和夫在马白细胞和骨髓细胞培养物中培养成功。1966 年，日本兽医微生物学家甲野雄次和小林和夫利用马白细胞培养物作为抗原，成功地进行了阳性率达 93.4% 的补体结合试验，补体结合抗体的持续期为 30 天左右。后来中国也研究成功，可持续 6—7 个月或更长。沈荣显等人在追试中，发现培养的马白细胞十分脆弱，并认为马白细胞的培养条件严格，不易掌握。后经多方面研究，发现驴白细胞更适合”马传贫”病毒生长繁殖，从而给致弱传贫病毒培养弱毒株创造了条件。

早在 60 年代初期，农业部就责成哈尔滨兽医研究所所开展“马传贫”研究工作，到 1965 年，国务院把“马传贫”确立为国家的重点课题和歼灭战项目。遵照毛主席关于以“预防为主”的教导，哈尔滨兽医研究所、长春兽医大学等单位，从 1963 年起，相继开始了”马传贫”的免疫试验，十年来进行了多方面的探索，取得了不少的经验和教训。试用过结晶紫甘油、福尔马林、氟里昂、中药煎剂、紫外线作为灭活剂，并以灭活病毒注射马、驴进行免疫试验，未获满意结果。为了培育弱毒株，先后进行鸡胚、乳兔、成兔、乳鼠、幼猪、鸽、金黄地鼠、幼龄山羊、绵羊感染与传代试验，均未得到预期结果。在交替传代方面，曾用过驴、羊交替，驴、兔交替，鸡

① 抗原漂移（antigenic drift）：指由基因组发生突变导致抗原的小幅度变异，不产生新的亚型，属于量变，没有质的变化。多引起流感的中小型流行。如流感病毒囊膜上的血凝素（hemagglutinin，HA）与神经氨酸酶（neuraminidase，NA）抗原的变异频率很高，主要表现的就是抗原漂移引起的次要抗原变化和抗原转换（antigenic shift）引起的主要抗原变化。

胚与驴体交替传代试验，亦未获得满意结果。我国在免疫方面已经作了大量的工作，虽然没有找到较好的线索，但是已经积累了丰富的经验。

1970 年，美国兽医微生物学家 L. 科金斯和诺克罗斯研制成功的琼脂凝胶免疫扩散试验，检出率更高（可达 95% 以上），特异性更强，操作更简便，又易于推广应用，中国已将其列为”马传贫”特异诊断方法之一。此外，荧光抗体染色技术和中和试验也可作”马传贫”的辅助诊断试验，必要时还可进行生物学试验（接种健康驹）。需要与本病鉴别诊断的有马梨形虫病、马锥虫病、鼻疽、腺疫、马钩端螺旋体病和马营养性贫血病等。在预防方面，1970 年，甲野雄次等报道用高代次马白细胞传代毒育成弱毒株（V−26）；1973 年法国发表 β－丙内酯灭活”马传贫”疫苗的报告，但均未用于生产实践。

马传染性贫血病在病原领域里的研究，很长一段时间里没有多大的进展。与此相反，为了理解本病的性质，在病理学的研究方面，却非常活跃，很多专家学者发表了许多文章。把”马传贫”的病理变化，分为几个型，试图确定其特征，以及对本病很特征性的淋巴样细胞的剖析，付出了极大的努力。结果把本病理解为白血病、免疫病或自体免疫病。差不多和病理学研究相平行，与临床血液学研究也有关联，对本病的病理生理现象也进行了大量的研究，特别是发热、贫血及铁代谢障碍作为本病的特征，引起了极大的关注。

1972 年，刚刚走马上任的马传染性贫血病研究室主任沈荣显，像以往研制牛瘟、猪瘟疫苗一样，首先查阅国内外有关”马传贫”的文献资料，掌握其症状、病理及免疫性知识；并深入农村，了解疫情发展，他带着科研队伍住在老乡家里，每天天不亮就出门，研究病马的各种症状，在病马身上做实验，一刻不停地在农村的第一线工作着，掌握第一手资料。

据林跃智讲述，马传染性贫血病在当时给国家造成了相当巨大的损失，必须严肃对待，所以国家下达命令，集中力量，组织兽医界的权威人士，统一调配科研人员，进行分工协作，形成了一个合作组织，但在不长时间内就以失败告终。当时，国际上研究已经遇阻的情况下，国内也自然而然的觉得这是不可能的事情，所以科研人员都觉得”马传贫”项目研究是不可能完成的。当时研究”马传贫”疫苗的难度非常大，全国几乎已经没有人继续坚持了。“在这种情况（指之前说的马传染性贫血病横行中国，众多科研人员研究无果）下，正好赶上沈荣显回国，国家就把这项任务交给了他，所以马传染性贫血病这个研究其实在是没有人愿意做，没有人愿意接的情况下，沈荣显之前学者们研究成果的基础上继续往下进行的。”①

但是，沈荣显并没有因为大家对于马传染性贫血病研究的态度而改变自己的初衷，他认为一个科研工作者最重要的是要敢于向困难宣战，勇攀科学高峰，并且这还是国家的需要！于是，在大家不解的目光中，沈荣显勇敢地承担了攻克马传染性贫血病这项看似不可能完成的艰难任务。

① 林跃智访谈，2013年4月27日，北京。资料存于采集工程数据库。

第八章
十年磨一剑攻克马传染性贫血病

成功研发马传染性贫血病驴白细胞弱毒疫苗

从60年代开始，沈荣显从事马传染性贫血病弱毒疫苗研究以来，他的整个后半生的心血都倾注在了这个疫苗上面，这是他一生中最大的成就。

在家人的支持下，沈荣显开始了全新的征程。其实在这之前“马传贫”这个项目已经开始进行了，当时虽然国家科研技术水平已经显著提高，但生物科学难度较大，不是单纯地依靠科研技术水平就可以完全解决的，就像艾滋病的病毒，他的疫苗终究是会成功的，但是其难度是巨大的，研究的周期是漫长的。生物科学的成功有时有很大的偶然性，但更多的则是勤恳和执着，可能科研工作者也不知道需要经历多长时间的研究后能够得到想要的弱毒疫苗，所以在太多未知面前，很多人不愿意接手这个项目。

然而，攻关的道路是曲折的。从1904年发现马传染性贫血病病毒以来，科学界一直就其免疫问题进行了长期的探讨，均未获得实质性进展。

在科学研究的领域里，沈荣显很重视学习他人的长处，针对国际上其他国家最先进的医疗技术、最新进展的科技活动、以及最新研究的学术信息，他都采取兼收并蓄，取其精华去其糟粕，为已所用的科研态度，希望可以通过多方吸取，创新自己的科研思路。在这种严谨的科研态度下，沈荣显以他过人的胆识和丰富的知识，在查阅大量文献的基础上，吸取了日本、美国等国家的科学家对马传染性贫血病弱毒疫苗研究失败的教训，首先倡导用驴白细胞培育驯化驴强毒的研究思路，决心走出一条中国式的马传染性贫血病研究之路，并确定了体外培养驴白细胞的最适生长条件。

沈荣显摒弃传统疫苗的研制方法，采用现代细胞工程技术。沈荣显首先培养毒株，然后有条不紊地驯化致弱病毒，几经波折，最终使机体细胞形成坚强持续的免疫力……沈荣显和他的同事们反复试验，利用辽系“马传贫”强毒（系辽宁兽医研究所在旅大地区，从自然感染传贫病马的血液中分离出来的一株毒株。在辽宁兽医研究所，通过马体三代后引入哈尔滨兽医研究所，继之，哈尔滨兽医研究所又通过马体至十二代，使这株毒株对马的毒力为 10^{-5} ×7 毫升皮下接种使马典型发病。）连续通过驴体继代

图 8-1　70 岁生日时与家人合影（1993 年。两侧为沈杰夫妇，沈杰提供）

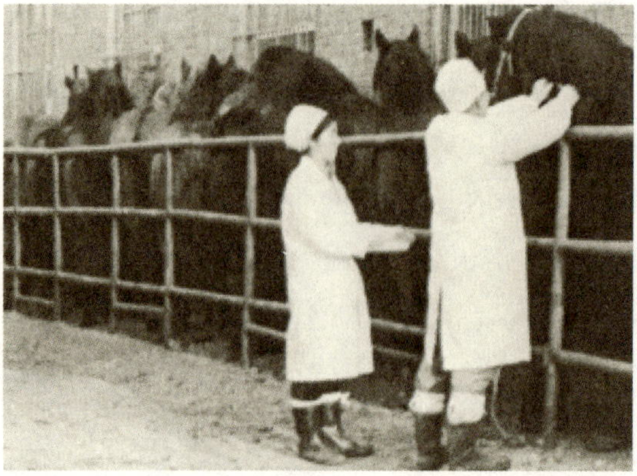

图 8-2 沈荣显和科研人员进行“马传贫”疫苗的试验（1973 年。资料来源：黑龙江日报）

的方法，成功地培育了一株驴强毒，这株驴强毒对驴的滴度达到了 $10^{-6}\times1$ 毫升皮下注射可使驴典型发病直至死亡。其生物学特性与“马传贫”病毒有许多相似之处，接种马不仅毒价比“马传贫”病毒高一个滴度，就是在同一个滴度上，它对马的致病力比“马传贫”病毒仍强。用驴强毒接种的近 20 匹马，绝大多数呈现急性发病死亡。并将其在驴白细胞培养物上长期连续传代。试验证明，驴强毒有较好的免疫原性，为今后以驴代马广泛开展“马传贫”研究工作提供了有利条件。

“马传染性贫血病”项目研究室搞细胞培养种毒驯化至 65 代时，沈荣显决定做一次较大的试验。从实验基地拉出 6 匹马，将驯化的毒苗注入马体后不久，6 匹马均既发热又不免疫——事实证明，实验失败了！

消息一出，更证明了大多数人的想法：马传染性贫血病病毒根本不可能培育出疫苗，沈荣显根本就是在做无用功。这种声音已经超越了科研本身的困难程度，而成为了马传染性贫血病病毒疫苗培育过程中的最大困难，所有人都认为这个做不成，看不到希望。而这些“言论”从来就没有进入过沈荣显的耳朵，他的脑袋里完全没有想这些杂七杂八的事情，唯独剩下科研，占据了整个大脑。沈荣显心思细腻，不畏艰难，找到很多资料重新分析，当时这么做是有很大风险的，因为整个研究室只有三四个人来做这件事，对于研究室来说，这样相当于是重新开始研究马传染性贫血病病毒疫苗培养这项工作。

支撑沈荣显完成这个项目的是他心中巨大的攀登科研高峰的勇气，与其说沈荣显是一位科学家，不如说他是一名探险家。在科学领域中，沈荣显总愿意探求未知，虽然他已经研究成功了那么多疫苗，但他从不会停止前进的脚步，在马传染性贫血病的研究道路上攻坚克难，坚持到最后的成功。

实验一天也没有停止。一件白大褂、一架显微镜、一排试验玻璃管……外人看起来平淡而乏味的实验，在沈荣显眼中却是一个有声有色的世界，他就这样一天天、一月月、一年年地扎根在研究所，实验、培养、实验、失败、总结、再实验、再总结……就这样一路走下来。沈荣显在马传染性贫血病研究的整个实验过程中，每一次试验的记录、每一个实验的设计，都做得非常认真详细。回看沈荣显当时的实验记录，会让人们很惊讶，我们甚至不敢相信一个人能把实验记录和图纸，记录得如此完美。沈荣显把自己的实验记录记得十分精确、实验设计得非常清晰，每一个细节都记得非常认真，这就极大地避免了可能因为粗心大意而造成实验失败的情况。

经过总结，沈荣显找到了失败原因：一是免疫时间短，二是强毒剂量偏高，并从中探索出了慢病毒免疫的规律和特点。为了“马传贫”弱毒疫苗的种毒培育，沈荣显经常吃不香睡不着，常常半夜起来翻资料，有时候饭吃到一半突然想起什么，就放下筷子冲向实验室，一待就是一天。半夜醒来突然想到什么就立刻起来进行计算、记录。想不通的时候就换个角度想，有时候把失败的实验条件和数据拿出来进行对比分析，研究失败原因。在收集和查阅了国内外有关“马传贫”方面的资料后，在实验室进行

图 8-3　沈荣显研制马传染性贫血病疫苗期间做实验情景（1974 年。林跃智提供）

了病马的再接毒试验，证明“马传贫”病马再接毒后有短期保护作用，取得了“马传贫”病毒具有较好免疫原性的科学数据。在此基础上，他亲自用分离到的“马传贫”强毒，并通过本动物驯化，培育成对马、驴能引起典型发病死亡的“马传贫”强毒接种到体外培养的驴白细胞上，进行培养继代，改变病毒的生存条件，使之遗传基因发生改变。直至传到第125代，解决了一系列关键性问题，培育、驯化获得了一株毒力弱、免疫原性好、可以用于制造“马传贫”疫苗的驴白细胞弱毒株。

马传染性贫血病的研究失败太多次了，沈荣显却认为失败很正常，他曾经说：“搞科研做实验不能傻做，一样的条件重复两次三次是一样的结果，就要考虑这个条件是不是不对了”。沈荣显做事很谨慎，他做科研的谨慎劲在其他人看来都有点过度了，但现在看来是非常正确和必要的。实验中，他非常谨慎，一次一次的重复，一次一次的验证，即使已经是十拿九稳的事，在他心理仍然要再三盘算，沈荣显就是这样一个谨慎执着的人。

沈荣显用驴白细胞弱毒株接种马后，按传统的攻毒试验方法进行攻击，结果攻毒马并不保护，这种失败的结果在很长的时间内都没有改变，而时间，就在沈荣显千万次观察中悄悄流逝着。终于，在与显微镜下细胞的蠕动、病毒的变化、白细胞突变的现象的对峙中，他牢牢把握住了问题的关键。经过深入细致的探讨，对传统的攻毒试验进行了大胆的改进，选择适合慢病毒的攻毒时间及剂量，从而解决了马传染性贫血病弱毒疫苗的免疫过程中非常关键的问题。

研究过程几经波折，甚至出现重大挫折，在很多人看来已经无法再向前一步的研究，但沈荣显依然坚持钻研，耐心研究，在他的不懈坚持下终于有了转机。马传染性贫血病弱毒疫苗的基本培育成型！为阐明弱毒的毒力稳定性，沈荣显又九次用弱毒复归马、驴，并连续继代，证明弱毒不返祖，并具有良好的遗传稳定性。同时又对弱毒免疫母马所生幼驹进行了生物学试验，证明弱毒免疫马不带毒传染。

一种“马传贫”驴白细胞弱毒疫苗株的培育方法，其特征在于由下列步骤实现：

（1）供试动物：从非“马传贫”疫区采购马、驴，使用前至少健康观察3个月，经多次血清学和临床检查无传贫病毒感染者；（2）驴传贫强毒株的培育：系用中国辽系“马传贫”强毒通过驴体多次继代而培育出驴传贫强毒株，用发病驴血清毒（毒价 $10^{-6}\times 1$ 毫升）可使驴和马典型发病或死亡；（3）驴传贫强毒株通过驴白细胞培养继代，（a）驴白细胞培养：每头驴在采血的同时，用增菌培养进行检查，要求驴血无菌；无菌采血收集在盛有抗凝剂的瓶中，置室温20—30分钟，析出的上层血浆以虹吸方法吸至离心瓶，以每分钟1000—1200转离心十分钟，然后收集沉淀于瓶底的细胞并加培养液制成细胞悬液，分装于培养瓶内，置37℃静止培养；具有代表性的药品配方：健康牛无菌血清和赛氏液（氯化钠、氯化钾、醋酸钠、葡萄糖、碳酸氢钠、无离子水以及柠檬酸三钠等）；（b）接种病毒：在驴白细胞培养24—48小时后，选择生长良好的细胞，吸出旧培养液，换以新培养液，按5%量接种毒，继续培养，逐日观察并登记，凡细胞生长异常、污染的瓶应废弃；（c）收获：凡接毒的细胞在接毒后第4—5天有80%左右发生明显老化，变圆、脱落，与对照差异明显的培养瓶即可收获，并放-20℃—25℃低温冻结后放室温融化如此反复冻融两次后收获，以继续作为弱毒株继代的毒种；（4）驴白细胞弱毒DLVF121 DLVF120DLVF123DLVF124DLVF125保藏号为CGMCC No 0250对驴白细胞毒力的滴定，用细胞半数感染量（TCID50/ml）等试验方法对驴白细胞进行毒力滴定，其对驴白细胞的TCID50/ml为7.0；（5）驴白细胞弱毒株对马属动物的安全稳定性：弱毒株接种马、驴后无任何“马传贫”反应，剖检也无任何病理学变化，弱毒株免疫马的含毒材料对马进行多次返祖试验不能恢复原来的毒力；不引起健康马的同居感染，接种母马所生幼驹进行生物学试验证明不带毒传染；（6）驴白细胞弱毒株对马属动物的免疫性：弱毒株接种马、驴后出现明显的体液与细胞免疫应答，出现血清抗体阳转率一般可达90%以上，在接种后第21天大部分出现补反、琼扩抗体，在2个月达到高峰后阳转率逐渐下降，中和抗体在接种后第60天开始出现，第180天阳转率为100%，能长期持续很少变动；接种马、驴用同源强毒攻击，马可保护80%以上，驴为100%，对异源性强毒攻击，也具有同样的保护力，但免疫产生时间较晚，驴为3个月，马为6个月较好，对马的免疫持续期长达三年以上；(7)驴白细胞弱毒疫苗株的保存性：冻干的弱毒株在15℃—28℃可保存3个月，在0℃—4℃可保存6个月；在-15℃—20℃可保存2个月。

图8-4 “马传贫”项目时期沈荣显和同事一起做实验（1975年。资料来源：黑龙江日报）

1976年春，中国宣布马传染性贫血病弱毒疫苗的培育试验获得了初步成功！沈荣显等人突破了慢病毒免疫预防的禁区，率先在国际上成功研制出了马传染性贫血病驴白细胞弱毒疫苗。从1967年开始，十年的时间里，沈荣显亲自用驴强毒在驴白细胞培养物上继代驯化，直至传到第125代，解决了一系列关键性问题，最终成功地研制出驴白细胞弱毒株，在国际上率先成功研制出马传染性贫血病驴白细胞弱毒疫苗，填补了慢病毒免疫预防的空白，并有效地应用于我国的马传染性贫血病防治工作中。

1976年，沈荣显脸上露出了难得一见的笑容，而紧绷十年的心也第一次有了如释重负的感觉！这简单的数字包含着科技工作者的多少心血、多少劳作、多少智慧、多少希望！沈荣显在生前接受过的采访中曾笑言：“对马传染性贫血病研究的许多新思路，就是在自家土屋的夜读中萌生的。”[①]

① 他把人生变成一个科学的梦：追忆沈荣显院士。《黑龙江日报》，2012年7月10日

林跃智介绍爷爷研发”马传贫”弱毒疫苗时提到：“爷爷沈荣显总说自己是幸运的，马传染性贫血病驴白细胞弱毒疫苗的成功得益于一头驴，叫115号驴。他幽默地说自己就碰着好驴了，它的细胞好，整个产品的疫苗就是在它的细胞上附着起来的，别的驴的细胞都不行，所以才能把这个病毒给驯化。但其实大家都知道，爷爷为了这项研究，顶住了莫大的压力，认真细致地进行科研试验，一直不停歇地工作了十年，所以这并不是一句运气好就可以轻松带过的。”据沈荣显的家人回忆道，在试验期间沈荣显经常说：“搞科研，不是要去发表多少篇学术文章，而是要通过科研成果真正地去帮助国家解决实际问题。”①

“马传贫”项目的实验记忆

沈荣显之所以成功是因为有足够的实验积累，研究过程是动态的，他对所有的疫苗培育过程中的变化都有记录，把实验做到程序化。他每天建立一个表格，细胞培养好了，什么状态他会打加号，用加号评价它；什么状态他会打减号，用减号评价它，他把这些工作给程序化了。比如四个加号是好的，或者三个减号是不好，不好的疫苗不要；什么状态接毒，接多少的毒，这个病毒多少天能达到最高病变，每个病变用哪些符号记载，所有的记录都是有的，然后拿出来之后，好的才用做实验。

中国农业科学院哈尔滨兽医研究所的沈荣显、徐振东、何云生、张盛兴等人为了研发“马传贫”弱毒疫苗，10年间开展了大量的工作，进行了反复的实验和比对，最终获得了喜人的成绩，那段在实验室刻苦钻研的日子令人终生难忘。

徐振东是沈荣显开展研究的主要合作人，长期从事马传染性贫血病免疫的研究。他1937年7月23日出生，河北省丰润县人。1964年7月北京

---

① 沈杰访谈，2013年8月6日，北京。资料存于采集工程数据库。

图 8-5 徐振东

农业大学兽医系动物生理生化专业本科毕业。同年 9 月分配到中国农科院哈尔滨兽医研究所工作。长期从事马传染性贫血病免疫的研究。1982 年 4 月至 1984 年 4 月国家派送到联邦德国汉诺威兽医学院禽病研究所进修兽医病毒学。1984 年 5 月仍到原单位参与主持地方流行性白血病和鸡新城疫等课题的研究工作。曾任研究室主任、研究员和黑龙江省哈尔滨市政协第七、八届常委。共取得四项科研成果。《马传染性贫血病驴白细胞弱毒疫苗》获得国家发明一等奖一项（本人为第二发明人）、农业部技术改进一等奖一项、1991 年获陈嘉庚农业科学奖一项，中国农科院技术改进二等奖一项、中国农业科学院科技进步二等奖一项和哈尔滨市科技进步二等奖一项,《马传贫免疫的研究》发表在 1979 年《中国农业科学》第 4 期;《新城疫 V4 克隆株新毒疫苗的研究》发表在 1997 年《中国兽医杂志》第 8 期。1988—1991 年培养硕士研究生一名。享受国务院政府特殊津贴，1984 年被授予国家级有突出贡献的中青年专家称号。

1979 年，沈荣显等人在《中国农业科学》发表的《马传染性贫血病免疫的研究》详细描述了实验过程。马传染性贫血病免疫研究使用的病毒，系从我国不同地区传贫病马血液中分离出的“马传贫”病毒，用动物体传代，培育出强毒株，毒价 $10^{-6}\times1$ 毫升，可使马典型发病或死亡。供试动物为分批从非传贫疫区采购马、驴，使用前至少健康观察 3 个月，经多次血清学和临床检查确证无传贫病者。

在研究过程中，根据沈荣显确定的思路，首先要进行病毒的接种与继代，在驴白细胞生长换液后，初代以传贫强毒血清接种于细胞上。连续培养继代时，将出现细胞病变的培养物放于 −40℃冰箱内冻融 2 次后，以不稀释的病毒原液进行次代接种。对照用健康血清，以同样方法进行继代。在继代过程中，对驴白细胞和驴、马进行测毒时，将病毒用 Hanks 液作 10

倍系列稀释后，分别进行接种。以 Karber 方法计算对细胞的感染滴度 TCID50/ml。为了及时了解毒力和免疫原性的变化，除察观接种病毒的细胞病变和补体结合反应抗原性（简称补反抗原性）外，并大致每隔 10 代复归驴体一次，至第 55 代后，对马进行了感染试验。所有耐过的驴、马在观察一定期间后，分别接种传贫强毒进行免疫效果试验。

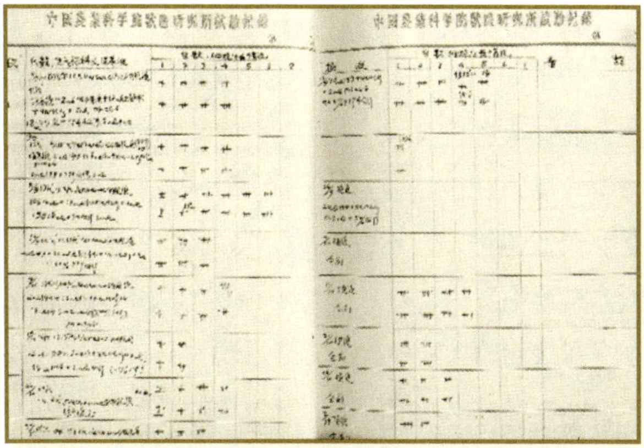

图 8-6 研制马传染性贫血病疫苗期间的实验记录（1976 年。哈兽研提供）

继代实验对环境、操作要求都很高，沈荣显团队严格要求，不容许出现丝毫差错，按照操作规程紧张的工作着。培养继代过程中，当病毒感染培养细胞后，低代数经过 5—6 天，高代数继代后经过 3—4 天，细胞出现病变，最后从瓶壁脱落。对照的培养细胞生长正常。从第 22 代开始选个别代次，第 77 代后，对每代培养的病毒液，都进行补抗原性的检查，证明培养继代的病毒液，具有很高的补反抗原效价，一般可达到 4.0—7.0 以上。对照驴白物均为阴性反应。为了测定继代毒对培养细胞的毒力变化规律，曾以第 28、55、80、100、115、129、150、170 代毒进行毒力滴定试验。由于继代数的增加，不但病毒的感染滴度升高了，相应地出现细胞病变的时间也缩短了。说明病毒长期在体外的驴白细胞继代后，对驴白细胞的感染性与适应性是日渐增强的。自第 55 代开始，曾以不同代次的病毒、不同方法对马进行接种实验。继代毒毒力，101—110 代开始，仅出现轻微反应。唯第 121—130 代接种 22 匹马，在观察期中，正值马爆发呼吸道卡他[①]，伴随高热、咳嗽。在其中第 122 代毒接种的 18 匹马中有 2 匹

① 上呼吸道卡他症状包括咳嗽、流涕、打喷嚏、鼻塞等上呼吸道症状，这是临床上常见的症状。引起发热伴上呼吸道卡他症状的疾病常见有普通感冒、流行性感冒、鼻白喉、咽结膜热、麻疹前驱期和百日咳卡他期等。

马并发了传贫临床反应，并死亡 1 匹，另有 1 匹马除咳嗽外并出现热反应。

为了测知继代毒对马、驴的最小感染量与培养细胞的毒力相互关系，沈荣显等人曾以第 41、55、65、100、125 代毒分别对马、驴和驴白细胞进行毒力滴定试验。通过试验证明，传贫病毒通过驴白细胞长期继代后，随着继代数的增加，不仅对驴、马的发病率在减少，而且发病强度也逐渐轻微，直至不发病，并且保持了很高的病毒滴度，说明病毒的质在发生变化。

在接连的实验中，沈荣显发现“马传贫”病毒感染马体后，存活的马体内长期带毒，成为传染源。继代毒对马的毒力虽已明显减弱，然而这种减弱的毒力是否稳定，接种马体后是否带毒，是否能感染健康马？这对应用本病毒作为弱毒疫苗是一个关键性的问题，也是研究”马传贫”活毒疫苗始终要注意的重要问题。沈荣显团队又用不同代次的继代毒接种马、驴后，采取不同的含毒材料，分别复归马或驴进行返祖试验。在接种马或驴的不同时间，对马测定流血中的病毒和对驴测定脏器、血液中的含毒情况等。

这些实验的工作量都是巨大的，他们先后用第 95 至 105 代间继代毒接种的 13 匹无反应马和 1 匹有反应马的外周血液，分别接种 1 头驴进行生物学试验。这 14 匹马的外周血液，接种 14 头驴均无明显传贫临床反应，除其中 1 匹马（7214 号）接种的 160 号驴补反抗体阳转外，其余所有驴均为补反阴性。这些驴耐过后再用传贫强毒攻击，均典型传贫发病或死亡。实验的数据初步可以说明，继代毒接种马体后，不呈现明显的病毒血症。

为探讨传贫病毒通过细胞培养继代的减弱程度及其稳定性，在培养继代过程中，沈荣显团队以不同代次毒分别对马或驴连续通过。每代的试验马、驴，在接种后出观察传贫反应外，并以传贫强毒测其免疫力。实验结果说明：第 55 代毒 10^{-8} 接种两头驴，均无反应，用其接种后 24 和 31 天的混合血清接种第二代的 2 头驴，呈典型传染发病，表明该代病毒并没有减弱。第 80 代毒接种的驴，在接种后 45—60 天采集血清，第 90 代毒接种的驴，于接种后的 50 天，65 天采集血清，分别通过驴体传 3 代。这些驴经过长期观察，均无传贫反应，而补反抗体全为阳性，且都能抵抗传贫强毒的攻击。通过 9 次返祖试验，证明自第 115 代后的细胞毒，无论对驴或对马，在接种病毒后无论何时采毒，也无论用什么含毒材料（血液、血清、血浆、肝、脾、淋、骨髓）或剂量大小，除第120代脏器毒对马能传3代外，大部分试验证明到第3代即丧失了毒力。说明细胞毒对马、驴的毒力稳定，连续通过4代，毒力无增强的表现。

实验紧张有序地进行着，刚刚完成“马传贫”病毒通过细胞培养继代的减弱程度及其稳定性的实验后，沈荣显等人又投入到了下一实验中。观察被接种动物能否引起健康动物的感染，来判定毒力的稳定性。在实验室和自然条件下，将健康马放在注射继代毒的马群中，长期饲养，观察同居感染情况。

在实验室条件下（畜舍），2匹健康马（746、7413号）放进第115代继代毒接种后补反抗体已转为阳性的12匹马群中，长期混群饲养。观察期间不仅同槽饲喂，而且混用体温计检温。除蚊虻叮咬外，由于马匹互相啃咬、踢、打，经常发生撞伤和跛行等。在哈尔滨地区由5月16日到9月28日，正进入蚊虻季节，在同居观察136天中，这2匹马无论在临床或血清学反应上，均无任何变化。最后用”马传贫”强毒攻击。这2匹同居马对照马同样典型传贫发病，有1匹急性传贫死亡。在自然条件下（九三农场局马场），将3匹健康马（044，21，12号）从1975年9月6日开始与注射继代毒的大马群（约150匹）同群饲养、放牧，经过497—610天（近两个蚊虻季节）的测温、血检和多次血清学检查，均无异常。其中2匹马（044、21号）于1977年1月27日，另1匹马（12号）于1977年5月8日攻击”马传贫”强毒，结果3匹同居马都典型传贫发病死亡。试验证明，健康马在注射继代毒的马群中长期同居，不表现任何反应。

接着，实验团队又进行了继代毒对马和驴的免疫试验。以第90、95、96、100、105、115、118、119、122、124、125、129、131、135代毒，用不同方法，不同剂量，共接种62匹马。观察一定时间后，用传贫强毒攻击，每次都和对照马同时接种，共使用18匹健康对照马。从试验结果观察来看，被攻毒的62匹马，13匹马典型传贫发病（其中死亡5匹），3匹轻微反应，4匹可疑反应，无反应42匹马，总保护率为79%。第130代前的继代毒对马的免疫效果较好，自第131代后较差。更高代数的毒对马免疫效果尚须试验。免疫马在攻毒后，有很大一部分出现补反抗体效价升高，但经过一定时间后开始下降。20 匹对照马全部急性传贫发病，其中 14 匹马死亡。这不能抵抗攻毒的 13 匹马，虽然出现了反应，但发病的潜伏期、病程和死亡率，与对照马比较，都有明显区别。

实验进一步推进，沈荣显分别进行了继代毒对马、驴的最小免疫量试验以及对幼驹的免疫试验。以不同代数的不同稀释度的继代毒，对马、驴进行免疫试验，观察一定时间后，以传贫强毒进行攻毒，观察其免疫力。第 41 代毒只测到 10^{-4}，结果全保护，第 55 代与 100 代对驴的最小免疫量均为 10^{-6}，第 65 代为 10^{-5}。对马的最小免疫量第 100 代毒为 10^{-5}，第 125 代毒为 10^{-4}。对照马、驴全典型传贫发病。

动物在生后最初数月中免疫效果较差。“马传贫”弱毒对幼驹注射能否产生坚强的免疫力，特别是慢性传贫母马生的幼驹免疫力如何？为此团队又进行了试验。选健康母马生后 5 个月左右幼驹 3 匹和传贫慢性母马生的幼驹 2 匹，分别以第 119 代细胞毒 2 毫升皮下接种，观察 6 个月无任何反应。以传贫强毒与对照马同时进行攻毒。这 5 匹幼驹攻毒后观察 3 个月，全获得了保护。2 匹对照马都典型传贫发病死亡。说明继代毒对幼驹可赋予较好的免疫力。

实验的过程是枯燥和漫长的，沈荣显等人又相继进行了稀释毒对马、驴的免疫试验、继代毒对驴的免疫力产生时间测定试验、继代毒毒力保存试验。为了测知细胞毒用作弱毒疫苗的稀释倍数，曾以第 119 和 124 代 10 倍、50 倍、100 倍毒各 2 毫升皮下接种马、驴，观察期免疫效果。第 124 代毒 10 倍和 50 倍对驴全保护，100 倍 1/2 保护。第 119 代毒 10 倍为 3/4，50 倍为 2/4 对马保护，基本与原液相同。从这个结果来看，细胞培养的继代毒稀释 10 倍，用于疫苗是完全可行的。

沈荣显在对马、驴的攻毒试验中发现，驴或马用继代毒接种后，若间隔时间短，攻毒则免疫效果不好。为了阐明这个问题，又系统地进行了对驴的免疫力产生时间测定试验。他们以第 124 代毒，分皮下 2 毫升及皮内 0.5 毫升，两组各接种一部分驴。在接种后，每隔 15 天各选一头驴与对照驴同时进行攻毒。结果证明于接种后第 15、30、45 天的驴与对照驴同样典型传贫发病，大部分感染致死。第 60 天皮内接种的 2 头驴，1 头典型传贫发病，1 头无反应，而皮下接种的 2 头驴均无反应。表明第 124 代毒对驴的免疫力产生时间为 2 个月左右，同时也看出，接种途径对产生免疫力的时间与免疫力的关系。

继代毒毒力保存试验中，沈荣显用第 119 代毒分放室温 15℃—21℃和冰箱 0℃—4℃后，在不同时间取出接种驴，观察其感染和免疫情况。另外，用 5 个代次（第 76、88、90、105、115 代）病毒液长期放低温冰箱（-40℃—50℃）保存，隔一定时间取样接种驴白细胞，观察毒力变化。结果显示，继代毒在室温保存 1 周后，对驴仍保持原来的感染力和免疫原性，到 2 周时感染力稍损。在冰箱保存 60 天接种驴都出现了抗体具有保护力，说明对毒力无影响。继代毒长期在低温冰箱保存后，经过一年多再接种细胞，出现的细胞病变和补反抗原性与新鲜病毒基本一样，证明没有受到明显的影响。

沈荣显团队多年的坚持终于得出了坚如磐石般的科学结论，他们的辛勤付出终于结出了丰硕的成果。一系列的试验证明，传贫强毒在培养细胞上培养继代，随着继代数的增加病毒已逐渐适应于细胞上生长繁殖。相反，对马、驴的毒力有了明显的减弱，且保持了良好的免疫原性。病毒长期继代后，复归马体，一般不能恢复其毒力，病毒接种马后不引起健康马的同居感染。这些事实，证明传贫病毒长期在体外培养继代，其特性已发生了变化，获得了新的特性，这种新特性逐渐稳定。致弱的细胞毒接种马、驴后，在不同时期采取含毒材料（血液和脏器），复归驴，保与均不能使驴发病，说明细胞弱毒与传贫强毒在质上有根本的区别。

减弱的病毒接种马、驴，在体内繁殖，产生一定程度的相应免疫反应，从而获得了抵抗该病毒的感染能力。免疫的马、驴用传贫强毒攻击，有很好的保护力。特别是对驴的保护力尤为良好。对攻毒后的免疫马和强毒接种马、自然感染马的对比观察，表明免疫马主要表现为肝脏不见变化或只见轻微的网内系活化和吞铁反应，淋巴组织表现为增生性变化，机能活跃；而强毒感染马和自然感染马的肝脏见明显网内系活化增生和吞铁反应及淋巴组织的退行性变化。可见二者之间有明显差别，从而也反映出弱毒接种马、驴后获得了免疫力。但是建立这种免疫需要病毒感染后一个比较长的时间才能抵抗

"马传贫"强毒的攻击，给研究慢性病病毒的免疫，提出了一个新的启示。

几年来，经过实验室、区域试验和大面积推广试用，结果证明，弱毒株制备的疫苗对不同品种、性别、年龄的马、骡、驴，在注射后均未见到不良影响，对最易受传贫感染的马驹也安全。这种疫苗在应用时，只要把好疫苗生产关，认真做好注射疫苗前检疫，特别是临床综合诊断和血清诊断相结合，严格执行注射技术规定，无论在传贫的老疫区、新疫区、清洁区应用，不仅安全而且完全可以有效地控制"马传贫"。但是对已被感染处于潜伏期的病马或正患其他疾病的马匹，注射疫苗后易引起合并发病，应予以注意。①

沈荣显团队耐得住寂寞，经受得住考验，不向困难低头，坚定自己的信念，十年如一日地在实验室、疫区辛勤钻研，大胆创新，求真务实，科学攻关，在团队的集体协作下，通过大量实验得出了可靠的数据和结论，成功研发了世界第一个"马传贫"弱毒疫苗，开创了我国慢病毒疫苗的历史，同时为我国"马传贫"弱毒疫苗的推广应用奠定了坚实基础。

"马传贫"弱毒疫苗的推广使用

沈荣显在攻克马传染性贫血病毒研究课题的过程中，遭受到国内外众多的非议和质疑，虽然很多实验获得了成功，但在实验过程中有大批马作为试验品而被迫死亡，因此有很多人到农业部告状，1976 年之前，沈荣显承受了巨大的舆论压力和精神压力。1976 年，沈荣显研究的马传染性贫血病弱毒疫苗最终获得成功，国内外的质疑声音随之消除，至此，慢病毒病不能免疫的理论不攻自破。

1975 年后，随着"马传贫"驴白细胞弱毒疫苗的试验与应用，六字措施也转变为"养、防、检、隔、封、消、处"七字综合防控措施，"防"即

---

① 沈荣显、徐振东、何云生、张盛兴：马传染性贫血病免疫的研究。《中国农业科学》，1979 年第 4 期。

预防免疫注射。至此，黑龙江省逐步进入了以“免疫辅以检疫净化”为主的综合性防控措施阶段。

1975 年，按照农业部统一部署，黑龙江省承担了“马传贫”疫苗安全性和免疫效果区域性试验任务。黑龙江省的区域试验共免疫接种马 1515 匹，出现过敏反应和临床高温马 48 匹，死亡 4 匹。宾县注射卡巴金种马 12 匹，有 5 匹出现药物疹，症状均较轻，没有治疗即恢复。分析注苗后部分马匹发生反应的主要原因，一是注苗前为潜伏期病马。二是个别代次的疫苗毒力偏强，不适于疫苗应用。三是注苗后的不良反应与当地“马传贫”疫情情况有密切关系；注苗前未发生疫情的地方，出现反应的少或没有；而疫情较重或正处于暴发状态的地区，注苗后出现的反应和病马就多。工作人员将未注苗的健康马与注苗马同群饲养进行观察，这些马体温、临床均正常，说明疫苗是稳定的，注苗马不影响未注苗马。

此外，还进行了注苗马临床、血液变化，妊娠马以及不同品种、性别和年龄马属动物注苗后表现等试验，均证明了疫苗的安全性。进行的区域试验结果说明，在疫情比较严重的区域使用“马传贫”疫苗可以起到较好的预防效果。在疫情暴发区域注射疫苗，注苗后发病和死亡会持续一段时间后，才逐渐下降。处于暴发前期的区域，注苗当年发病率和死亡率上升，以后逐渐趋于平稳。后续的区域试验观察到，“马传贫”疫苗对清净区、老疫区和散发区都有良好的预防效果。在清净点注射马传贫疫苗，除少数有轻微反应外，绝大部分没有不良反应。区域试验中发现，注苗区域的马群增长率明显上升。基础马群的体质普遍增强，马匹的使役能力得到恢复和提高，普通病也普遍减少。

试验表明，健康畜注射“马传贫”弱毒疫苗后，补反抗体和沉淀抗体已达到很高浓度时，动物并不能耐受强毒的攻击，而在疫苗注射 3 个月，机体内补反抗体和沉淀抗体效价已开始降低，中和抗体开始升高时，机体的抵抗力逐渐增强，对强毒的攻击有较坚强的抵抗力。在区域试验以及防治工作中，也证实了该现象的存在。经对“马传贫”驴白细胞弱毒疫苗免疫效力产生时间进行测定，马注射 3 个月后才能产生免疫力，6

个月可产生坚强保护；驴骡注苗后 2 个月才能产生免疫力，3 个月可产生坚强保护。

免疫剂量选择皮内 0.5mL、皮下 2mL、5mL 注射三种方式进行试验，免疫效果相同。经过对比分析，推广了皮下 2mL 的注射方式，方便操作，节约用量，减少应激。在疫苗区域试验中，由于注苗前马匹个体状态差异，免疫保护期长短不一，一般在 1 年以上，最长可达 2 年。实际工作中，通常定为 1 年。1976 年又在山西省临汾等地区进行一万多匹马，骡，驴免疫注射试验，所得数据与实验室结果基本一致，为疫苗大批推广打下了有力基础。

针对疫苗的特点。结合气候等条件因素，黑龙江省每年在 12 月份至翌年 1 月份，集中开展一次“马传贫”免疫，收到了良好的防控效果。在这个季节注射疫苗，没有吸血昆虫的影响，其他寄生虫病和传染病也处在低发期，有利于疫苗产生作用，而且经 3—6 个月进入虻、蜱季节之前，已经产生了较好的免疫力。

为确保疫苗使用安全，在每一批次疫苗大面积注射前，都要严格进行小区试验，筛选未注射过疫苗的马匹，进行 2 次以上临床综合检查和血清学检查确认健康，注苗后继续观察、测温 45d，证明安全后再大面积应用。首次注苗的马匹，先做好临床和血清学检查，对血检阳性和临床有高温的马匹不予注射。

为将该疫苗推向产业化，1976 年，沈荣显又研究了制造冻干疫苗的方法，并创立了疫苗产业化生产车间。马传染性贫血病弱毒疫苗作为新事物，被推广、被承认仍是一桩艰难的事情。沈荣显做过疫苗的原始研发也做过疫苗的推广应用，每一个环节都很熟悉。黑龙江省自 1977 年开始，正式开展“马传贫”疫苗免疫注射，在 22 个县（市）。免疫注射马 68.5 万匹。1978 年增加到 33 个县（市），免疫注射马 75 万匹。由于当时疫苗生产和质量所限，有些疫点欺上瞒下，不按要求操作，加之免疫注射前没有做到对马匹进行认真的健康检查，反而给病马注入弱毒苗，这不是以毒攻毒，而是毒上加毒！注射后曾一度出现临床高温马和死亡率较高的情况，免疫注射效果受到严重影响。因此，沈荣显决定亲自去检查牧场的注射是否符合标准。这一检查，沈荣显检查出部分牧场违反规定、不给健康马注苗的做法，没有严格按使用疫苗规程注射，在传贫疫区不进行检疫，病、健马一起注射，死了一些马，致使结果混淆不清，给疫苗推广工作造成了极大的困难。沈荣显随即报告了上级，坚决要求大力推广应用“马传贫”弱毒疫苗。农业部畜牧总局在沈阳紧急听取了哈尔滨兽医研究所的工作汇报，分析各省市的注苗情况，及时指示成立以总局及中监所为主的五省调查组，进行全面调查了解，弄清情况。经过半年的工作，弄清了问题，总结了经验，使疫苗得以顺利推广。

马传染性贫血病驴白细胞弱毒疫苗的使用方法。

（1）用法和用量：①每批疫苗在大面积注射前，对第 1 次注射和仅注射过 1 次的地方，要进行小区试验。小区试验选用没注射过疫苗的 6 月龄以上的马驹 10 匹。注射疫苗前健康观察 1 个月，做 2 次血清学检查，每天坚持测温和临床检查。对确认健康者，每匹皮下注射疫苗原液 2 毫升。注射后继续观察 1 个半月，证明安全再大面积应用。对连续 2 年以上注射疫苗的地区，在注射前最好也要做小试验，但确有困难的地方也可以免做小区试验。②第 1 次注射的马匹，在注射前必须做好临床和血清学检查。对血检传贫阳性马不予注射。重复注射的马匹亦要做临床检查。凡临床有高热的马匹都不予注射。③冻结疫苗融化严禁用热水或火烤。融化后的疫苗用磷酸盐缓冲液或灭基本国策生理盐水 10 倍稀释（1 毫升疫苗加 9 毫

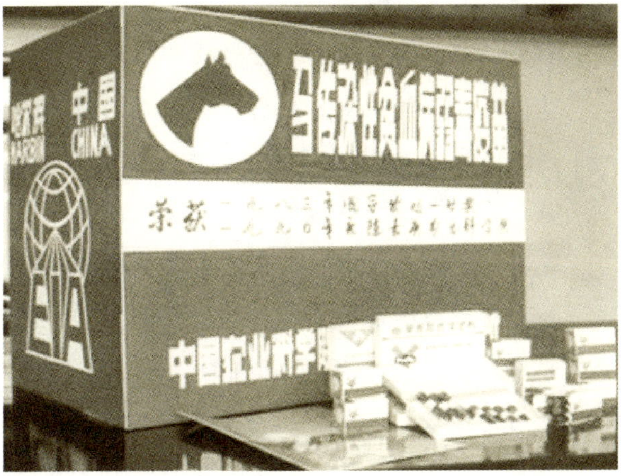

图 8-7　沈荣显研制成功的马传染性贫血病弱毒疫苗（哈兽研提供）

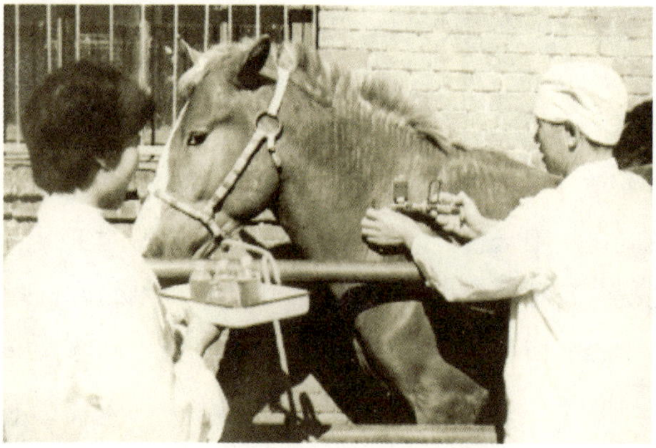

图 8-8 工作人员进行“马传贫”弱毒疫苗的免疫注射（哈兽研提供）

升稀释液）。冻干疫苗按瓶签头份数每头份加磷酸盐缓冲液或生理盐水 2 毫升。④凡马属动物不分品种、年龄、性别一律于颈上 1/3 处皮下注射稀释后的疫苗 2 毫升或原液 0.5 毫升。

（2）免疫期：2 年。

（3）保存期：自制苗日期算起，冻结苗于 −20—−25℃保存，有效期为 1 年，冻干苗，于 −15℃保存，有效期为 2 年。上述期限内保存的疫苗出厂后，在使用过程中，15—20℃保存不超过 2 天，0—4℃保存不超过 7 天。冻结苗运送时，应保持冻结状态，最好放在加冰的广口瓶或液氮罐中，以防失效。疫苗运送到现场后，应立即使用或按上述条件保存。

（4）反应：有极少数牲畜发生过敏反应，症状如头部浮肿、流涎、疝痛、荨麻疹及微热等，一般在 1 日内消失，不需治疗。重症者可用盐酸肾上腺素等药物对症治疗。

（5）注意事项：①每批疫苗在大面积注射前，对第一次注射和仅注过 1 次苗的地方，要进行小区域试验。试验选用没注过苗的 6 月龄以上的马驹 10 匹，注苗前健康观察 1 个月，做 2 次血清检查，每天测温和临床检查，确认健康者，每匹皮下注射本苗 2 毫升。注苗后继续观察 1 个半月，证明安全再大面积应用。②第一次注苗前做血清血检查，对血检阳性马不予注射，凡临床有高热的马不予注苗。③注苗时间应避开蚊虻季节的 11 月到翌年 3 月为宜。④疫苗一经稀释，要当日用完。⑤体质弱和患严重疾病的牲畜不宜注射。⑥注射后，马在 3 个月，驴在 2 个月才产生免疫力，故注苗后不能与病马相混群。⑦注苗时作好记录。填明注苗日期、苗批号、畜别、年龄、编号、检疫及临床检查结果、注后反应等事项。

马传染性贫血病弱毒疫苗研制成功后，沈荣显又就马传染性贫血病弱毒的致弱及免疫机理进行了深入研究，目的是对其他慢病毒疫苗研究提供科学理论与方法借鉴。他主持的大量试验结果证明了弱毒在体内不同于强毒的复制方式，该弱毒在机体内增殖只是一过性的，证实了该弱毒并非带毒免疫的理论。据此，他提出了弱毒诱生保护性免疫的蛋白在机体内长期存在，持续刺激机体免疫系统，使体液及细胞免疫不断积累成熟，完全能抵抗不同强毒株攻击的理论。他用国内（如辽、黑、新疆毒株）及国外（如美国 Wyoming 株、阿根廷、古巴强毒等）异源强毒株进行交叉免疫保护试验，结果都具有良好的保护性，其免疫保护期长达 3 年以上，从而进一步证实了上述理论的可信性。研究结果还显示，免疫马 CD8 细胞和自然杀伤细胞明显增多，并产生大量 γ 干扰素，这些细胞及细胞因子都具有显著的抗病毒作用，使人类对免疫马的同源免疫机理又有了新的认识和发现，为其他慢病毒疫苗的研究提供了战略思路和理论依据，具有重大的参考价值和科学意义。

1979 年，黑龙江省在龙江、甘南两个县进行免疫注射试点。改进了生产技术，总结出“先检后免”的方法在全省推广。1980 年制定了《黑龙江省马传贫防制方案》，要求除 11 个边境县（市）外，全省全面开展免疫注射工作，每年注射率达 80% 以上。但是，由于一些县（市）认识存在偏差，1980 和 1981 两年没能全面开展免疫注射，有的县（市）虽然开展了工作但免疫密度较低。

图 8-9 沈荣显在家中（1980 年。沈杰提供）

从 1978 到 1981 年在全国十四个省、市、自治区大批推广过程中，研究室也经常派科技人员深入全国各注苗地区，调查了解情况，发现问题及时解决。如在江苏、铜山、黑龙江朝阳农场等地，出现注苗马流产死亡现象，沈荣显等人不回避问题，而是迎着问题多次组织调查了解。结合现地情况进行研究室内的检查，终于澄清了问题，是由于制苗操作不当混入马沙门氏流产菌引起的，给以后制苗提供了经验和教训。

1981—1989年，黑龙江省“马传贫”疫苗免疫注射工作全面开展，免疫注射率每年均达到80%以上。1990年，黑龙江省推广东宁、绥芬河“马传贫”疫苗综合防治措施，首先对29个县（市）实行了“停注一年、注射一年”的办法。1991—2000年，各地按照黑龙江省的统一计划安排，全部实行了“停注一年、注射一年”的办法。自1975年至2000年，黑龙江省共免疫注射“马传贫”疫苗近1358万匹次，平均免疫密度达85.7%。

为总结推广以免疫为主的综合防治经验，1984年经农业部批准，哈尔滨兽医研究所开展了以应用弱毒疫苗为主的综合性防制“马传贫”的试验研究。研究以应用“马传贫”弱毒疫苗为主，配合以其他技术与行政措施。结合我国国情，建立起科学、高效、适用和可行的的综合性防治体系，提出了防治效果考核验收办法。1989年，农业部在黑龙江省召开“马传贫”防治现场会，对综合防控措施给予充分肯定，并随后颁发了《马传染性贫血病防制效果考核标准》。

自1976年起，此疫苗广泛应用于中国马传染性贫血病的流行地区，证明不同品种、性别、年龄的马、骡、驴及其幼驹在注射疫苗后均未见到不良影响，到1976年上半年，全国已免疫注射了近二千万匹次马、骡、驴。凡注苗地区，疫情下降、疫点减少，死亡率比注苗前下降的更为惊人，病马几乎不再发生，有效地控制了中国的马传染性贫血病流行，收到了显著的经济效益。如以吉林省为例，1979年前共有46个县市的60%大队、80%生产队和单位发生过马传贫，累计判定病马172000匹，自然死亡和扑杀11万匹，给农牧业生产和集体经济造成严重损失，损失人民币近1亿元。而从1977年开始应用“马传贫”驴白细胞弱毒疫苗后，连续五年在全省范围普遍开展了马、骡、驴大面积免疫注射，注苗后疫情稳定，1980年仅死亡马509匹，相对地保护了百万多匹马。不仅吉林省取得了全省控制“马传贫”的显著效果，再如山西省38个县注苗统计，注苗前三年“马传贫”发病年平均递增82.3%，而注苗后三年发病递减率年平均为41.86%。此外，河南、黑龙江、辽宁等省也都收到明显的效果①。

到2001年，黑龙江省在以“免疫辅以检疫净化”为主的综合性防控措施取得显著效果，连续多年疫情稳定的基础上，自2001年起全面停止“马传贫”疫苗免疫注射，集中精力落实以“检疫净化”为主的综合性防控措施，并继续开展了防治效果的考核验收工作。经逐级自查申报和验收，2008年黑龙江省13个地市全部达到了农业部颁发的“马传贫”消灭标准。

举世瞩目的科学创举

“马传贫”弱毒疫苗的研制成功，不仅在生产实践上控制了“马传贫”的危害，为我国畜牧业和农业发展做出了重大贡献，收到了显著的经济效益，而且在世界上也首次解决了百余年来被称为“老大难”的问题，突破了“马传贫”不能免疫的陈旧观念，给今后慢病毒的研究开创了新路子。这项研究，已经得到了国内外兽医学家的高度重视和很好的评价。美国以及日本等国家的兽医访问团称这项成果“走在了世界的前列”，“这是国际兽医科技领域里的一项重大创举”。所以，“马传贫”研究项目所取得的成果，是我们国家的骄傲，标志着我国兽医科学技术又攀上了一个新的高峰②。

沈荣显成功研制了马传染性贫血病弱毒疫苗，在世界上首次解决了马传染性贫血病的人工免疫问题，是兽医界以至医学界的重大突破，对慢病毒的防治研究具有里程碑意义。这一独创性成果不仅为中国马传染性贫血病的防治作出了突出贡献，也在慢病毒疫苗的研究史上铸就了一座丰碑。迄今为止，马传染性贫血病弱毒疫苗仍然是世界上唯一的预防马传染性贫

① 马传染性贫血病研究工作的几点体会。哈尔滨兽医研究所，1982年8月4日。

② 同①。

血病最有效的疫苗。据国家农业部统计，在1980年至1990年十年间，马传染性贫血病弱毒疫苗的应用，共为国家挽回65亿元的经济损失（农业部1990年统计资料）①。

马传染性贫血病弱毒疫苗的研制成功给沈荣显带来了无数的荣誉，1978年1月1月，被黑龙江省委授予“全省科技战线先进集体”荣誉称号；1979年6月被授予“哈尔滨市劳动模范标兵”荣誉称号；1982年获得国家农委、科委农业技术推广奖；1983年获国家技术发明一等奖；1983年《马传染性贫血病免疫的研究》项目获农牧渔业科技成果技术改进一等奖；1990年获得陈嘉庚农业科学奖；1996年获何梁何利基金科学技术进步奖；2001年《马传染性贫血病驴白细胞弱毒株及其培育方法》获中国专利金奖等等。

1981年，沈荣显作为中国农业科学院哈尔滨兽医研究所的研究员，顺利遴选为硕士生、博士生导师。1982年10月30日,《哈尔滨日报》记者秀然采访了沈荣显，以《老专家的“职业病”》为题进行了报道。②

> 10月30日晚7时许，我到省特等劳动模范、兽医研究所研究员沈荣显家去拜访，正碰到他伏案疾书。于是我们的谈话就从写东西开了头。他谦虚地说：没啥写的，我们搞科研的，有个“职业病”，有空就好好看看书、写点东西。说着，他又把话题转移到体育锻炼上去。他说，过去我不好锻炼，这次患病出院后，对体育发生了兴趣。早晨五点半起床后先跑跑步，晚饭后再散散步，觉得神圣挺舒服。看来搞科研的人多锻炼锻炼是大有好处啊！原来，他前些时候因病住院了，出院时，医生要他再休息一个月的时间，可他第二天就来所里接待外面来的同志，此后差不多天天都到班上看看，接着就正式上了班。
>
> 这些天来，他白天忙工作，业余时间赶写论文，已翻译完一篇美国有关马传染性贫血病免疫的文章，现在他写的是马传染性贫血病疫苗研究报告。这位年已59岁、病后体弱的老专家笑了笑说：越是身

① 沈荣显：马传染性贫血病驴白细胞弱毒疫苗。《农业科技通讯》，1984年第10期。

② 秀然：老专家的“职业病”,《哈尔滨日报》。1982年10月30日。

体不太好，越要多活动，早晚锻炼不能断，科研工作不能丢，写作要坚持，一句话，能动就要工作，工作就要努力做出贡献，不能辜负党的信任和人民的期望。

1983年12月18日，首都北京国际经济交流中心的会议室里，在国家科技发明评选委员会主任武恒的主持下，中国农业科学研究院哈尔滨兽医研究所研究员沈荣显代表他的“研究组”，正在接受最后一次“考试”。沈荣显宣读了“马传染性贫血病弱毒疫苗研究”的论文之后，我国著名科学家钱学森、金善宝、吴良恕等三十多位专家向沈荣显提出了一些问题，并对马传染性贫血病疫苗的应用问题提出了宝贵的意见。在这次评选委员会上，沈荣显顺利地通过答辩，“马传染性贫血病弱毒疫苗研究”荣获了农牧渔业科技成果一等奖。

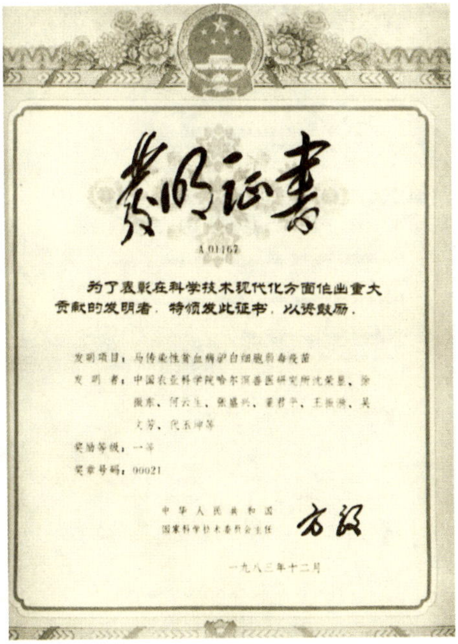

图8-10　沈荣显获国家发明一等奖证书
（1983年。林跃智提供）

沈荣显经过多年潜心研究，确认控制和消灭马传染性贫血病的根本措施是采取疫苗接种。早在六十年代，他在罗马尼亚留学时就设想要找到一种控制疫苗。1967年，回国后，他就和研究组的同志们着手在实验室里，研究这项课题。经过十年的探索和实践，他们又深入农村广泛调查，取得了马传染性贫血病病毒免疫的科学数据。在此基础上又搞了五年的科学攻关，在十三个省、市、区大面积使用后证明，不同品种、年龄的马、骡、驴接种后均未见到不良反应，生长发育正常。不仅对同源强毒有免疫力，而且对异源强毒也有较好的免疫力，免疫持续期长达三年以上。凡试验注射疫苗的地区，疫情下降，疫点减少，死亡率明显下降，收到了很大的经济效益。

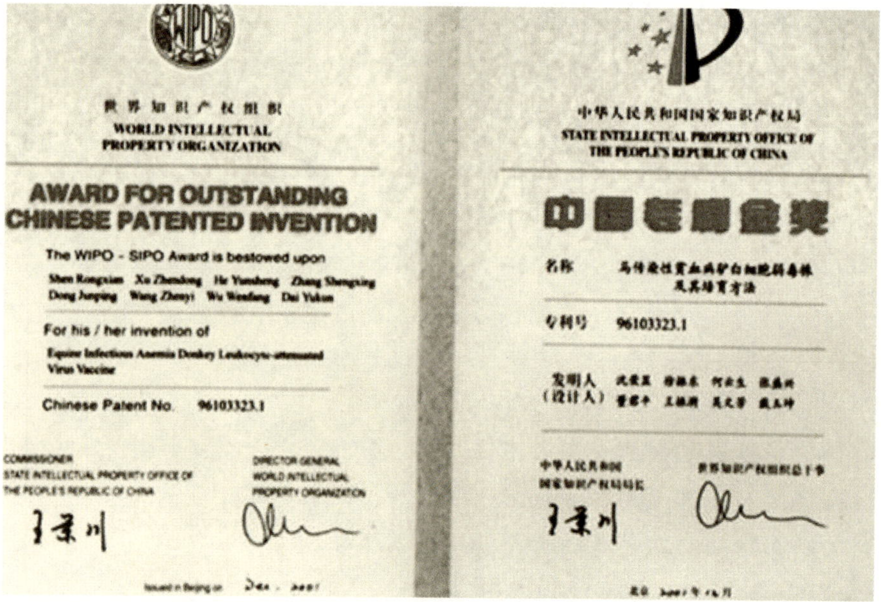

图 8–11 《马传染性贫血病驴白细胞弱毒株及其培育方法》获中国专利金奖（2001 年。沈楠提供）

基于马传染性贫血病弱毒疫苗在我国的成功应用，1983 年 6 月 6 日，国际马传染性贫血病免疫学术讨论会在哈尔滨市召开。这是第一次在中国举行的兽医界国际性学术讨论会。参加会议的有中国、日本、法国、英国等国代表 38 人。沈荣显向来自美国、法国、日本和中国的科学家宣读了他的论文《马传染性贫血病驴白细胞弱毒疫苗的研制与应用》。报告结束时，与会者报以长时间的热烈掌声。与会者对我国研制成功的“马传贫”驴白细胞弱毒疫苗给予了高度评价，他们认为该项成果可能会给世界范围内控制“马传贫”带来福音，因而在世界上一些受“马传贫”危害严重的国家中反应很强烈，一再强调“中国马传贫疫苗将会挽救南、北美成千上万马的生命”。特别是美国对此疫苗很感兴趣。①

这项成果得到了国外有关专家学者的高度重视和很高的评价。1983 年 7 月份，美国兽医协会邀请沈荣显出席了在纽约召开的第 120 届兽医年会。会上，沈荣显发表了题为《关于马传染性贫血病的研究进展》的论文，就

① 孟宪松：国际马传染性贫血病免疫学术讨论会在我国举行。《农业科技通讯》，1983 年第 10 期。

马传染性贫血病及同马传染性贫血病有关预防和根除方面的问题进行了一整天的讨论。沈荣显在会上成为很受尊敬的学者，美国一些有名望的兽医专家认为这一成就是“世界的首创”，“是在人畜慢性病毒免疫理论上的新突破”[①]。美国六家很有影响的报纸、杂志，盛赞马传染性贫血病弱毒疫苗的研制成功是一件很了不起的科学创举，赞扬这个疫苗说“这是传染性贫血病研究中的重大贡献，可以广泛地应用于世界各地”。会后不久，我国驻美国大使馆寄给国家科委并转黑龙江省委一封信，信中说：“美国佛罗里达州一位兽医院医生说：南美阿根廷、巴西养马百万匹，需要这种疫苗。他愿立即免费向沈荣显提供阿根廷和巴西的细菌血清样品，请该所试验该疫苗是否有效。如果疫苗有效，他愿同中国有关单位商谈在阿根廷和巴西生产此疫苗和有关专科条款。”[②]

图 8-12　受邀参加美国兽医协会第 120 届兽医年会期间在牧场（1983 年 7 月。沈杰提供）

1984 年 2 月 9 日，沈荣显参加了在美国华盛顿特区举行“马传贫”研究讨论会，这次会议主要是讨论美国全国性 EIA 防制计划和今后的方针，同时讨论去年夏天在美国兽医学会集会上提出的几项原则，以及继续研究 EIA 的重要意义。在会议期间还讨论了输入中国的 EIA 疫苗的问题。有关的科学家和兽医工作者建议可将中国疫苗引入美国进行慎重试验和评定，并和中国建立学术上的交流。例如，美国科学家在中国研究该疫苗，或由中国承担在“马传贫”研究方面的专门技术，从而指导在美国进行实验。美国赛马协会马研究委员会主席 Colorado 的 Littleton 大动物诊断室主任 Marvin Beeman 博士说：“当然，如果中国愿意出口疫苗的话，这个问题还

① 沈荣显、童光志：介绍美国马传贫研究讨论会。《中国兽医科技》，1985 年。

② 驻美国大使馆寄给国家科委并转黑龙江省委的信，1983 年。资料存于采集工程数据库。

得和他们商讨”。接着他又说：“但是，关于中国的疫苗还有一些尚未解决的问题，就是我觉得我们应该帮助马的主人尽义务亲自试验这种疫苗，这样就可以证明这种疫苗保护美国的“马传贫”效果如何，然后再帮助其他国家解决“马传贫”问题。世界兽医学会主席 Tuan Figueroa 博士说：“目前，一种有意义的国际性合作正体现在 EIA 研究的各个方面，以及预防其灾难性后果上。然而，最令人振奋的还是中国研制出了预防疫苗，给这场扑灭运动增添了经验和力量。我很高兴地看到这些成果，并向在这方面做出如此卓越贡献的中国科学家们表示我们的感谢和祝贺。”①

世界上养马最多的拉美 25 个国家，“马传贫”的危害一般都在 30% 以上，甚至高达 50%。应“马传贫”危害严重的拉美各国在八十年代纷纷要求引用此疫苗防治“马传贫”的邀请。沈荣显受农业部的委托，于 1987、1989 年在对古巴马匹进行了安全与效力试验的基础上，并扩大了田间试验，在古巴“马传贫”流行地区免疫注射 15000 匹马，进一步证明了该苗在美洲马匹上无可争议的显著免疫效果，1991 年我国农业部与古巴等国政府签订协议合作生产马传贫疫苗，开发美洲市场，年创收近百万美元。

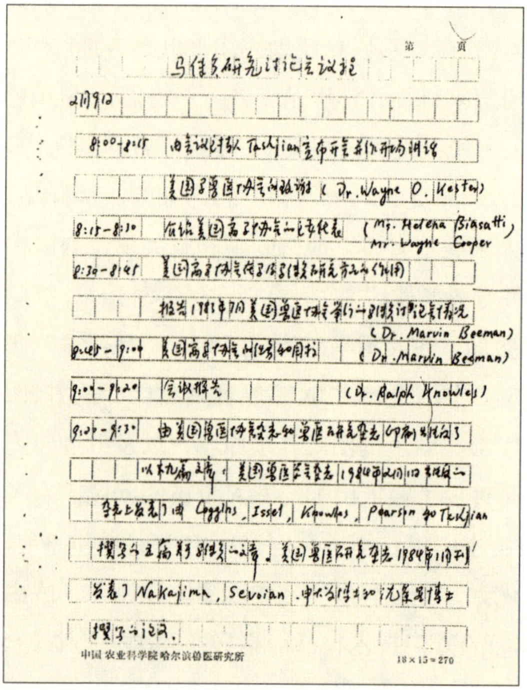
第　页

马传贫研究讨论会议程

2月9日

8:00-8:15 由会议主持人 Tashjian 宣布开会并作开场讨论

美国马兽医协会的致谢（Dr. Wayne O. Kester）

8:15-8:30 介绍美国马主协会的代表（Mrs. Helena Biasatti, Mr. Wayne Cooper）

8:30-8:45 美国马主协会代表介绍马传贫研究方面的作用

报告1983年7月美国兽医协会举行的马传贫讨论会的情况（Dr. Marvin Beeman）

8:45-9:00 美国马主协会的任务和目标（Dr. Marvin Beeman）

9:00-9:20 会议概况（Dr. Ralph Knowles）

9:20-9:30 由美国兽医协会杂志和兽医研究杂志印制的论文

以抗病文献，美国兽医学会杂志1984年2月1日发表的一系列文章由 Coggins, Issel, Knowles, Pearson 和 Tashjian 撰写的五篇马传贫论文。美国兽医研究杂志1984年11月刊发表了 Nakajima, Sevoian，中村治博士和沈荣显博士撰写的论文。

中国农业科学院哈尔滨兽医研究所　18×15=270

图 8-13　沈荣显参加在美国华盛顿特区举行“马传贫”研究讨论会时的记录（1984 年。林跃智提供）

1983 年 12 月 18 日，《人民日报》刊发“我国研制成功马传染性贫血病弱毒疫苗（这项科研成果，不仅在学术上为人畜慢病毒病的免疫

① Helena Biasatti，jw：马传贫研究的回顾（讨论会侧记）。内部资料。

疫苗的研制提出了新的途径，而且产生显著经济效益）”。

记者何黄彪报道：最近荣获农牧渔业科技成果技术改造一等奖的“马传染性贫血病弱毒疫苗研究”，是一项为国家做出了重大贡献的科研成果。

马传染性贫血病（简称马传染性贫血病），是马、骡、驴的一种病毒性传染病。病畜终生带病，传染快，死亡多。马传染性贫血病在世界上传播已130多年，至今还有许多国家流行此病，给这些国家经济造成巨大损失。过去，世界上防止马传染性贫血病主要靠以血清学检疫为主的清群扑杀病马的综合性防治措施，长期实践证明，这种方法达不到控制和消灭此病的目的。为此，世界各国学者认为，控制和消灭人、畜传染病的关键措施之一，在于疫苗的预防接种，但马传染性贫血病属慢病毒传染，有无免疫性，能否研制出有效的疫苗，各国学者均未达到预期效果。中国农科院哈尔滨兽医研究所沈荣显等人，刻苦钻研，收集查阅了大量国内外的资料文献，在实验室内反复试验，又深入农村广泛调查，取得了马传染性贫血病病毒具有良好的免疫原性的科学数据。在此基础上，他们有进行了大量的科学攻关，终于研制成功马传染性贫血病弱毒疫苗。经五年十三个省、市、区大面积使用证明，这种疫苗安全、稳定、免疫性强。具有交互免疫的特性，有效地控制了我国的马传染性贫血病病，促进了农牧业生产的发展。据农业经济专家分析计算，它将给国家创造巨大的经济效益。

这项重大科研成果，已得到国内外专家的高度评价。他们认为：“如此高效的马传染性贫血病弱毒疫苗，确为世界首创，它为人畜慢病毒病的免疫疫苗的研制，提出了新的途径”；这个弱毒疫苗的研制成功，是对马传染性贫血病免疫理论的一个突破，在科学上的意义极为重大。”

马传染性贫血病弱毒疫苗的成功，创造了举世瞩目的科学创举。沈荣显一直十分感谢中国农业科学院哈尔滨兽医研究所原所长陈凌风，在当时

图 8-14 参加全国兽医微生物学研讨会时作报告（1986 年。沈杰提供）

那个所有人都持反对意见的时期，陈凌风始终支持这个研究项目，给了沈荣显非常大的动力。当时其他的队伍都解散了，就沈荣显一支队伍坚持到最后取得了成功，其实当时比他有名望的人非常多，在“马传贫”疫苗研制成功之前，沈荣显只是一个名不见经传的人，是陈凌风给了很大的帮助才能使整个项目坚持下来。同时，还有从中央到地方各级党、政领导的重视，周恩来总理生前亲自过问过“马传贫”项目的研究进展，李先念同志也做过不少指示，使沈荣显等科研人员极大地增强了必胜的信心和决心。

1984 年 4 月，农牧渔业部决定给在教学、科研、技术推广工作中做出突出成绩的十三名知识分子晋升一级工资，以资鼓励，并要求部所属单位大力宣扬，号召广大干部群众向他们学习，为“四化”建设做出更大贡献。这十三人中便有获得 1983 年国家发明一等奖的“马传染性贫血病驴白细胞弱毒疫苗”研制主持人、中国农业科学院哈尔滨兽医研究所研究员沈荣显，这在当时绝对是莫大的荣誉。

1984 年 5 月 29 日，《工人日报》以“居世界领先地位的中国现代科技成果”为题对沈荣显进行了报道。“世界上首先研究成功、能够有效地控制马传染贫血病疫苗的，是中国农业科学院哈尔滨兽医研究所沈荣显等人。他们从 1976 年开始，经过多年的辛勤劳动，方研究成功。”

1989 年，全国马传染性贫血病防治工作会议召开了。国家农牧渔业部郑重宣布：“猖獗流行的马传染性贫血病病被制服了！全国的病马急骤减少，清洁区越扩越大。”实践证明，马传染性贫血病弱毒疫苗对马的保护率达 90%，对驴的保护率达 100%。同年 11 月 21 日，世界文化委员会秘书

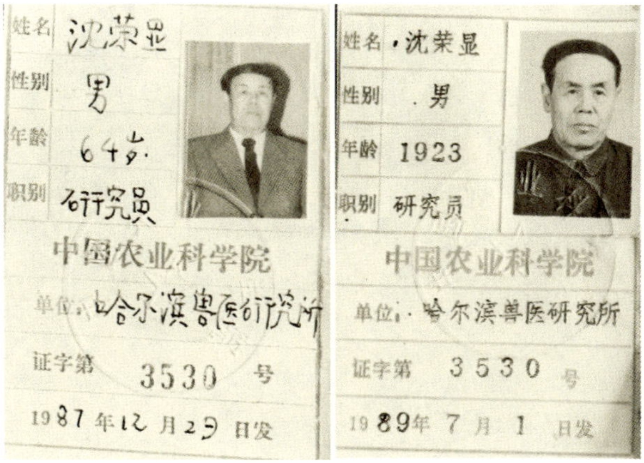

图 8–15　沈荣显工作证（哈兽研提供）

图 8–16　当选为中国工程院院士证书（1995 年。哈兽研提供）

长给沈荣显来信，祝贺他荣获 1989 年“爱因斯坦”世界科学奖状。信中说：“我们非常高兴地授予您奖状，奖励您辉煌的科学生涯及对人类利益所做出的有价值的工作。”①

1990 年 10 月，沈荣显、徐振东等人的研究项目“马传染性贫血病驴白细胞弱毒疫苗”荣获陈嘉庚技术科学奖。时任中共中央政治局常委、书记处书记李瑞环同志出席在福建省厦门市举行的颁奖仪式，并发表了重要讲话。此次与沈荣显一同获奖的还有北京大学的王选、陈堃銶、郑民，他们的获奖项目是“华光型计算机激光汉字编辑排版系统”；中国科学院数学研究所研究员王元和著名数学家华罗庚，项目为“数论在近似分析中的应用”。《人民日报》于 1990 年 11 月 6 日刊发“李瑞环强调全社会要形成良好风气——关心教育重视科学尊重人才——王选沈荣显王元等获陈嘉庚奖”报道。②

1995 年 5 月，沈荣显当选为中国工程院院士。同年，中央组织部、江

① 世界文化委员会秘书长给沈荣显的来信，1989 年 11 月 21 日。资料存于采集工程数据库。
② 王炜中、陈金武：关心教育重视科学尊重人才。《人民日报》。1990 年 11 月 6 日。

西省人民政府组织当选的中国工程院院士到江西井冈山考察疗养，沈荣显带妻子一同前往，这是妻子李雅珩第一次坐飞机，也是沈荣显第一次和她一起出行休假。1996年2月，沈荣显妻子李雅珩去世。

图 8–17　与家人在哈尔滨植物园合影留念（1995 年。沈杰提供）

1999 年 1 月，哈尔滨兽医研究所接到古巴共和国 LABIOFAM 公司总裁的正式邀请，邀请沈荣显等人赴古巴开展合作研究①。1999 年 6 月，沈荣显率团赴古巴共和

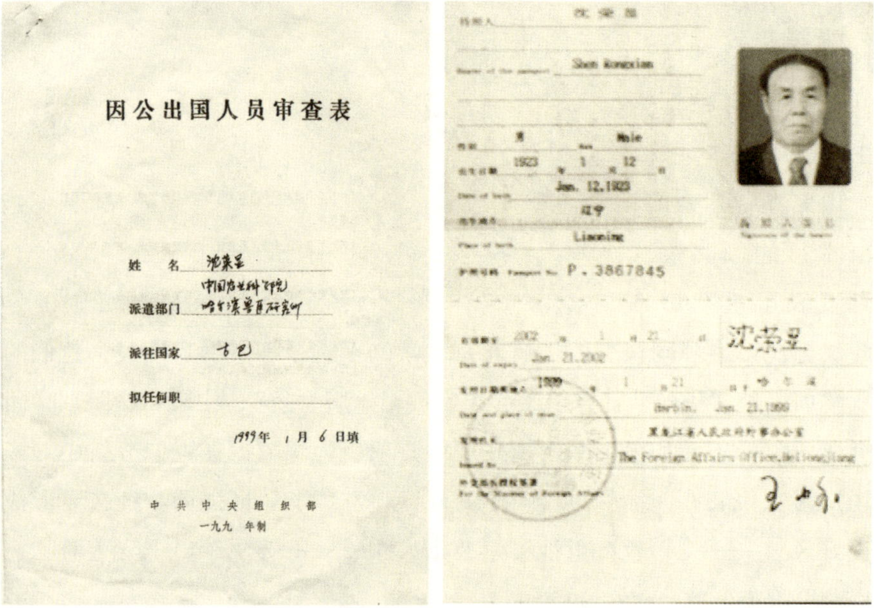

图 8–18　赴古巴护照及因公出国人员审查表（1999 年。林跃智提供）

---

① LABIOFAM 公司总裁给哈尔滨兽医研究所的信，1999 年 1 月 4 日。存于哈尔滨兽医研究所档案馆。

国，在完成中国农业部和原国家科委在古巴的国际合作研究之后，农业部指定中国农业科学院哈尔滨兽医研究所组成兽医专家组，执行在古巴进一步联合生产马传染性贫血病驴白细胞弱毒疫苗的任务。当时古巴共和国农业部指定与中国联合生产的公司是LABIOFAM。此次与他一同前往的还有哈尔滨兽医研究所的宁西德、吕晓玲。

图8-19　沈荣显在古巴（1999年。沈杰提供）

第九章 马传染性贫血病弱毒疫苗的成功给艾滋病带来希望

“马传贫”与艾滋病的病毒结构形态相似

1984 年，法国巴斯德研究所[①]的卢克·蒙坦尼教授在分离出第一例人类艾滋病病毒后，便将它与多种病毒进行了对比，他发现，只有一种当时属性还不明确的马传染性贫血病毒与艾滋病病毒在基因结构、复制方式、传播方式等多方面都惊人地相似。其他国家的研究也发现马传染性贫血病病毒在遗传性、抗原性、细胞嗜性、变异性和传播途径等方面均与人免疫缺陷病毒 1 型相似。不仅如此，两种病毒攻击的目标主要都是动物体内的单核巨噬细胞和淋巴细胞，都能整合于染色体内导致持续感染，都通过基

① 法国巴斯德研究所成立于 1887 年，是一个公益型私人基金会。其职能是致力于对疾病的预防和治疗的科学研究、培训和其它公共卫生行为。它既是生物学基础性研究中心、大学后教学中心（研究与诊断培训），又是专门的生物医学中心、传染病专科住院中心、热带病理学和免疫系统疾病中心。巴斯德研究所包括一个历史展馆、一个科学展馆和一个新建的以图书馆为主体的科学信息中心。

因的高度变异来逃避免疫系统的攻击。更重要的是，它们从感染动物到使其发病，时间过程都很长，因此，研究者为它们确立了一个新的种属，这就是逆转录病毒科慢病毒属。这一发现使科学家们确信，马完全可以作为研究艾滋病病毒分子致病机理的间接动物模型。这使人们对马传染性贫血病病毒研究的意义有了新的评价。

尽管如此，要用病毒基因中的抗原人工诱导出一种能够迅速识别、有效清除慢病毒的机制，是非常困难的。慢病毒疫苗之所以难做，原因就在一个“慢”字上。如果是急性传染病，它对人类造成损伤很快，对免疫系统的刺激也非常大，在多数情况下，免疫系统可以很快地动员起来，把病毒清除掉；可对于慢性传染病，我们的免疫系统识别它比较困难，清除它的手段也不力，从而造成慢性感染，被感染者将终身携带病毒。人类绝大部分疫苗都是针对急性传染病的，慢性传染病的疫苗比较少，特别是针对逆转录病毒科慢病毒属的疫苗，因为这类病毒产生的都是对人类或者动物带来巨大危害的传染病。马传染性贫血病弱毒疫苗的突破，可以让面对各种各样慢性传染病的人类从中得到一些启示，让病毒学和疫苗学不断向前发展。

马传染性贫血病病毒与艾滋病病毒的形态结构相似，使马传染性贫血病病毒研究有了新意义。马传染性贫血病弱毒疫苗有一个很独特的对慢病毒制弱的体系，这个体系是沈荣显费劲心血凝练出来的，是独具创新性的提法和技术体系。在这个创新性技术的体系上，他认为 HIV（艾滋病）病原同样也可能通过类似的方式把它驯化，培育成疫苗株去应用[①]。言论一出，世界的目光再次聚焦到沈荣显身上，十几年来，地球上许多国家和地区都留下了沈荣显科研探索的足迹。

艾滋病，即获得性免疫缺陷综合征，英文名称 Acquired Immune Deficiency Syndrome，AIDS。是人类因为感染人类免疫缺陷病毒（Human Immunodeficiency Virus，HIV）后导致免疫缺陷，并发一系列机会性感染及肿瘤，严重者可导致死亡的综合征。目前，艾滋病已成为严重威胁世界

① 沈荣显：马传染性贫血病弱毒疫苗的致弱与免疫机理的研究。《第六届全国病毒学学术研讨会论文集》，2004 年 11 月。

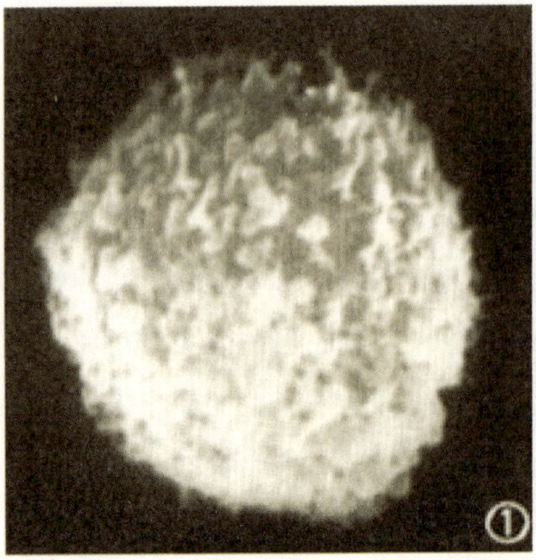

①人类艾滋病病毒

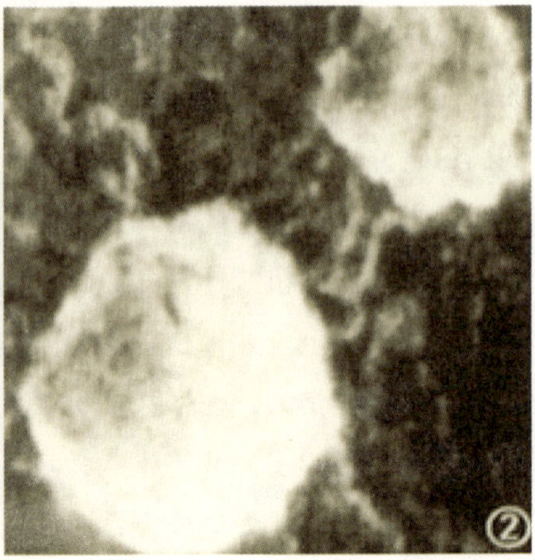

②“马传贫”病毒

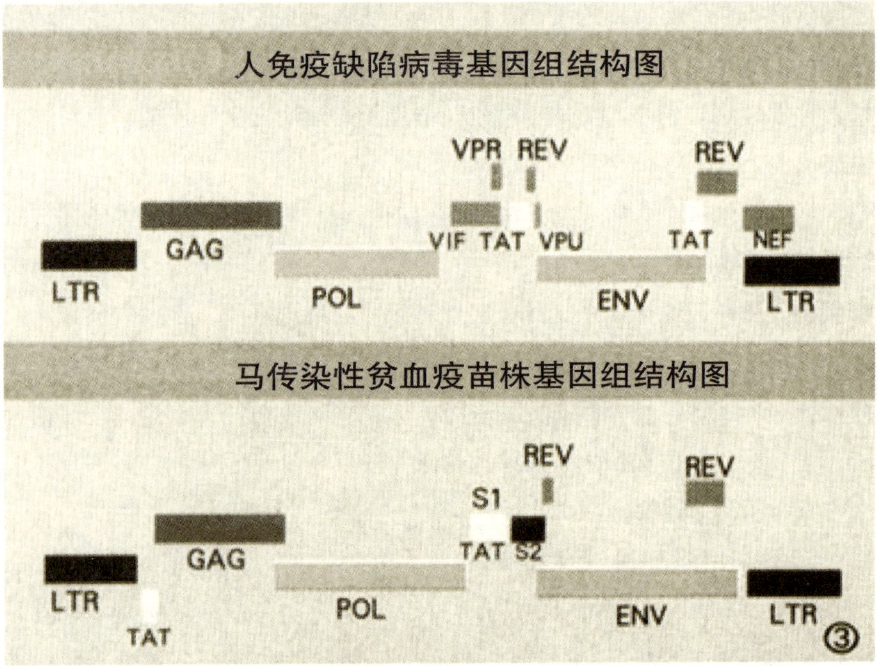

③病毒基因结构比较

图 9-1　“马传贫”病毒与艾滋病病毒基因排列规律性的对比（资料来源：沈荣显剪辑报刊部分）

人民健康的公共卫生问题。1983 年，人类首次发现 HIV。目前，艾滋病已经从一种致死性疾病变为一种可控的慢性病。

图 9-2 沈荣显在实验室进行病毒超生破碎实验（1995 年。资料来源：黑龙江日报）

HIV 属于逆转录病毒科慢病毒属中的人类慢病毒组，分为 1 型和 2 型。目前世界范围内主要流行 HIV-1。HIV-1 为直径约 100—120nm 球形颗粒，由核心和包膜两部分组成。核心包括两条单股 RNA 链、核心结构蛋白和病毒复制所必须的酶类，含有逆转录酶、整合酶和蛋白酶。HIV-1 是一种变异性很强的病毒，不规范的抗病毒治疗是导致病毒耐药的重要原因。HIV-2 主要存在于西非，目前在美国、欧洲、南非、印度等地均有发现。HIV-2 的超微结构及细胞嗜性与 HIV-1 相似，其核苷酸和氨基酸序列与 HIV-1 相比明显不同。

HIV 在外界环境中的生存能力较弱，对物理因素和化学因素的抵抗力较低。对热敏感，56℃处理 30 分钟、100℃ 20 分钟可将 HIV 完全灭活。巴氏消毒及多数化学消毒剂的常用浓度均可灭活 HIV。如 75% 的酒精、0.2% 次氯酸钠、1% 戊二醛、20% 的乙醛及丙酮、乙醚及漂白粉等均可灭活 HIV。但紫外线或 γ 射线不能灭活 HIV。

WHO[①] 报告 2010 年全世界存活 HIV 携带者及艾滋病患者共 3400 万，新感染 270 万，全年死亡 180 万人。每天有超过 7000 人新发感染，全世界各地区均有流行，但 97% 以上在中、低收入国家，尤以非洲为重。专家估

① 世界卫生组织（World Health Organization，简称：WHO）是联合国下属的一个专门机构，只有主权国家才能参加，是国际上最大的政府间卫生组织。它负责对全球卫生事务提供领导，拟定卫生研究议程，制定规范和标准，阐明以证据为基础的政策方案，向各国提供技术支持，以及监测和评估卫生趋势。世界卫生组织的宗旨是使全世界人民获得尽可能高水平的健康。

计，全球流行重灾区可能会从非洲移向亚洲。中国 CDC① 估计，截至 2011 年底，我国存活 HIV 携带者及艾滋病患者约 78 万人，全年新发感染者 4.8 万人，死亡 2.8 万人。疫情已覆盖全国所有省、自治区、直辖市，目前我国面临艾滋病发病和死亡的高峰期，且已由吸毒、暗娼等高危人群开始向一般人群扩散。

1990 年，美国《纽约时报》以大篇幅报道："中国马传染性贫血病弱毒疫苗的研制成功，给艾滋病预防带来希望。25 年前，以后总病毒病严重流行于中国马群，许多马匹发烧虚弱，部分马匹死亡。一些感染马不表现任何症状，但可通过血液交换或性活动传染给其他马。今天，中国应用 70 年代中国哈尔滨兽医研究所沈荣显发明的疫苗已消灭了马传贫。" ②

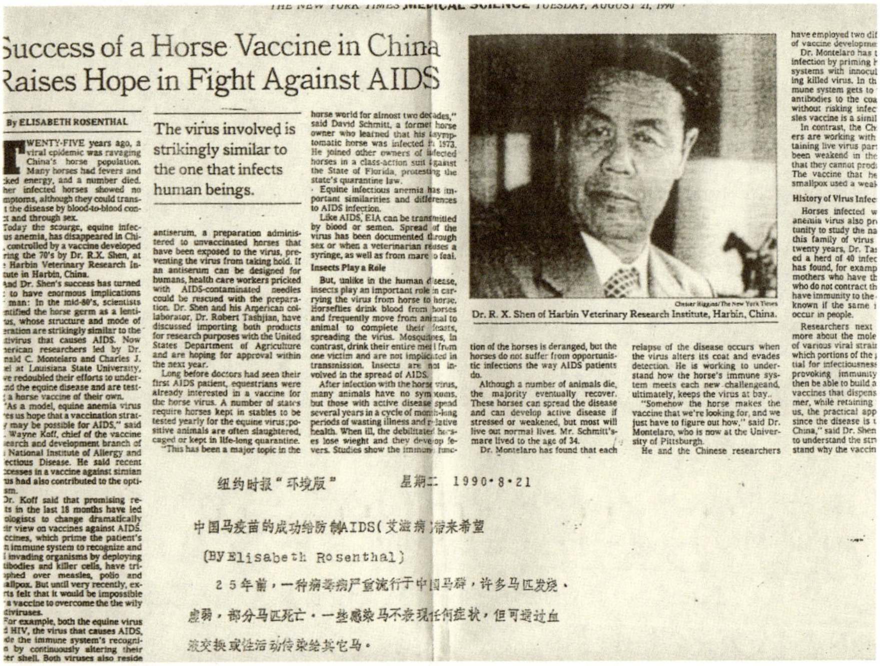
Success of a Horse Vaccine in China Raises Hope in Fight Against AIDS

By ELISABETH ROSENTHAL

The virus involved is strikingly similar to the one that infects human beings.

Dr. R. X. Shen of Harbin Veterinary Research Institute, Harbin, China.

纽约时报"环境版"　星期二 1990·8·21

中国马疫苗的成功给防制AIDS(艾滋病)带来希望

(BY Elisabeth Rosenthal)

25年前，一种病毒病严重流行于中国马群，许多马匹发烧、虚弱，部分马匹死亡。一些感染马不表现任何症状，但可通过血液交换或性活动传染给其它马。

图 9-3　美国《纽约时报》对马传贫疫苗进行了大篇幅报道（林跃智提供）

---

① 中国疾病预防控制中心，是由政府举办的实施国家级疾病预防控制与公共卫生技术管理和服务的公益事业单位。其使命是通过对疾病、残疾和伤害的预防控制，创造健康环境，维护社会稳定，保障国家安全，促进人民健康；其宗旨是以科研为依托、以人才为根本、以疾控为中心。

② 中国马疫苗的成功给防制 AIDS（艾滋病）带来希望。《纽约时报》，1990 年 8 月 21 日。

1993年，世界卫生组织艾滋病项目组在日内瓦召开会议，18位科学家重新审视艾滋病研究历史与策略，明确提出加强艾滋病减毒疫苗的研究和需要解决的技术问题的建议。而这些关键性技术问题，在中国马传染性贫血病减毒疫苗的研究过程中，基本都得到了解决。此后，国内外艾滋病研究机构先后提出与沈荣显院士合作，共同开展马传贫病毒疫苗为基础的新型艾滋病疫苗的发展新阶段。但沈荣显一再声明："马传染性贫血病弱毒疫苗只是给艾滋病的预防带来希望，还有很长的路要走，因此不要过分夸大马传染性贫血病弱毒疫苗的作用。我只希望在有生之年，能为艾滋病疫苗研究开个好头。"

90年代以后，马传染性贫血病弱毒疫苗已经取得了巨大成功，沈荣显进而将所有的注意力都放在了艾滋病疫苗上，最终的希望就是想建立一个艾滋病疫苗研究的模式。但是这个事情不是他自己一个人能够做得了的，他非常想促进这个研究，全力去推动这项研究，各个方面都特别积极地去倡导和推广。沈荣显在这个阶段所做的事情反而和以前在实验室做科研不一样了，总去跑外面的事情，加强沟通联络等工作，希望通过他本人的力量号召更多的人参与研究，努力达成艾滋病疫苗合作研究事业的成功开展。

由于美国国立卫生院官员宣布放弃由病毒蛋白制备的几种基因重组疫苗，转而世界各国的科学家研制艾滋病疫苗的策略已趋于走减毒疫苗的道路，但是，在世界上这种病毒的减毒疫苗技术为中国所独有。因此，国外的一些研究机构便纷纷寻求与哈尔滨兽医研究所合作，以期研制艾滋病疫苗。与此同时，国外一些从事生物制品开发的公司看好了我国的马传染性贫血病弱毒疫苗，欲与中国农业科学院哈尔滨兽医研究所合

图9-4　赴美国考察工作照片（1990年。左一为沈荣显，沈杰提供）

作开发马传染性贫血病弱毒疫苗。此时，淡泊名利的沈荣显表现出了科学家的宽广胸怀，希望这项成果最大限度地造福全世界。

在艾滋病研究领域开展广泛合作

1985 年 9 月 23 日至 27 日，在阿根廷的首都布宜诺斯艾利斯召开了第十届泛美兽医大会，历时五天。参加者有美国、加拿大、古巴、委内瑞拉、巴拉圭及阿根廷等 30 多个国家、约 1000 多名代表。另外，应第十届泛美兽医大会主席 Cacchine 的邀请，美国提供经费，部分特邀代表出席了大会，中国农业科学院哈尔滨兽医研究所沈荣显是特邀代表之一，参加了“马传贫”和艾滋病学术讨论会。大会按动物卫生，马病的临床、病理学、诊断及外科学，兽医公共卫生及食品卫生等七个部分报告和讨论了 408 个专题。①

“马传贫”与艾滋病学术报告讨论会是属于大会第三部分的分组会，其目的是召集世界研究“马传贫”和艾滋病的专家，相互交流经验和实验技术，探讨更有效地征服这两种病的方法和对策。为此，美国新英格兰比较医学研究所所长报告了“马传贫的方针政策回顾与将来目标”，世界兽医学会主席报告了“马传贫的国际影响”，美国国家癌症研究所的学者报告了“马传贫病毒与慢病毒和艾滋病的相关性”，中国农业科学院哈尔滨兽医研究所沈荣显报告了“马传贫驴白细胞弱毒疫苗的研制与应用”，听讲的有 400 多人，反应效果很好。兽医学会主席 Figuero 说：“你的报告大家都有很感兴趣，听的人多，中国科学家在‘马传贫’疫苗研究上给世界兽医界做出了突出贡献。”阿根廷的老科学家说：“你的报告资料充分，说服力强，实用价值很大。”

与会代表对我国研制的“马传贫”驴白细胞弱毒疫苗、该苗在中国使用的效果以及该苗免疫马用美国 wyoming 株马传贫强毒攻击的免疫效果倍

① 与病毒打交道的人——记中国工程院院士沈荣显。中国工程院网站，2006 年 9 月 26 日。

感兴趣，会议前后许多国家代表希望我国特邀代表在会议结束后对“马传贫”流行的地区去考察以及要求引用我国研制的疫苗。呼声较高的有阿根廷、墨西哥、巴拉圭、古巴以及美国等。另外在会议上，美、法学者有关“马传贫”与艾滋病有明显相似性的报告也引起与会代表的重视。普遍认为“马传贫”不仅是一种世界范围的严重疾病，马传贫病毒与艾滋病毒可能起源于共同祖先，有非常密切的同源性，在病毒的生物学、病因学和流行病学方面可能成为艾滋病的研究模型。中国“马传贫”免疫研究的成功为艾滋病的免疫研究提供了开拓性借鉴。

马传染性贫血病疫病的流行得到了非常明显的控制。1992 年，沈荣显被聘请为成都军区医学研究所《猴艾滋病免疫特性的研究》科研课题主持人，聘期五年。国内真正在临床实践上看到了明显的效果，证明了这个疫苗从实验室的水平和从生产应用上都是一个非常好用的产品、一个非常重要的成果。于是在九十年代初，整个研究所、农业部、农科院都希望把“马传贫”的研究做了一个国际的交流。

当时，最早与沈荣显开展合作的是中国疾病预防控制中心的邵一鸣教授（现艾滋病疫苗全国首席专家），他与国外的沟通联系特别广泛。邵一鸣教授到美国做了关于马传染性贫血病方面的学术报告，同时宣传了中国的马传染性贫血病弱毒疫苗。在这之前，中国的马传染性贫血病项目研究是必须要保密的，是国家重要机密，不让发文章，也不让发相关数据，所以国外的很多科研机构和专家对中国的马传染性贫血病弱毒疫苗并不是很了解。美国当时明确地表示，中国研制出的“马传贫”疫苗在全世界仍是第一个。通过邵一鸣教授推介，中国的马传染性贫血病弱毒疫苗被更多人所熟知了。

邵一鸣，山东青岛人，由于父亲一直在医学院微生物教研室工作，邵一鸣自幼对生命奥秘的探索非常神往。1983 年青岛医学院毕业，1988 年在中国预防医科院获博士学位。上世纪 90 年代中期，国家艾滋病防治形势十分严峻，中央政府决定组建国家级专业防治机构。作为筹备小组成员，邵一鸣为卫生部艾滋病预防控制中心的建立付出了大量的心血。作为该中心的副主任，他又受命组建国家艾滋病参比实验室，指导全国该领域技术工作。他充分发挥多学科专家的智慧，结合我国国情规划建立了我国独特的五级艾滋病检测实验室网络和两级质量监督管理体系。历经多年不懈努力，一个多部门系统的 HIV 实验室网络逐渐织就。以国家艾滋病参比实验室为核心，省级和部门中心实验室为支柱，按照国家 HIV 检测工作规范对各级实验室进行统一的审批和奖罚分明的质量考评。正是基于这一奠基性的工作，我国艾滋病诊断的准确性得以保证，实验室得到了健康的发展，由几百个发展到上千个、再到今天的 3800 多个。

邵一鸣教授开创了我国 HIV 分子流行病学研究，查明全国 HIV 流行毒株及其在人群中的分布。他领导卫生部专家组在建立我国五级 HIV 检测实验室中发挥了重要的技术指导作用，保证了我国 HIV 诊断工作规范有序的发展。他牵头测算出 2010 年将 HIV 感染者控制在 150 万内的指标成为国家规划目标。他提出我国不仿效美国将 HIV 抗原纳入血筛的建议，为国家节省了巨额资源。他运用进化理论鉴别 HIV 新近和既往感染，协助国家正确判断了我国艾滋病的疫情。他利用我国天花疫苗构建了原始性艾滋病疫苗，获得国际上罕见的完全保护猕猴不受病毒感染的结果，科学杂志予以专题报道。该疫苗现已获得国家批准，即将开始临床试验。他在国内外刊物发表论文 300 多篇，主持的研究项目多次获得国家奖和部委的科技奖。邵一鸣十分注意团结国内队伍，参与国际竞争。他在卫生部领导支持下组织国内外科学家团队获得了 NIH 的 1500 万美元的第一个国际综合性艾滋病研究项目（CIPRA），为国内艾滋病研究注入 1500 多万美元的资金，建立起与国际接轨的艾滋病研究平台，并以此为平台为国家获得 500 多万美元的非典和禽流感课题经费。

1997 年初，在已经当选为中国工程院院士的沈荣显的促动下，中国农科院哈尔滨兽医研究所与美国、荷兰三国四方达成中国、美国、荷兰科学家《关于中国马传染性贫血病减毒疫苗致弱与保护及免疫机理的国际合作研究协议》。这一举措不仅为艾滋病减毒疫苗提供了动物模型，而且为促进马传染性贫血病减毒疫苗推向世界创造了条件。古巴、巴西、阿根廷、美国、越南等国家和地区的有关机构，纷纷来电来函，要求用中国的疫苗做试验，以便大批购买；与此同时，国外一些从事生物制品开发的公司看好了中国的“马传贫”疫苗，欲与哈尔滨兽医研究所合作开发……如果说，沈荣显院士发明的马传染性贫血病疫苗，对慢病毒病的免疫预防等研究提供了战略性的理论依据，具有极高的学术水平和重大的科学价值，是人类应对慢病毒病的一个丰碑的话，那么这项成果为人类最终攻克艾滋病这一世纪瘟疫提供了重要借鉴，其意义将更加深远。

沈荣显 1997 年 8 月曾写下："我从选择动物病毒专业，将自己与战胜和最终灭绝病魔的事业联系起来了。四十多年靠集体的智慧和千百次实验，先后消灭了我国猖獗流行的牛瘟和控制了马传染性贫血病的流行。现代科学不断开拓人类的视野，由于马传染性贫血病病毒与艾滋病的相似性，所以马传染性贫血病疫苗的研制成功给艾滋病预防带来希望。我愿为人类最终消灭艾滋病而贡献力量。"①

1997 年，沈显荣已是年过七旬的老人了，但他对待工作仍充满热情。只要不出差，每天都要上班工作，坚持去实验室做一些实验。那时候已经有一些学生在实验室里工作，在做马的另一个病毒的研究——马流感的病毒的研究，沈荣显对于不同病毒的操作有严格的控制，主要是操作这一类病毒必须严格区分于另一类病毒。沈荣显对于工作环境的严要求、实验环节的要求、对于学生操作的要求都是非常严格的。在工作中他也经常给学生和科研人员亲身示范，每一个环节都不容忽视和放松，即使是细胞培养这个看似简单的试验过程，在沈荣显那里却占据了试验研究的绝大部分比重。马传染性贫血病弱毒疫苗是通过细胞传代至几百代才获得的，但是这好几百代过程中并不是简单的重复，这其中存在如何挑选最优势的毒株，怎么样挑选最好的科研素材继续传代的问题。所以细胞传代看起来是个非常简单的事情，但是实质上并不简单，沈荣显在细胞培养中体会是非常深刻的，也给科研人员们非常多的言传身教，这个过程使科研人员们获益颇丰。在工作中，沈荣显是一个非常严谨的学者，因为几十年如一日已经养成了这种习惯，是绝对不容易改变的，这是多少年磨练出来的一种科研素养。②

1998 年初，国内外各大媒体包括香港《大公报》、《东方日报》、《文汇报》、《澳门日报》、《中国周报》和境外 10 余家报纸都发布了同一条新闻

① 沈荣显：我愿为人类最终消灭艾滋病而贡献力量。1997 年，未刊稿。存于沈杰家中。

② 马建访谈，2013 年 9 月 30 日，北京。资料存于采集工程数据库。

图 9-5 与家人在一起（1993 年。沈杰提供）

“中国专家从十分相似的马烈性传染病入手，艾滋病疫苗研究面临突破”。一时间，中国农业科学院哈尔滨兽医研究所吸引了世界的目光。聚焦的中心是一位年逾古稀的老人——我国兽医科学界的工程院院士、著名动物病毒及免疫学专家、中国农业科学院哈尔滨兽医研究所研究员沈荣显。当时世界已把防治艾滋病的战略转移到研制该病的疫苗上来，而“马传贫”疫苗恰好是防治慢病毒病最成功的范例。因此，世界各国科学家纷纷要求与哈尔滨兽医研究所合作。鉴于国家卫生部艾滋病预防与控制中心具有多年从事艾滋病的研究经验，中国农业科学院哈尔滨兽医研究所与中国预防医学科学院卫生部艾滋病预防与控制中心于 1998 年 5 月签署了以马传染性贫血病毒疫苗为基础开展艾滋病减毒疫苗的合作研究。

同年，沈荣显院士受国家艾滋病预防与控制中心的邀请，共同进行以马传染性贫血病开展艾滋病和马传染性贫血病病毒疫苗基础的比较性研究。在采用其他几种技术路线研制艾滋病疫苗的工作继续进行的同时，中国的两位重量级科学家——马传染性贫血疫苗的发明人、中国农科院哈尔滨兽医研究所的沈荣显院士和中国疾病预防控制中心性病艾滋病预防控制中心首席专家邵一鸣——开始了以“马传贫”疫苗为模型的艾滋病疫苗的合作研究。以一个动物疫苗为蓝本制做人的疫苗，成功的可能性又有多大呢？邵一鸣认为，用同科、同属的，已经成功的动物慢病毒疫苗作模型，从中挖掘其成功经验、其科学根据、其操作机理，从这个角度说此路可行。虽然看似比较远，像一个迂回，先跑到动物那儿，然后再回到人类来，但是搞清了其中原理的话，可以使我们节省很多时间，使研究方向正确。

1998 年，沈荣显和国家艾滋病预防与控制中心合作，率先成功地完成了马传贫病毒强毒株、马传贫病毒驴强毒株、马传贫驴白细胞弱毒疫苗株和马传贫驴胎皮肤细胞弱毒株疫苗株全基因的克隆和测序，其中驴白细胞弱毒疫苗株及其全基因的克隆和测序获得了国家专利，保护了我国自主知识产权；完成了不同代次病毒基因组序列，追溯到病毒的进化进程，鉴别马传贫病毒致弱传代过程中的关键突变和伴随突变基因；建立了中国马传贫病毒基因库，含有数十个全基因序列和数百个传代基因序列，是世界上最大的马传贫强、弱毒基因库。这些研究结果，成功构建了国际马传贫病毒学的操作平台以及马传贫病原学和免疫学研究的技术平台。

1998 年 11 月，于力①、沈荣显、徐宜为等人对慢病毒疫苗的成就、问题及对策进行了深入研究。认为慢病毒研究的重点领域是病毒及其致病作用的分子生物学、慢病毒疫苗和慢病毒病的治疗。慢病毒疫苗的研究尽管在理论上难度很大，在研究实践中又不断遭受挫折，但大量研究证明，只要采取正确的研究对策，最终定会取得成功。由于慢病毒形成保护性免疫的特殊性，人类面对艾滋病已没有退路，应该正视使用减毒活疫苗这个现实。当然，对于 HIV 这种人类病毒来说，用常规方法培育减毒株作为疫苗，显然是很难被接受的。理想的人艾滋病疫苗，应该是多重基因（包括 nef）缺失的活的 HIV，这样不但可以彻底减毒，也排除了回复突变和返祖

---

① 于力，男，1962 年生于内蒙古，东北农业大学兽医学博士。中国农业科学院哈尔滨兽医所博导，1998 年 7 月至 2005 年 4 月，前往新加坡国立大学 Temasek 生命科学研究所动物保健生物技术实验室任职（Research Officer）；2005 年 5 月在中国农业科学院杰出人才引进项目下应聘回国，组建偶蹄动物病实验室，现任研究员、博士生导师、大动物传染病研究室主任。

的可能性。开发慢病毒基因缺失减毒疫苗的前提是确定与病毒毒力相关的分子决定因素。已发现，dU TPase 与 EIAV 和 FIV 的毒力相关，nef 蛋白与 SIV 和 HIV 的毒力有关。然而，慢病毒的致病作用是复杂的，涉及的分子决定因素往往是多方面的。对 HIV 分子致病机制的研究，将决定人艾滋病疫苗的未来。研究人艾滋病减毒活疫苗的关键是建立合适的动物模型。该动物不但对 HIV 易感，而且能快速导致全面的艾滋病症状，以便对候选疫苗的安全性和有效性进行评价。其他动物慢病毒模型，包括同 HIV 极为相似的 SIV 模型，只能作为参考。①

1999 年初，哈尔滨兽医研究所与中国疾病预防与控制中心加深合作，联合成立了艾滋病参比研究室，在马传染性贫血病毒分子生物学的合作研究方面取得突破性进展。“马传贫”病毒与艾滋病病毒的主要遗传信息的基因结构完全相同，所以，只要找到“马传贫”病毒基因中的有毒部分，就可以确定 HIV 中带毒基因的位置；如果将 HIV 的这部分基因减掉后其毒性也随之消失的话，艾滋病致人死地的谜底就将被揭开。因此，首当其冲的是要找到“马传贫”病毒中这段关键的致病基因。此时，沈荣显保存了 20 年的“马传贫”疫苗几百代传代样本就派上了大用场——各代病毒的毒力是怎样减下来的，免疫原性是怎样提上去的，这些信息对于艾滋病疫苗的研制有着重要的指导作用。在完成了一系列不同层面的基因对比后，研究人员终于找到了那些缺失或突变的基因位点，并以实验证实了“马传贫”疫苗的减毒原理：这些位点中的某些突变，就是使“马传贫”病毒从有毒变无毒，进而激发马体产生免疫保护的关键所在。

1999 年 4 月，邵一鸣、沈荣显、陈刚、于康震②、潘品良、贾斌、冯

---

① 于力、沈荣显、徐宜为：慢病毒疫苗研究的成就、问题及对策。《中国兽医学报》，1998 年 11 月第 18 卷第 16 期。

② 于康震，男，1960 年 5 月生，江苏沛县人，祖籍东阿谷城于氏后裔，研究员、博士生导师。预防兽医学专家。2013 年 7 月任农业部党组成员、副部长。参见:《记国家科技进步一等奖获得者于康震》。农科英才，2012 年。

毅、薛飞[①]、相文华[②]、范秀娟、吕晓玲等人申请“马传染性贫血病毒驴白细胞弱毒疫苗株的全长基因序列”专利成功，专利编号为99105852，该专利全部权利属于卫生部艾滋病预防与控制中心和中国农业科学院哈尔滨兽医研究所。此发明提供了马传染性贫血病毒（EIAV）驴白细胞弱毒疫苗株含有8258个碱基的前病毒DNA全长基因序列及其结构，其所编码的全部蛋白质的基因序列和氨基酸序列和蛋白质的二级结构，以及该疫苗毒株的调控序列和非必需区序列。这些序列和结构的数据可应用于包括艾滋病毒在内的所有慢病毒属病毒的疫苗研制和使用该属病毒作为载体进行的基因治疗，还可应用于对EIAV的血清学及分子生物学诊断方法及其所需试剂的研制。

于康震，担任哈尔滨兽医研究所所长期间，对沈荣显的研究工作给予了大力支持。他1982年1月毕业于南京农业大学兽医学专业，1988年6月毕业于中国农业科学院研究生院预防兽医学专业，获硕士学位。1991年赴美国加利福尼亚大学进行客座研究，1994年回到中国农业科学院哈尔滨兽医研究所。曾任中国农业科学院哈尔滨兽医研究所所长、研究员，农业部畜牧

图9-6　于康震会议发言（2006年。哈兽研提供）

① 薛飞，1963年12月生，博士，研究员，博士生导师。专业为预防兽医学，研究方向为动物传染病及病原分子流行病学。现任中国农业科学院哈尔滨兽医研究所牛呼吸道病研究组负责人。参见：薛飞。哈尔滨兽医研究所。

② 相文华，1953年5月生，研究员，博士生导师。畜禽疫病研究室主任，慢病毒病研究组负责人，哈尔滨兽医研究所学术委员会委员，一直从事传染病与预防兽医学的研究。现主持我国马流感病毒分子进化树的研究、马传贫产业化及其鉴别诊断技术的研究、马传贫病毒分子致弱及免疫机理的研究、猪戊型肝炎病毒的研究。参见：相文华。哈尔滨兽医研究所。

兽医局副局长，全国畜牧总站站长，中国兽医药品监察所所长，农业部兽药评审中心主任等职。现任国家首席兽医师。1994 年以来主要从事禽流感的防控研究工作，开创了我国禽流感系统研究的先河，主持建立和研制了禽流感疫病诊断监测和病毒分型鉴定技术体系以及多种疫苗和基因工程疫苗，为我国 H5N1 高致病性禽流感的防控提供了关键技术措施，并提出了“免疫与扑杀相结合”的我国禽流感防控基本策略。曾获国家科技进步奖一等奖 1 项，省部级一等奖 1 项、二等奖 4 项，国内外发明专利 3 项，发表学术论文 150 多篇、著作 10 余部。曾荣获第七届中国光华工程奖、第四届中国青年科技创新奖、农业部有突出贡献的中青年专家等荣誉称号。

国家艾滋病预防与控制中心和中国农业科学院哈尔滨兽医研究所经过三年多共同研究，顺利完成了马传染性贫血病强弱毒全基因序列测序；构建成功了马传染性贫血病驴胎皮肤弱毒疫苗的感染性分子克隆；不同代次毒株的序列测定和遗传变异分析；进行了疫苗免疫动物机体内病毒复制及相关细胞免疫与体液免疫研究。申请国内国际专利三项。发明中分子生物学研究基本上阐明了马传染性贫血病弱毒疫苗致弱与免疫保护机理。在此基础上，又以马传染性贫血病弱毒疫苗为基础开展新型艾滋病疫苗的研究。至此，中国艾滋病基因疫苗的基本研制框架也随之显现了出来。同时，又以“马传贫”疫苗为基础开展新型艾滋病疫苗的研究，并于 2001 年被国家科技部批准立项—973 前期项目。

沈荣显及其科学家们在 HIV 的基因组中引入了“马传贫”疫苗株的这种突变，HIV 的结构也出现了类似“马传贫”疫苗株的那种变化；按照这种方法改造的艾滋病抗原，其免疫原性也比原来大大提高了。据此，科学家认定，把这种“马传贫”疫苗的经验移植到艾滋病疫苗的设计上是可行的。由于艾滋病在流行的过程中会产生变异，为了使疫苗的安全系数更高，科学家计划，下一步先用这种方法去制作猴子的艾滋病疫苗，如果实验成功，就可以用去制作人的艾滋病疫苗了。与此同时，沈荣显受美国 AIDS 国际培训和研究项目中心邀请赴美共同开发艾滋病疫苗的合作研究，

图 9-7　上世纪 90 年代在美国照片（左起依次为申大为、马思奇、沈荣显，沈杰提供）

与其一同前往的还有时任哈尔滨兽医研究所所长马思奇①。

马思奇，中国动物病毒与免疫学家。他多年来一直从事兽医传染病预防学的研究工作，与沈荣显有密切合作。在猪丹毒 GC42 弱毒菌培育（主要执行人）及马传染性贫血病科应诊断方法（后期主持人）2 项研究方面的成果，获 1978 年全国科学大会奖。他主持的项目“直接免疫荧光法检查扁桃体诊断猪传染性胃肠炎的研究”获 1982 年农牧渔业部技术改进二等奖，“猪传染性胃肠炎弱毒疫苗的研究”先后获农业部 1986 年科技进步二等奖和 1988 年国家科技进步三等奖，“猪流行性腹泻灭活疫苗”获 1993 年中国农业科学院科技进步二等奖，“猪传染性胃肠炎及猪流行性腹泻二联灭活苗”2000 年 5 月获中国农业科学院科技成果一等奖、2003 年获黑龙江

① 马思奇，1930 年 1 月生，吉林省大安人，中共党员。1959 年毕业于前苏联莫斯科兽医学院。曾任中国农业科学院哈尔滨兽医研究所所长，中国农业科学院学术委员会常务委员及学位评定委员会委员农业部科技委员会委员及全国兽医专家顾问组成员. 中国微生物学会理事，黑龙江省微生物学会副理事长。参见：《中国农业科学院哈尔滨兽医研究所所志（1999-2008）》。哈尔滨：中国农业科学院哈尔滨兽医研究所所志编辑委员会，2010 年。

省科学进步一等奖、2004 年获国家科学进步二等奖。他曾参加了《兽医生物制品学》、《动物检疫))、《二十一世纪中国农业科技展望》的编写,《中国农业百科全书》兽医卷副主编及兽医微生物分支主编，并撰写了有关条目是《畜禽病毒图谱》一书的主要审校者之一并发表试验报告 40 多篇（为多篇主要报告的第一作者），撰写了“猪传染性胃肠炎”、“兽医疫苗研制和发展趋势”等专题文章。1991 年经国务院批准享受政府特殊津贴。2005 年，马思奇研究员出席国家科学技术奖励大会受到胡锦涛等国家领导人的接见。①

1999 年 1 月，中国农科院哈尔滨兽医研究所与美国国立卫生院联合研究艾滋病疫苗工作正式启动。沈荣显院士根据各国研究进展，提出了以马传染性贫血病疫苗研究路线为模式的以“人 – 猴艾滋病毒嵌合克隆”为基础的新型艾滋病疫苗发展策略。用构建含有 HIV 和 SIV 基因的嵌合体病毒（SHIV）通过猴体使其毒力增强，以培养成 SHIV 强毒株，然后再通过猴外周血白细胞或成纤维细胞使其致弱。这标志着运用“马传染性贫血病”病毒技术来攻克艾滋病的研究工作又进入了一个新阶段。沈荣显院士说:“我国的艾滋病研究从八五期间才开始，起步比较晚，但我们拥有独特的技术，有猕猴等可供艾滋病研究的动物资源，这是我们优势。虽然攻克艾滋病是一项漫长的研究工作，但我认为希望之光迟早会出现。”

图 9–8　沈荣显在实验室进行疫苗冻干实验（2002 年。林跃智提供）

猴免疫缺陷病毒（SIV）为非人类灵长类慢性病毒，同 HIV 关系最近。欧洲共同

① 中国动物病毒与免疫学家—原哈尔滨兽医研究所所长马思奇。《畜牧兽医科技信息》，2008 年第 1 期。

体 AIDS 会议认为 SIV 与 HIV 两种病毒的特性（结构、细胞嗜性、受体、持续感染、免疫缺陷等）完全一致，关于 pol 基因产物氨基酸序列，SIV 与 HIV−2 有 85% 的同源性。早在 90 年代，国外学者相机构建了一系列含有 SIV 和 HIV−1 基因的嵌合病毒（SHIV）。SHIV 是在 SIV 基因组框架基础上，利用基因重组技术以 HIV 部分基因片段取代 SIV 相应基因而构建的一种重组病毒。SHIV 基本上保持了 SIV 生物学特性，但同时又携带有 HIV−1 部分抗原。因此它为研究以 HIV−1 抗原为基础的免疫治疗等提供了一个理想的模型。SHIV 对猴感染所出现的临床症状一般与 HIV−1 对人的临床经过或激发感染等都基本相同。由于 HIV 与 SHIV 在几乎所有特性上的一致性和 HIV 与 EIAV 在诸多方面的相关性，沈荣显等人拟将 SHIV 通过恒河猴培育的强毒株为种毒，以恒河猴为试验动物并借助培育马传贫减毒疫苗的途径及技术方法，进行人工定向培育 AIDS 减毒疫苗的研究。①

沈荣显等人经过 SHIV 强毒对猴外周血白细胞的感染与继代试验，证明病毒在培养的白细胞上的增殖；经过 SHIV 在猴成纤维细胞培养与继代，证明该病毒能感染胎猴成纤维细胞，则继续通过细胞继代；通过 SHIV 继代毒对猴的安全稳定性和免疫试验，观察其临床反应和血清学变化，及其免疫持续期。通过大量试验证明，培育 SHIV 的减弱毒株对猴经过安全，带毒和返祖试验。他认为，确证其安全稳定性且有坚强的免疫原性，结构蛋白和核酸序列分析与强毒不同的基础上，可实行对人进行安全试验。并表示，为了验证减毒疫苗对人的安全性，可在少数 HIV 感染的高危人群中的志愿者进行评估。经过长期观察和各种监测指标证明安全后，试验人数方可逐渐增多，将疫苗用于广大受威胁人群之前必须积累 2 年以上的安全数据。为了检查其免疫效果，可用淋巴细胞转化试验，中和抗体和 Western blot 检测 gp120，gp41，p24 和 CD4、CD8、CTL 的变化规律确定对人群的保护能力，最后疫苗的研制成功一定做更多人群的谨慎细致的长期观察后在推广应用。

2002 年 8 月，《三联生活周刊》专访中国疾病预防控制中心性病艾滋病

① 沈荣显：艾滋病减毒疫苗的研究。2001 年 12 月 20 日，未刊稿。

图 9-9 周建华（资料来源：中国农业科学院哈尔滨兽医研究所）

预防控制中心病毒免疫室主任邵一鸣博士，回答了关于在研制艾滋病疫苗的思路、方法上中国和国外相比有没有差别的问题。邵一鸣说："明年初进行的试验将是 1993 年以后中国第二次人体疫苗试验。此次试验将把一种核酸疫苗和一种活载体疫苗联合使用，这是基于艾滋病病毒本身的特点，单一药物与疫苗都是不够的。核酸疫苗是和德国科学家合作研制的，知识产权属于两国，由一家英国公司生产。活载体疫苗由北京生物制剂研究所生产。将来我们还将开发蛋白疫苗。我们还有一个二线疫苗处于基础研究阶段，它代表了一种新的思路。中国曾经研制成功世界上第一支慢病毒疫苗——马传染性贫血疫苗，艾滋病也属于慢病毒，这个思路就是以马传染性贫血疫苗为参照，在它的原理上研制艾滋病疫苗。国际上对这种思路很重视，不少国家请求将该研究放到他们那里去做。这项研究受到国家'攀登'计划和'973'前期项目的支持，我们和该疫苗的发明人农科院哈尔滨兽医研究所的沈荣显院士合作，目前已经完成了全基因组克隆分析，并已申报专利，在研究上将具有优先权。"①

2005 年，在国际、国内，尤其是中国农业科学院哈尔滨兽医研究所的大力支持下，沈荣显及其团队组建成立了慢病毒病课题研究组，进行艾滋病病毒疫苗的专门研究，并钦点留美多年学成归来的博士后周建华②

---

① 鲁伊、邱海旭、吴晓东：AIDS 人体试验场。《三联生活周刊》，2002 年 8 月 2 日。

② 周建华，研究员，博士研究生导师，中国农业科学院一级岗位带头人，慢病毒病研究组负责人。1974 年解放军兽医大学毕业，1984 年中国首都医科大学（现协和医大）病毒学专业硕士研究生毕业，1992 年在日本筑波大学获应用生物化学专业博士学位。1997 年至 2002 年在美国 Illinois 大学免疫生理研究室从事博士后研究。其后至 2005 年在 Illinois 大学生化系任研究员。2005 年 7 月到哈尔滨兽医研究所工作。

作为课题组组长。当时科学界普遍认为这是一个高度创新的课题，马传染性贫血病病毒与艾滋病病毒就一个基因点不同，剩下的都相同，分急性、慢性等，很有可能成为人类艾滋病疫苗研究成功的突破点。沈荣显非常信任周建华，起初接手课题组时，就把该课题研究的核心——病毒毒种交给了他，而沈荣显提出的“用马传贫病毒弱毒疫苗保护机理来指导艾滋病疫苗设计”的路线被目前国际上进行艾滋病疫苗研究的主流科学家们所证实并应用。

第十章 夕阳灿烂

老骥伏枥，壮心不已

图 10-1　在哈尔滨植物园（1995 年。沈杰提供）

1997 年，沈荣显主持研发的“马传贫”疫苗已经在全国推广应用，在世界很多国家也做了非常多的实验，并证明是安全有效的。当时，沈荣显已经是 70 多岁的老人了，但是他只要不出差，每天都坚持去单位上班，每天都要坚持去实验室做一些实验。那时他自己也说，虽然古有曹孟德所说老骥伏枥，志在千里，不过无论精神体力终究是力不从心了。但还总是想做点于国于民有益的事情，而不愿陷入“饱食终日，无所用心”的状态，尽管这事不可能是什么大事了。至今，学生们还清楚地记得那个忘记了年龄岁月，不服老、不服输的沈荣显老师每天去实验室巡视冰箱、卫生，检查大家实际操作的情形，他戴着眼镜，一丝不苟地看着学生们操作实验的每一个步骤，并不时地给予耐心的指导，学生们每每看到他来到实验室，顿时就有了主心骨，实验中积攒的问题马上向沈老师请教，因为沈老师的悉心教导，学生们总是受益匪浅。

沈荣显从来没觉得自己老，他即使是生病了，也总说自己的思维一点都没乱，还坚持上班、实验、带学生，家里人也都鼓励他，从来没有阻止过他去工作。因为大家知道，做了一辈子的科学研究，工作对他来说就是精神支柱，如果这根柱子倒了，他也就垮了，所以他从来没有想过什么时候开始休息养老，家人也都是全身心地支持他工作。但是他的思维能力和记忆力要远远超过一般人，即使事情很繁杂，他也能把这些事情理顺得很好，他的思维很敏捷，包括每天发生的事情，都能记得清清楚楚，可能成功的人，都有一些共性在里面，几十年来坚持不懈的思考，锻炼了大脑的思维能力，使的他的大脑比同龄人要更加充满活力，思维和记忆力也得到了长足的锻炼。①

沈荣显的工作、生活，以及他的东西和工作中整理的资料，都是有条不紊，非常有秩序的。他有剪报纸和剪杂志的习惯，看到自己喜欢的文章就情不自禁地剪下来，很工整地粘贴到一个本子上，有的还做了注解，也有自己抄写的部分，至少有四五本。剪辑的内容多是关于慢病毒的研究、关于“马传贫”研究的报道，以及关于艾滋病的介绍，还有对自己的采访报道和一些文学性的文章，总计要有 200 多条。很多剪辑的报纸和杂志，都是他生病以后收集的，他一直坚持这样的习惯，虽然有些都很旧了，甚至破碎了，但他还是弄得清清楚楚、有板有样。

1984 年 1 月 2 日,《黑龙江日报》记者赵洁对沈荣显进行专访时，沈

① 林跃智访谈，2013 年 7 月 15 日，北京。资料存于采集工程数据库。

荣显满怀信心地说："这种弱毒疫苗的研究，从生物学的研究方面看，才仅仅迈出了第一步。得到科学发明一等奖是我们研究组和全研究所的光荣，它记录了过去，鼓励和鞭策着我们，戒骄戒躁，继续前进。""在新的一年里，我们准备进一步加强对"马传贫"免疫基础理论——免疫分子生物学的研究，以使防治人畜慢性病毒病的有效疫苗更加完善和稳定。现在我们已着手对美国送来的强毒，进行交互免疫检测。如果成功，将对世界各地做出支援和贡献，使我国的疫苗走向世界，为祖国争光，这项工作是光荣而艰巨的，对我们的要求也是很高的，我们将不遗余力地去奋斗、苦干。"最后，他向记者表示："我虽年近花甲，两鬓花白，但身体尚健，我要加紧工作，并带好手下的研究生，一定要把这项造福于人类的事业进行下去。"①

沈荣显这样总结自己的一生：第一，热爱文化灿烂、历史悠久的祖国，热爱自己的研究工作，最大愿望是做一个对国家、对人民有用的人，求学的目的是"学以致用"；第二，在政治上十分幼稚，从小深受五四运动提出来的"德先生、赛先生"救国口号的影响，希望说的话能代表自己真正的认识和思想，做起事来，只顾埋首拉车，拙于人事交往，缺少斗争性。根据这两点，就可以理解沈荣显一生的所作所为了。

科学家沈荣显这种献身事业、永远进取的精神，深深地感染了我们，不禁想起了林默涵六十九抒怀中的佳句："莫当春归花事尽，夕阳红叶耀高秋"。在科技界工作生活了几十年，沈荣显对于科技领域的情况和问题有很深的感触和看法。抚今追昔，看到国家今天的科技发展突飞猛进，远远超过他年轻时代所想象的，他更加深信中国踏入科技强国的行列，是指日可待的事。他也常常这样鼓励自己的学生们，要认真学习，勇于创新。科研之路无止境，永远不要停下学习和创新的脚步，要全身心地投入到工作中。"春蚕到死丝方尽，蜡炬成灰泪始干"，他用自己的实际行动行为示范地在教育着自己的学生。亘古以来，人类就不断地进行着创新的活动，推动着科技的发展，改进了人类的生产与生活。到了现代，发展的速度愈来

① 赵洁：夕阳红叶耀高秋。《黑龙江日报》，1984年1月2日。

愈快，影响愈来愈大，科技已成为度量一个国家、民族进步的主要标志，动态的科技的前沿正在激烈竞争中飞快地扩展。诚然，重大科技创新主要是具有特定条件的个人在适当的客观环境下的产物，但群体的分工合作、相互配合也是十分重要。处在当前知识爆炸的时代，个人的才智、精力，终究是有限的，在国家目标的召唤下，在经济发展的要求下，集中一批有专门技能的科技工作者，为一个共同的目标努力，集思广益，发扬团队精神，就能更有效地进行创新的活动。

沈荣显 70 岁之后，还有很多国际知名机构和国内科研院所寻求与之开展合作研究。1993 年 12 月 3 日，日本东京大学速水正宪给沈荣显写信①，希望与之合作。信的内容为："沈博士：我对您研究成功的'马传贫'减毒株非常感兴趣。我们之间有许多要进行合作的内容，特别是在'马传贫'减毒株的研究上。我完全赞同您提出的要对'马传贫'减毒株基因进行测序，并同意与您合作。这项工作应尽早开始为好。如果，能把'马传贫'减毒株带到日本，可以让留学的中国人开展此项目。我想知道我们如何开展此研究。我将要去德国开会，并在 12 月初返回。"

1996 年 9 月 23 日，美国 Pittshurgh 大学罗纳德·C. 蒙特拉罗博士、教授给沈荣显写信，说道："我非常愿意与您的实验室建立合作研究。正如您所知道的那样，我们在将'马传贫'病毒作为研究 HIV 持续感染和致病性的模型以及开发包括 HIV 在内的慢病毒疫苗方面有着广泛的兴趣。在这方面我们非常愿意确定出决定病毒致病性和抗原性的基因因素。你的'马传贫'病毒株非常适合进行这类研究。我们最近开始对不同的'马传贫'病毒株进行了详细的序列分析，因此这些技术对鉴定你的'马传贫'病毒株是在在恰当不过了。你在开展合作研究方面，还有什么特别的建议？我想知道你对什么样的试验感兴趣。在开展与研究你的合作研究方面，我再次表明一下我是真诚的。我期待着尽快得到你的回信。"②1999 年 1 月，中国农科院哈尔滨兽医研究所与美国国立卫生院联合研究艾滋病疫苗工作正式

① 日本东京大学速水正宪给沈荣显的信，1993 年 12 月 3 日。资料存于采集工程数据库。

② 美国 Pittshurgh 大学罗纳德·C. 蒙特拉罗博士、教授给沈荣显的信，1996 年 9 月 23 日。资料存于采集工程数据库。

启动。

1997 年以来，沈荣显和科研团队相继开展了马传染性贫血病毒感染马免疫控制机制、慢病毒疫苗问题及对策、猪肺炎支原体问题、用绵羊进行性肺炎病毒实验感染山羊、山羊关节炎－脑炎核酸疫苗、防治“禽流感”兽药选择探讨等方面的研究，并取得了积极进展。

在慢病毒疫苗研究方面，沈荣显和科研团队们经研究，认为主要障碍与病毒本身及其一些感染特性有关。首先，慢病毒具有高度变异性。众所周知，RNA 病因其 RNA 聚合酶缺乏编辑和修复功能，而使病毒基因组在复制过程中产生很高的错配率，从而导致突变；反转录酶的错配率大约是 RNA 聚合酶的 10—100 倍，因而反转录病毒比其他 RNA 病毒具有更高的突变率。在反转录病毒中，慢病毒呈细胞裂解性感染，出现大量的复制周期，展示高度的变异。目前发现慢病毒是变异速度最快的病毒之一，其囊膜蛋白的主要中和表位最容易发生变异，CTL 表位也常发生变异；即使在一个感染个体内，慢病毒的中和表位也经常发生变异，使相应中和抗体的形成总是落后于病毒变异株的产生。中和抗体是最有效最快捷的保护性免疫要素，而慢病毒主要中和表位的高度变异性，恰是慢病毒疫苗研究的主要困难所在。其次，慢病毒的传播模式也是保护性免疫难以形成的重要因素。在自然条件下，慢病毒以游离病毒和细胞结合病毒 2 种形式存在。在多数情况下，以细胞结合病毒的形式传播，中和抗体难以有效地发挥作用。在体内，慢病毒通过细胞融合作用在巨噬细胞之间播散，即“特洛伊木马”机制。这样，宿主一旦感染病毒，不但中和抗体失去效力，CTL 和 ADCC 介导的杀细胞机制也难以有效地发挥作用。第三，慢病毒的囊膜蛋白呈高度糖基化，诱导中和抗体的能力较弱，感染动物产生中和抗体的时间很晚而且亲和力低。典型的例子是 CAEV，在感染山羊后不能诱导中和抗体。MVV 感染绵羊虽然能产生中和抗体，但因亲和力低，抗体与病毒结合的速度比病毒与靶细胞结合的速度慢，中和抗体在体外不能阻止病毒的感染。在 EIAV 和 HIV 也表明，中和抗体在体外不能完全中和病毒的感染性。第四，慢病毒感染的共同靶细胞是单核巨噬细胞，其表面存在 Fc 受体和补体受体，因此提出了抗体加强感染的问题。体外研究表明，针对

MVV、CAEV 和 HIV 的抗体，的确能通过 Fc 受体和补体受体加强病毒的感染作用。体内研究表明，MVV 和 CAEV 灭活疫苗不但不能预防感染，而且加重炎症疾病的发生；SIV 和 EIAV 亚单位疫苗接种的动物，也偶尔发生感染加强作用。第五，有些慢病毒能诱导自身免疫病和免疫抑制。因此，作为亚单位疫苗的免疫原，不但应保留激发保护性免疫应答的部分，还应除去诱导自身免疫和免疫抑制的部分。

总之，慢病毒在巨噬细胞中发生整合和持续性感染的特性，要求慢病毒疫苗能激发强有力免疫应答，以产生完全的保护性免疫；另一方面，慢病毒的高度变异性、在细胞之间传播的特性，使中和抗体丧失了威力，其他保护性免疫要素的功能也大大削弱。这种矛盾决定了慢病毒疫苗的研究历程将是十分艰难和曲折的。对于艾滋病来说，疫苗的研究将是跨世纪的挑战。由于慢病毒的高度变异性和中和抗体的“无效”性，即使是减毒活疫苗，诱导保护性免疫也是一个漫长的过程。以蛋白为基础的疫苗，免疫应答的强度和持久性是无法与病毒活疫苗相比拟的。因此，它们对于慢病毒感染的保护效果是不难想象的。据此认为，慢病毒免疫预防的有效途径，应是研制减毒活疫苗。

在猪肺炎支原体的研究方面，他们认为猪支原体肺炎严重地影响着我国养猪业的发展，尽管在长期的治疗猪支原体肺炎实践中，找到了多种高效抗菌药物，但疫苗的免疫接种还是预防动物支原体病的有效方法。现有的疫苗虽然对 MHP 有一定的效果，但还不能对猪产生完全的保护，所以我们要在未来研究更有效的疫苗提高对患有支原体肺炎猪的保护率。可以从猪肺炎支原体的病原入手，从经常发现呼吸道疾病的猪场分离鉴定出毒力较强的毒株，选择主要的抗原基因进行克隆表达，经鉴定后进行免疫保护试验，最终研究出亚单位苗来防制猪支原体肺炎。①

用绵羊进行性肺炎病毒实验感染山羊的研究表明，绵羊进行性肺炎病毒（OPPV）可以感染山羊，并对山羊具有较强的致病性。国内虽用 OPPV 对绵羊进行了感染试验，但经多年观察后，均未发现任何临床症状。

① 于敏、王文军、李景鹏、杨建德、相文华、沈荣显：猪肺炎支原体的研究近况。《畜牧兽医科技信息》，2003 年 08 期。

相反，本实验用OPPV接种山羊后，有1只山羊出现了明显的临床症状，病理剖检和组织学检查发现了较为严重的病变。由此可见，山羊对OPPV是比较敏感的，用山羊来培育OPPV强毒是可能的，并且这是将来研制OPPV减毒疫苗最为关键的一步。目前对OPP还缺乏有效的疫苗，而试用灭活苗的尝试也未获成功。鉴于当前OPP在世界范围内的广泛流行，仅靠综合防制措施来控制OPP是很困难的，因此研制OPPV减毒疫苗也是势在必行的。由于OPPV和山羊关节炎—脑炎病毒（CAEV）之间存在着密切的相关性，将来试用OPPV减毒疫苗来控制山羊关节炎—脑炎（CAE）也是可能的。因此用山羊来培育OPPV强毒并研制OPPV减毒疫苗具有重大的意义。此外，目前世界上唯一投入使用的慢病毒疫苗就是我国的“马传贫”减毒疫苗，如果下一步能研制出OPPV减毒疫苗的话，将对人类艾滋病减毒疫苗的研制具有重要的指导意义。但是用山羊来培育OPPV强毒是一项长期而艰巨的工作，尚需人们的艰苦努力。①

上世纪90年代末以来，沈荣显虽然年事已高，但他始终保持着不服老、不认输的精神，在工作中保持着充沛的精力，坚持从事科学研究和学术交流活动，经常不远千里到外地参加会议和讲学。1997年5月30日，应新疆畜牧科学院、新疆兽医学会的邀请，中国工程院院士、中国农业科学院哈尔滨兽医研究所沈荣显研究员在新疆畜牧科学院为科研人员、畜牧兽医工作者、在校大学生及部分领导作了题为“人畜慢病毒免疫及发展趋势”的学术报告，受到与会者的欢迎和好评。②2000年6月28日，沈荣显出席在山东农业大学举行的山东省畜禽疫病防治工程技术研究中心成立大会，被聘为山东省畜禽疫病防治工程技术研究中心顾问专家。沈荣显院士在发言中认为，山东省畜禽疫病防治工程技术研究中心成立，非常及时，意义重大，不仅对山东畜禽疫病防治发挥重要作用，而且对全国畜禽疫病的防治有示范意义。③

① 薛飞、相文华、褚桂芳、沈荣显：用绵羊进行性肺炎病毒实验感染山羊的研究。《畜牧兽医学报》，1997年05期。

② 邹莹：沈荣显、沈正达在疆作学术报告。《畜牧兽医科技信息》，1997年第16期。

③ 刘观浦、杨宇：山东省组建畜禽疫病防治工程技术研究中心。《山东农业：农村经济版》，2000年第9期。

鉴于沈荣显院士在半个多世纪以来为我国兽医科学领域做出的卓越贡献，2002年12月30日上午九时，黑龙江省科学技术奖励大会在哈尔滨和平会堂召开，一个个头不高，但精神矍铄的老人走上讲台，沈荣显从黑龙江省长宋法棠手里接过奖励证书和50万元支票。他被光荣地评为黑龙江省最高科技奖[①]获得者——他是该奖项自设立以来的第一位获得者，全场爆发出了雷鸣般的掌声。自2001年黑龙江省实施新的《科技奖励办法》以来，首次将50万元最高科学技术奖颁给了沈荣显，这在黑龙江省历史上的首次。

图 10-2　时任黑龙江省委书记的徐有芳到家中看望沈荣显（2002 年。沈杰提供）

沈荣显接过最高科技奖证书时十分激动。他清楚这沉甸甸的荣誉是党和政府尊重知识、尊重人才的一片诚挚之心。“这不是奖励给我一个人的，是我们科技人员的共同荣誉。”沈荣显谦虚地说，“任何一个科研成果不可能由一个人独立完成，它需要科技人员共同努力，这个奖励属于所有默默无闻、埋头钻研的人们。”他还动情地说：“荣誉只能代表过去，说白了是虚的东西。现在我只想踏踏实实地做点实事，希望在我有生之年能加快人类攻克艾滋病的科研进程；倾自己毕生所学，为我国的兽医领域培养出更多的高层次人才。”[②]老人的声音充满了激情。

黑龙江省科技厅厅长孙尧说：“沈先生获此荣誉当之无愧，他从50年代开始一直走在这一研究领域的前沿，并带出了一个梯队，对我省农业以

① 黑龙江省的科技奖励工作始于1979年，2001年出台的新的《黑龙江省科学技术奖励办法》，标志着黑龙江省科技奖励制度又进行了一次新的改革。新办法中设立了最高科技奖，规定每年最多可以评选两人，每人奖金50万元。

② 马云霄：尊重知识、人才的诚挚之心 50万奖给沈荣显说明了什么。《黑龙江日报》，2003年1月16日。

图 10-3　赴杭州参加“新兴传染病国际研讨会”（2003 年 10 月。第一排右起第五位，沈杰提供）

及畜牧业的发展起到不可估量的作用。目前，我省和国家农业部联合推荐沈荣显院士为国家最高科学技术奖候选人。”[①] 哈尔滨兽医研究所所长孔宪刚[②] 说，沈先生在半个多世纪的科学生涯中，孜孜不倦，取得了巨大成绩。他的最大贡献就是科研和生产实际紧密结合，把我国不同时期畜牧业存在的问题解决了。沈先生获奖说明，科研人员的科技成果必须向现实生产力转换才有生命。

2003 年 3 月，沈荣显被聘请为北京市农林科学院畜牧兽医研究所高级顾问专家。2003 年 10 月 25—26 日，沈荣显赴杭州参加了经卫生部批准，由中国疾病预防控制中心会同中国医学科学院、浙江省卫生厅、美国国立卫生院共同主办，中国 CIPRA 项目[③] 和浙江医学会承办的“新兴传染病国

---

① 同②。

② 孔宪刚研究员哈尔滨维科生物技术开发公司董事长，哈尔滨兽医研究所所长。1955 年 3 月生人，1979 年 9 月毕业于东北农业大学兽医系，同年分配到中国农业科学院哈尔滨兽医研究所工作。参见：《中国农业科学院哈尔滨兽医研究所所志（1999-2008）》。哈尔滨：中国农业科学院哈尔滨兽医研究所所志编辑委员会，2010 年。

③ 中国综合性艾滋病研究项目（CIPRA）是由美国国立卫生研究院（NIH）资助的国际艾滋病综合研究项目，由中国疾病预防控制中心牵头组织国内外科学家负责实施，总经费为 1480 万美元，项目周期为 2002-2007 年，可以竞争性延长。项目研究内容包括艾滋病的流行病学、行为干预、病毒与免疫学、临床治疗和疫苗研究等部分。

际研讨会”。会上，28 位国内外专家为 200 多名与会者（其中 47 名来自国外）做了精彩的学术报告，内容涉及 AIDS 和 SARS 的流行病学、病原学、临床干预治疗、疫苗治疗和预防策略及防治经验等。研讨会包括一天半的演讲和问答以及半天的小组讨论。大家就 HIV 及 SARS 研究领域的多个问题进行了充分交流。

2003 年“非典”① 暴发以来，有消息称非典病原可能来自动物。于是，一些消费者对畜禽产品产生了恐惧心理，不敢食用，甚至有人不敢养犬、猫等宠物。2003 年 7 月,《人民日报》记者就人们餐桌上的鸡鸭鱼肉与非典是否有联系、是否可以放心实用等问题采访了沈荣显院士。沈荣显认为:“经国内外专家潜心研究，目前已基本确定非典病原是由一种新的冠状病毒引起的，冠状病毒属 NIDO 病毒目冠状病毒科，而禽流感病毒属于正粘病毒科，二者是完全不同的两种病毒，也就是说非典病原与禽流感病毒没有关系。而且目前尚无证据表明非典病毒来自家养动物，据美国权威科学杂志《科学》报道，非典病毒是一种与以往已知的动物和人冠状病毒没有密切关系的全新冠状病毒，可以排除非典病毒从已知冠状病毒变异而来的可能性。据有关流行病学调查，至今没有证据说明畜牧兽医从业人员比其他人群更容易感染非典，这表明非典通过家养动物传播的可能性很小。非典的主要传播途径是近距离的飞沫传播，还没有证据表明，该病毒能通过猪肉、鸡肉等食品传播。我认为，为了身体的健康和提高免疫力，人们在膳食结构中要保持适当的猪肉、鸡肉、鸡蛋等高蛋白质食品的比例。非典病毒对环境非常敏感，有关试验数据表明，环境温度超过 36.9℃病毒就会死亡，酸、碱、有机溶剂等常见消毒剂就可杀灭该病毒。我国动物产品在上市前均经过认真严格的检疫，因此大可不必担心因吃猪肉、鸡肉、鸡蛋而感染非典，为了防止二次污染，这些食品应该避免生食，所以‘放心肉’可放心实用。”②

① 传染性非典型肺炎，又称严重急性呼吸综合征（Severe Acute Respiratory Syndromes），简称 SARS，2003 年 4 月 16 日，WHO 宣布，一种新型冠状病毒是 SARS 的病原，并将其命名为 SARS 冠状病毒。是一种因感染 SARS 相关冠状病毒而导致的以发热、干咳、胸闷为主要症状，严重者出现快速进展的呼吸系统衰竭，是一种新的呼吸道传染病，主要传播方式为近距离飞沫传播或接触患者呼吸道分泌物。

② 兽医专家沈荣显称“放心肉”可放心。《养殖与饲料》，2003 年第 7 期

图 10-4 赴南宁参加"第六届全国病毒学学术研讨会"(2004 年 12 月。第一排左起第十位，沈杰提供)

2004 年 5 月 10 日，沈荣显的《我国马流感病毒不同分离株生物学特征的研究》获中国农业科学院科学技术成果奖。2004 年 12 月 1 日，沈荣显赴南宁参加"第六届全国病毒学学术研讨会"。来自国内几十家科研机构的 100 余名代表及美国病毒学会、美国 NIH 等机构的专家参加会议。会议交流三年来尤其是抗击 SARS 以来，我国病毒学科研进展情况。通过向全国征集近 200 篇关于医学病毒学、兽医病毒学、植物病毒学、昆虫病毒学等方面的论文，经大会组委会评选，选出新发传染病毒学等 18 篇论文重点交流。沈荣显院士作为特邀专家在会上作了《马传贫减病毒疫苗的研究进展》的报告。中华医学会病毒学会主席洪涛①院士对病毒学会的工作表示赞赏，他希望中华医学会和全国病毒学会作为兄弟学会今后要更多地相互交流相互学习。

2005 年 8 月 16 日，沈荣显赴湖北三峡职业技术学院，在院长赵儒铭教授的陪同下兴致勃勃地参观了学院。他对学院的办学格局、发展思路及畜牧兽医专业在为地方经济建设服务中做出的贡献给予了高度评价，盛赞

① 洪涛，男，生于 1931 年 12 月 26 日，医学博士，山东省荣城人，中国工程院院士，医学生物学专家。现任北京交通大学理学院生物科学与技术研究所所长，国家疾病预防与控制中心病毒学研究所首席科学家。1986 年被国家人事部命名为"国家有突出贡献的中青年科学家"，1990 年起享受政府特殊津贴。1995 年当选为中国工程院院士，2002 年当选为第三世界科学院院士，同时兼任中华医学会医学病毒学会主任委员、"中华实验和临床病毒学杂志"总编，太平洋科协公共卫生与医学科学委员会主席。

湖北三峡职业技术学院大有前途。

2006 年 9 月，沈荣显被列为黑龙江首批省级领导直接联系高层次人才名单；同年 11 月，黑龙江省政府重大决策专家咨询论证制度正式印发，聘请沈荣显担任院士专家组成员。2006 年 11 月 22 日—24 日，沈荣显赴华中农业科技大学参加“973”计划“重要动物病原菌的分子生物学与致病机理的研究”项目启动会。会上，被聘请为华中农业大学“973”计划项目《重要动物病原菌的分子生物学与致病机理的研究》专家组成员，聘期五年。

在沈荣显的促动下，哈尔滨兽医研究所先后与中国预防医学科学院性病与艾滋病预防与控制中心联合开展了通过探索马传染性贫血病毒弱毒疫苗保护机理来指导艾滋病疫苗设计。2006 年，沈荣显全力去推动他提出的“马传贫”疫苗研究路线为模式的以“人－猴艾滋病毒嵌合克隆”为基础的新型艾滋病疫苗发展策略。他积极协调沟通各方力量，联系林业部等部门，通过他本人的力量去号召推进此项事业，为此积极创造条件，包括借用实验室、筹集资金等。在沈荣显的努力下，黑龙江省科技厅、哈尔滨兽医研究所，还有哈药的科技部门投入了大量资金，并且联合建立了科研实验室，最终由一个专门的科学小组开始组织实施。沈荣显生前常说：“希望在有生之年，为艾滋病疫苗研究开个好头。”[①] 哪怕是引进人才、基础实验这些看似平常的小事，他都不遗余力地认真做好。

图 10-5　在湖北三峡技术学院（2005 年。沈楠提供）

沈荣显的两个儿

① 蔡廷伟：会当凌绝顶。《黑龙江晨报》，2009 年 9 月 15 日。

图 10-6 在湖北三峡技术学院大门前（左起第四位，沈楠提供）

子沈杰和沈涛回忆起父亲时，总是有许多话想对父亲说。他们说，在父亲85岁之前不懂得什么是父爱，只有他85岁以后由于生病不去实验室工作后，父亲才有时间同他们在一起，沈荣显的大爱都献给了他所从事的科学事业。①

2007年5月1日，沈荣显搬到了位于哈尔滨植物园附近的一个小区居住，由于毗邻黑龙江省森林植物园，小区的绿化环境很好，空气清新，他非常喜欢这份自然的恬静，能让他静下心来，好好地思考。沈荣显搬过来后不久，儿子、孙子们紧接着也都搬了过来，那时他身体还很硬朗，虽然距离哈尔滨兽医研究所很远，但他还是惦记着工作，经常去研究室里、实验室看看。随着身体每况愈下，后来去单位的频率慢慢低了下来，他就在家看书自己研究，和同事、学生们保持电话联系，总之他一直让自己保持思考的状态，从来没有让自己停下来好好地享受生活，沈荣显的儿子沈杰回忆说。②

① 张晓鹏：中国兽医科学研究史上的丰碑——沈荣显院士。《奋斗》，2014年第6期。

② 沈杰访谈，2013年8月6日，北京。资料存于采集工程数据库。

薪火相传，培养接班人

在为我国科研工作做出突出贡献的同时，为使科研事业后继有人，沈荣显还始终把培养、扶植学生作为自己的崇高使命。他孜孜不倦，倾心育人，先后培养硕士研究生 6 名、博士研究生 8 名、博士后 1 名。同时，他还倾注大量心血，大胆提携后辈，委以重任，成就了一大批年轻人才。目前活跃在我国动物传染病研究领域的高层次人才，有很多都是在他的亲自关怀、培养和扶植下成长起来的。

1985 年，童光志[①]以优异的成绩获得硕士学位，他的硕士导师正是当时中国唯一的兽医行业院士沈荣显教授。他说："作为一名学生能有这样声名显赫的导师，令很多莘莘学子为之羡慕[②]。"童光志曾任中国农业科学院哈尔滨兽医研究所副所长，现任中国农业科学院上海兽医研究所所长、中国动物卫生与流行病学中心上海分中心主任、研究员，兼任中国畜牧兽医学会畜牧兽医生物技术分会、家畜传染病学分会、禽病学分会副理事长，中国微生物学会兽医微生物分会副主任委员。长期从事动物病毒性传染病的预防与控制的基础研究与应用研究，在动物用基因工程疫苗及猪蓝耳病、猪流感、猪乙型脑炎防控技术等研究方面取得了一系列突出的研究成果。在国际上率先研制成功鸡痘和传染性喉气管炎病毒二价基因工程疫苗和高致病性猪蓝耳病弱毒疫苗，并已在全国大面积推广应用。研制一系列针对高致病性猪蓝耳病、猪流感、鸡传染性支气管炎、伪狂犬病等基因工程标记疫苗，已获得基因安全证书，进入临床试验。研制成功一系列针对猪病毒性繁殖障碍疾病的重组抗原—ELISA

---

① 童光志，男，1962 年出生于湖北省蕲春县，预防兽医学专家。曾任中国农业科学院哈尔滨兽医研究所副所长。现任中国农业科学院上海兽医研究所所长、研究员、博士生导师。参见：童光志。中国农业科学研究院上海兽医研究所。

② 为动物防疫事业执著奉献——记中华农业英才奖获得者童光志。《农科英才》，2015 年 5 月 8 日。

诊断或鉴别诊断方法。研究成果获国家科技进步二等奖 2 项、省部级奖 13 项、获国家发明专利 9 项、新兽药证书 2 项，动物基因工程疫苗安全证书 6 项。在国内外专业期刊上发表学术论文 470 多篇（其中 SCI 收录 120 篇），主编和参编著作 10 部，担任《中国动物传染病学报》主编。入选国家百千万人才工程，享受政府特殊津贴，曾获人事部、中组部等六部门颁发的留学人员成就奖，获农业部有突出贡献中青年专家、哈尔滨市和黑龙江省劳动模范、全国优秀博士学位论文指导教师和全国优秀科技工作者称号，2011 年被授予上海市十大科技精英，2012 年获中华农业英才奖。

1988 年 7 月 25 日，哈尔滨兽医研究所工会主办的《职工园地》第 117 期。这样说到："沈荣显是我所的老党员、老科学家，为祖国的兽医科学事业发展做出了巨大贡献，他以党的事业、人民利益为重，他坚持原则、严于律己，他曾多次出国考察、讲学，每次出国回来，首先不是为自己添置什么进口货，而是用外汇买回实验用的仪器和设备以及国外的先进资料。他虽已年过花甲，仍不知疲倦地为发展祖国兽医事业，为马传贫疫苗在国际上的广泛应用，为培养优秀的兽医科学人才而不倦耕耘。" ①

学习工作中，沈荣显经常告诫学生："做科研是一件苦差事，既然选择了这条路，实实在在干就好，要知道科学家是干出来的。"他对于工作环境有着严格的要求、对于学生实验操作的要求更是非常严格，在工作中他经常给学生亲身示范，包括实验的每一个环节，即使是大家认为简单的细胞培养，在他的科研生命过程中都会占据相当大的比重。当年研制"马传贫"弱毒疫苗时，细胞传代传了好几百代才获得成功，沈荣显就是凭借这种实干精神和谨慎的态度，在这好几百代中不断地去伪存真，精心挑选最优势的毒株，挑选最好的科研素材去继续传代，才取得了最后的成就。所以，沈荣显常和学生们说："细胞传代看起来是个非常简单的事情，但是实质上并不简单，所以我们要在细胞培养过程中仔细地观察和体会，这样才会有重大发现，实验才会取得成功。"他不仅以自己严谨和勤奋的科学态

① 哈尔滨兽医研究所所工会：一心为公的科学家。《职工园地》，1988 年 7 月 25 日第 117 期。

图 10–7　在家中与学生王晓钧、法国兽医专家合影（2012 年。左一为王晓钧，林跃智提供）

度在为人类的进步做出卓越的贡献，更以不计得失的精神诠释了一个科学家的人格本质，为自己的学生和晚辈们指引着前进的方向。

夏季的中国农业科学院哈尔滨兽医研究所，院落里的鲜花开得分外鲜艳。走进上世纪 50 年代建成的主楼，夜晚的这里，处处灯火通明，拾级而上，所见的皆是忙碌的身影，这就是哈尔滨兽医研究所全体科研人员的工作常态。从主楼走到生物楼，沈荣显的学生、时任哈尔滨兽医研究所大动物病研究室副主任、研究员王晓钧博士，一边回忆自己的恩师，一边娓娓道来："我回国，完全是因为老师的原因。在他身上，我看到了中国科技腾飞的希望，所以，我立志做他这样的人，把我毕生所学奉献给我的祖国，奉献给祖国的科研事业。很多时候，他是我精神上的'导师'。"

2005 年到 2010 年，王晓钧在美国密歇根州立大学留学，留学期间，师徒二人未间断过联系，除了交流自己近期的研究成果，最多的就是学成以后的归属问题，"老师说，你还是回来吧，现在国内的科研条件也不错，黑龙江是宝地，还是回来的好。"① 恩师的话让王晓钧放弃了留在美国的机

① 王晓钧访谈，2013 年 6 月 10 日，北京。资料存于采集工程数据库。

会，于2010年10月受聘马病学科首席科学家岗位，回到哈尔滨兽医研究所工作。“不只我，这里很多人，都把沈荣显老师当作精神导师，这是一种情感的归依。”王晓钧坦言，沈荣显一生都在科学的世界里探求真谛，一生都在默默地传递着知识的薪火。

王晓钧说：“我师从沈老时，他已年近八旬，但依然坚持每天到实验室指导学生。沈老一生甘于平淡，将全部精力都投入到科研课题上。在日常生活中，他始终想着怎样做好科研、研究思路、整理结果，开拓未来研究方向。沈老的敬业精神，始终鞭策着我们。”“就说‘马传贫’吧，当时国外有人在做这项研究，国内也同时有好几组人在做，不夸张地说，用的可能是同一种方法，但为什么只有老师成功了呢？这说明不是没有想到，而是没有做到。”对此，他的学生感慨道：“能像沈荣显老师这样几十年认真持久、一丝不苟地做学问，才是我们真正需要学习的楷模。”①

王晓钧，现任哈尔滨兽医研究所大动物传染病研究室副主任和马病基础免疫研究组负责人。1974年出生于内蒙古，1996年在内蒙古民族大学获兽医学学士；1999年在中国农业科学院研究生院获预防兽医学硕士并到哈尔滨兽医研究所工作；2003年在中国农业科学院研究生院获预防兽医学博士学位。2005—2010年留学美国密歇根州立大学，开展博士后研究；主要从事HIV-1等逆转录病毒与天然免疫限制因子作用机制的研究，相关工作发表在*Journal of Virology*，*Journal of Biological Chemistry*，*Plos Pathogen*等杂志。2010年10月作为引进人才，受聘马病学科首席专家岗位，回到哈尔滨兽医研究所工作。承担国家自然科学基金项目和OIE马流感参考实验室twinning项目等课题多项。现主要从事动物逆转录病毒与天然免疫限制因子的相互作用机制以及马属动物传染病防控技术研究等，系首届国家自然科学基金优秀青年项目获得者，以第一作者和通讯作者在*J. Virol.*、*J. Biol.Chem.*等著名刊物发表SCI论文13篇，累计影响因子65分以上。

沈荣显认为自己的一生是非常幸运的，小时候家里条件那么差，家里人仍然支持他读到大学。后来国家又将他送到国外去进修培养，他想做的每一

---

① 王晓钧访谈，2013年6月10日，北京。资料存于采集工程数据库。

件事情都做成了，即使赶上了文化大革命，也没受到太大的迫害，曾经吃过的那些苦他都不在乎，面对现在的一切他非常满足。所以，沈荣显对祖国、对单位充满感恩之情，他总是告诫学生和后辈们：“中国现在的形势非常好，到国外确实能长见识，但学成之后一定要回来，你要一直记得你是个中国人，是祖国的水土养育了你，国家给你机会出去学习，要懂得回报，回来将所学知识用到实处，就是对祖国最好的回报。”这些话对后辈们的影响非常深刻，他的很多学生都沿袭了他的道路，国外学成后选择了回国。

童光志作为沈荣显的早期学生，不仅专业基础知识扎实，而且英语成绩优异，他先后两次应邀到美国华盛顿州立大学做访问学者和客座教授，进行了长达 5 年的合作研究工作。第一次是恰逢世界银行贷款公派到美国留学这一机遇，他被公派到美国华盛顿州立大学从事博士学位论文研究。当以优异的成绩顺利完成学位论文研究工作之后，他毅然回到祖国，回到曾经培养和教育他的哈尔滨兽医研究所工作。第二次是 20 世纪 90 年代初，当时童光志已担任哈兽研所兽医生物技术国家重点实验室副主任一职，但由于那时国内的试验条件相对较差，国家重点实验室研究生招生名额特别少，实验室的工作难以正常开展。于是，他选择再次出国继续深造。当时正值大批国内人才外流的高峰期，很多人都认为童光志肯定会一去不回，但只有他自己坚信“我一定会回国的”。果然，1996 年年初他再次如期回到了祖国。面对国外优越的实验条件、高度现代化的实验设备、高层次的研究平台和丰厚的待遇，童光志并没有因此动摇自己回国的决心，而是履行了自己出国时的诺言：“我一定会回国”。这句话，5 年之间验证了两次。[①]

在教导学生的多数时间内，他主要的工作是亲自教导大家怎么去做实验，尤其是在一些非常细致的准备工作方面，他给学生们做出了很好的表率。刚刚到所里的研究生经常把注意力更多地集中在实验的核心部分，往往忽视了实验的准备工作，沈荣显就会耐心地指导学生，用实验演示来证明准备过程的重要性。所以他在日常工作中给学生们印象是：实验准备必须要亲自动手，亲自去操作，这些工作马虎不得，别人也替代不了；他对

① 为动物防疫事业执著奉献——记中华农业英才奖获得者童光志。《农科英才》，2015 年 5 月 8 日。

大家的要求是：实验一定要认真准备，亲身体验，用心做好实验前的每一个细致工作。“所以这个过程学生们受益非常的多，特别是我们出现一些错误的时候，他能够及时指出来纠正过来。”沈荣显的学生王晓钧如是说。①

沈荣显喜欢读书阅报和收集资料，他总是把自己看过的对科学研究有价值的资料都留给下边的学生继续使用，使知识得到更好的传承。他根据不同类型，将每一种动物病毒的相关资料整理好，弄成一摞一摞的，摆放地整整齐齐，然后打印复印出来放在一起，送给自己的学生。他对学生总是很严肃，平时对学生要求也很严格，但是他却将自己的毕生所学毫无保留地传授给了自己的学生。了解他的学生们都知道，不苟言笑只是沈荣显老师的外表，而他的内心却是最慈祥、最温暖的。学生们都为有这样的恩师而感到骄傲和自豪。

还有为所有人称道的是沈荣显的实验记录，被称之为“科学的艺术”。沈荣显不仅对实验有着严格的要求，对实验记录更是非常严谨的，翻开沈荣显上世纪七八十年代的实验记录，就像读圣经一样，记录得非常仔细整齐，隽秀的字体，配着一匹匹小马的插图——100 多代病毒在这些小马身上变异情况的示意图，甚至连细枝末节都会记录其上。这就是一本手写的书，当时没有打印机也没有其他相关的辅助，全是一笔一划写出来的，所有的东西都是亲手整理出来的。从他的记录上就可以反映出，实验记录的时间绝对不亚于做实验的时间，这不是轻松且简单的记录，而是经过认真反复的整理，然后再详细地去改正、去思考、去总结归纳的“活的教科书”。这些手抄记录比任何一本包装精美的大师撰写的图书都要珍贵，甚至在学生们眼中这简直就是无价之宝。至今在哈尔滨兽医研究所，它们都是一处让人赞叹的“景观”，更是一种无声的鞭策。跟随沈荣显一起工作近 40 年的科研人员吕晓玲，以及他的闭门弟子、博士后马建都异口同声地称沈荣显是他们的一面精神旗帜。

① 王晓钧访谈，2013 年 6 月 10 日，北京。资料存于采集工程数据库。

子孙承继宏愿

沈荣显的性格跟别人不一样，他思索的时间要远远多于他说话的时间，他比较爱思考，心思十分细腻，非常严谨，而且思维比较单纯、严谨，为人正直。他不会因为你是领导就要卑躬屈膝，也不会因为你是工人就会颐指气使，他反而是对工人要比对领导要好。沈荣显的孙子沈楠和孙媳妇林跃智刚到哈尔滨兽医研究所上班的时候，他们曾深入地谈过一次，他说："你们是我的孙子、孙媳妇嘛，身份毕竟不一样，你们千万不要觉得你们爷爷是院士，就搞什么特权，爷爷一辈子为人都很低调，你们也要像爷爷一样，尤其是对那些刷瓶子、搞卫生的人啊，对他们更要好，因为他们非常不容易。"①

沈荣显平日话语不多，但对于教导后人，沈荣显有自己的方法，他曾经说："老师的言行是学生最好的教科书，做好科研的前提是如何做好人。特别是对于科学研究而言，对研究者的耐力、持久力要求更高。因此，对于我的学生，首先要明确他们自身所从事行业的特点和性质。然后，培养他们对科学研究的兴趣，一定要善于独立思考，勤于发现问题并能解决问题。"他还把自己的经历作为日常一课去激励学生。"科研工作本身充满着挑战。每一点进步都伴随着很多失败，失败的经历要远远多于成功。面对困难，不要气馁，冷静地去分析问题，客观地去寻找原因，这点非常重要。科研是一件非常枯燥的事情，但凭借对科研的热爱和对知识的渴望，使我一直坚持了下来。更为重要的是，我们国家对该项目的大力支持及对我的信任，使我可以专心地进行科学研究。本着一份责任和坚定的信念使我一直走到现在，而对病毒的研究也成为了我生

① 林跃智访谈，2013 年 4 月 27 日，北京。资料存于采集工程数据库。

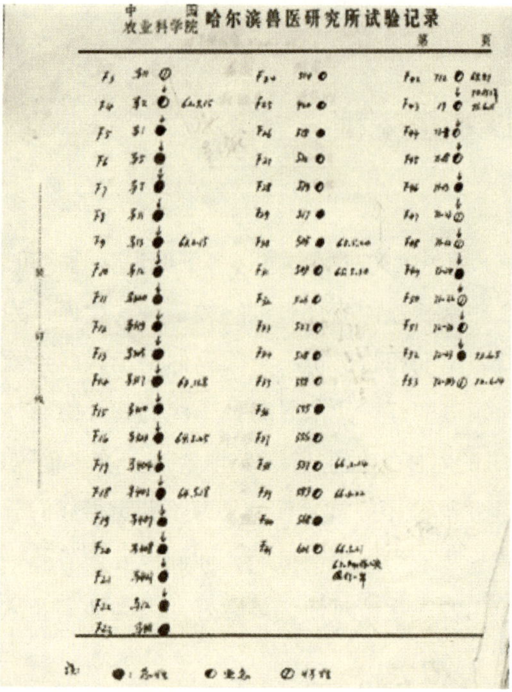

图 10-8 沈荣显实验记录（1982 年。资料来源：哈兽研）

命中最重要的内容。”[①] 当沈荣显对沈楠、林跃智和自己的学生提起自己的经历时，总是鼓励他们要耐得住寂寞，沉下心来认真钻研，只有这样才能有所成就。

沈荣显从事了一生的兽医科研事业，创造出了无数个举世瞩目的成就，然而他并不是十分看重这些，晚年的他最关心的就是事业的延续性问题，自己的亲人成为其学术继承人，是最令他引以为傲的一件事。沈荣显的孙子沈楠从小深受爷爷的影响，性格稳重，做事踏实，并以爷爷为骄傲，高中毕业报考大学时选择了兽医专业。沈楠和林跃智同为 1997 年考入东北农业大学兽医系的学生，两人志同道合，怀有致力于兽医医学研究的远大理想，在学习中建立了深厚的感情，沈楠的家人对林跃智非常满意，沈荣显非常看重林跃智的才华和为人，两人毕业后于 2003 年组建了家庭。[②] 沈楠于 2005 年进入哈尔滨兽医研究所工作，林跃智于 2008 年到哈尔滨兽医研究所兽医生物技术国家重点实验室工作，两人纷纷继承了沈荣显的科研精神，秉持了永无止境的学术火炬。工作和生活中，沈楠和林跃智深受爷爷的教诲，无论是做人、做事，始终保持谦虚谨慎，克勤克俭，尤其是在工作中得到了沈荣显的巨大鼓舞和悉心指导，当遇到困难时，沈荣显总是耐心地予以指导，解疑释惑，帮助两人成长发展。

① 傅宇：病毒研究是我生命中最重要的梦想——访中国工程院院士沈荣显。《黑龙江学子杂志》，2008 年 10 月 24 日。

② 沈杰访谈录，2013 年 8 月 6 日，北京。资料存于采集工程数据库。

沈楠的个性和爷爷沈荣显非常像，从小就深得爷爷的喜欢。他于 1978 年 3 月 15 日出生在哈尔滨市，1997 年考入东北农业大学兽医学，2002 年毕业并于同年考入东北农业大学预防兽医学硕士，2005 年进入中国农业科学院哈尔滨兽医研究所工作，分配在慢病毒研究室从事 HIV-1 疫苗的研究，2010 年转入本所病原与流行病学研究团队，负责电镜操作及病毒学检测。多年来，沈楠工作认真严谨，继承了祖父的优良传统，踏实肯干，兢兢业业，发表了多篇具有较高价值的学术论文，尤其是在课辅领域取得了显著的成绩，做好本职工作的同时，沈楠不忘学习，要求上进，努力提高自身理论水平，于 2012 年考取了东北农业大学博士研究生，获得了又一次继续深造的机会。

沈荣显的孙媳妇林跃智，目前担任哈尔滨兽医研究所马传染病与慢病毒研究团队副研究员，沈荣显对她无论是工作上，还是生活上都非常的满意。林跃智慕名来到中国农科院哈尔滨兽医研究所大动物研究室工作的时候，还只是一个 27 岁的女研究生。这个实验室拥有全球唯一一个成功应用的慢病毒疫苗——马传染性贫血病毒弱毒疫苗。出于对这个充满传奇色彩的马源慢病毒疫苗的好奇和渴望，她进入了集全球之力苦苦探究而未及的慢病毒研究领域。“刚刚来到哈尔滨兽医研究所的时候，更多是的理想和冲劲，但对实践缺少认识和理解，对未来的发展很是迷茫，当时沈老师确实充当了我工作中领路人，甚至是人生导师的角色”，林跃智说。

林跃智自和沈楠相处以来，就深得爷爷沈荣显的偏爱。她 1978 年 4 月出生，黑龙江省望奎县人，博士研究生学历，副研究员，硕士生导师。1997 年考入东北农业大学兽医系，2002 年毕业获得农学学士学位；同年保送入本校基础兽医学专业攻读硕士研究生，并于 2005 年毕业，获农学硕士学位；同年继续攻读东北农业大学预防兽医学博士专业，2008 年获农学博士学位。2008 年 7 月到中国农业科学院哈尔滨兽医研究所兽医生物技术国家重点实验室工作，任助理研究员和执行人，从事马传染性贫血病毒弱毒疫苗致弱及免疫保护机制的研究。2010 年起任第一执行人，2012 年底晋升副研究员。2015 年 2 月，非脱产进入哈尔滨医大大学博士后科研工作站做博士后，主要进行慢病毒（RNA 病毒）自噬与病毒复制调控的研究。2013 年，参加中国农业科学院创新工程建设，作为骨干二级加入马传染病与慢病毒研究创新团队，主要负责以马传贫弱毒疫苗为模型探讨慢病毒免疫机制的研究。林跃智作为马传染病与慢病毒研究团队青年研究骨干，在马传染性贫血弱毒疫苗致弱及免疫机制的研究方向坚守十几年。在此方向共发表研究论文近 30 余篇，其中 SCI 文章 22 篇（第一作者 6 篇）。以第一发明人获得专利 2 项。作为主持人和项目第一执行人，先后主持和参与了多项重要课题。包括国家自然科学，国家博士后自然基金和黑龙江省博士后自然基金，“十一五”和“十二五”重大科技专项等。同时也作为中国畜牧兽医马学分会的理事积极参与并推动马属重要传染病的基础研究。

HIV-1 慢病毒免疫保护机制的研究一直是世界性难题，尽管我国投入了大量的人力和精力，其疫苗的研究仍未取得突破性进展。而我国自主研制的马传染性贫血病毒弱毒疫苗是目前世界上第一个大规模应用的慢病毒疫苗，突破了“慢病毒无免疫”的理论。因此，马传贫弱毒疫苗可为包括 HIV-1 在内的慢病毒疫苗研究提供了独一无二的模型。对其致弱及免疫机制的研究不但能有效的揭示慢病毒免疫保护的关键因素，同时对马传贫弱毒疫苗的深度解析更能为慢病毒免疫原的设计提供重要的信息和依据。林跃智从博士至今一直从事该领域的研究。“尽管我们拥有马传染性贫血弱毒疫苗，但在马属动物基础免疫及分子生物学平台上是没有任何基础的。”在此研究背景下，林跃智博士敢于向难题挑战，通过大量文献阅读，反复尝试，克服重重困难建立了多个马属动物的免疫检测平台（细胞免疫和体液免疫），不但有效的满足了马传贫疫苗免疫机制的研究，同时也可为其他马属动物重要传染病提供有效方法。同时，通过多年不断的坚持在 EIAV 疫苗致弱过程中在基因组变异情况，毒力及诱导的免疫差异方面取得了重要进展，并获得了多项原创性科研结果。所获得的多项研究成果在国际相关领域重要杂志上发表。通过这些研究成果的发表及多次国际国内相关领域的学术报告及交流，将我国慢病毒免疫机制研究的国际影响，推到了一个新水平。

2010年2月2日，沈荣显的重孙沈博玮（乳名当当）出生了，他当时是最兴奋的，他把所有的爱都给了重孙。沈荣显其实是个感情很脆弱的人，晚年病重时期，看着自己的重孙就掉眼泪了。沈荣显的性格，也影响到了自己的家人，包括他的重孙子也是一样，当当的性格向曾祖父一样严谨，比方说像粘模型那些非常细致的工作，他就能定心、定神、定气地去做，即使遇到感兴趣的东西，他也不会冒冒失失去碰、去摸，都会先问大人们危不危险，然后等家人确定以后，他让大人先去尝试之后，他再去试，这些都是遗传了曾祖父性格中的一些严谨细致的元素。他家里人都以沈荣显为榜样，沈杰平时就教育儿女们像爷爷那样对人、做事，把这个家族的精神传承下去，每一个家庭要过好，下一代人一定要教育好，这才是对这个家族负责任，对国家负责任。他们在沈荣显的身上学到了很多，在他身上学会了怎么做人，怎么对待工作，怎么对待朋友，怎么有价值地活着。①

图10-9 沈楠一家合影（2014年2月。林跃智提供）

荣誉一身，甘于平淡

1956年我国实行了第一个五年计划，很多科学家回国开始进行科学研

① 林跃智访谈，2013年4月27日，北京。资料存于采集工程数据库

图 10-10　奖励证书及聘书（2013 年吴韩摄）

究。1957 年 1 月，国家召开了第一届科学技术普及大会，设立了中国科学院科学奖金，表彰了一批劳动模范，华罗庚、钱学森等科学家获得一等奖，沈荣显凭借“兔化牛瘟病毒的研究”获得了第一次颁发的“中国科学院科学奖金”三等奖。当时，一等奖、二等奖和三等奖加起来一共还不到 20 人。沈荣显作为项目主要完成人出席全国科学工作者积极分子代表大会，接受毛泽东主席、周恩来总理的接见。对于这次获奖荣誉和接受主席接见的经历，沈荣显从来都没有特意跟别人提起过，后来家人发现了他那张压在办公桌玻璃底下的与毛主席合影的照片，大家才知道这件事情。在那个时候，沈荣显对自己获奖的事情看的很淡，只是觉得很光荣，但是从来没有炫耀过什么，还是默默无闻地在一线工作着。沈荣显一生获过无数的荣誉和奖励，但是他却甘于平淡，不为世俗所困扰。

沈荣显在研究”马传贫“期间，经历千辛万苦获得成功以后，国家奖励了一万元奖金，当时研究室有 80 多个人分，其中工人很多，真正的做实验的人很少，但他没有在乎奖金的多少，依然按照工作人数分了奖金，作为负责人，他只分到了六百多块钱，他就是这样一个无私且甘于清贫的人。有一段时间，哈尔滨兽医研究所要精简人，沈荣显就带头让自己的家人先下来，那次回家之后也没有什么收入了，本来经济条件就很一般，而且他还要赡养老人，只能过着十分清贫的生活，但他从来没有因此后悔过。1995 年，沈荣显当选中国工程院院士后，国家统一给院士分配住房，全家人这才住上了家属楼，居住条件才得到了根本改善，在这之前，他自己从来没向单位和任何人要求过这些。2002 年，黑龙江省奖励沈显荣 50 万元，这不但没有让他兴奋，反而给他造成了很大的负担，因为他从未看重过这些名利和金钱。沈荣显一辈子将心思花费在科研事业上，从未想过要得什么奖、挣多少钱，他认为人不能想着要名和利，如果是为了这些事情，那么工作肯定做不好，更别谈科学研究事业了。

林跃智作为沈荣显的孙媳妇，是家里跟他最亲近的人，十几年跟随沈荣显一起搞科研，现在仍然从事爷爷的研究工作。她回忆起沈荣显对待奖励和荣誉的态度时说："爷爷总跟我说，你搞科研这一辈子啊，不能说清心寡欲吧，但也别想要得什么奖，要得什么钱，他说只要你能把工作做好，这些东西自然而然就来了，不要刻意追求名利，如果就是为了这些东西，那你肯定做不好工作。当时他跟我说的时候，不是很理解，但我参加工作后，一直跟爷爷做一样的科研工作，逐渐感受到这些东西对科研工作者的诱惑到底有多大，有的时候甚至超乎了自己的想象。现在回过头来想想，我能理解爷爷说的那些话了。虽然现在家里的条件比以前好了很多，但是我们在爷爷的影响下，从不讲究吃穿享受，从不买名牌。"①

沈荣显 1957—2002 年所获重要奖励情况列表

获奖项目名称	何种科技奖励	奖励等级	排名	获奖时间
兔化牛瘟病毒的研究	我国首次颁发的科学奖奖金	三等	第二名	1957 年
羊痘鸡胚化弱毒疫苗	全国科学大会奖		第二名	1978 年
马传贫疫苗技术推广	国家农委、科委农业技术推广奖		第一名	1982 年
马传贫驴白细胞弱毒疫苗	农业部技术改进奖	一等	第一名	1983 年
马传贫驴白细胞弱毒疫苗	国家知识产权局和世界知识产权组织，中国专利金奖	金奖	第一名	2002 年
猪瘟兔化牛体反应苗	农业部科技进步奖	二等	第二名	1983 年
马传贫驴白细胞弱毒疫苗	陈嘉庚农业科学奖	个人	第一名	1990 年
马传贫驴白细胞弱毒疫苗	何梁何利生命科学奖	个人	第一名	1996 年
	黑龙江省最高科学技术奖	个人		2002 年
	曾获得农业部科技进步奖多项		第一名	1983—1994 年

① 林跃智访谈，2013 年 7 月 15 日，北京。资料存于采集工程数据库。

2008年，沈荣显突发脑梗，无法再像从前一样全身心地投入工作实验中，这样一来，无形中给了他和家人更多相处的机会。沈荣显患病卧床期间，林跃智一直充当着生活秘书和工作秘书的角色。采访中，林跃智流露出的神情，足以体现她对沈荣显的敬爱，总是自然地将“我爷爷”放在每句话的开头。“爷爷对我们最常说的一句话就是，你们赶上好时候了，现在国家重视科研。但你们要切忌浮夸，一定要踏踏实实去做。”在沈荣显心里，科学最重，名利最轻。沈荣显是一个非常低调的人，他不喜欢宴会，他总说：“我也不喝酒，我去了以后吧，别人看我还拘束，然后我还影响气氛。”还有比如像献爱心、纯社会活动他也不怎么参加，除了一些学术会议、评奖的会议等必须去的，他才去，其他的像学生邀请他聚会之类的场合他都不会去，包括电视台记者采访他都很少接受，他总认为被采访是一种负担。中央电视台《东方之子》节目全国热播时，主持人曾多次联系沈荣显，希望他能接受采访，沈荣显婉辞拒绝了。① 了解沈荣显的人都知道他这么做不是因为他有多高傲，而是因为他只是一个勤勤恳恳、朴朴实实的科学研究工作者，他不善言谈，面对摄像机也不知道该说什么，更不愿意在这上面耽误时间，他更愿意把时间用在工作和研究中。

由于常年紧张的实验室工作和外地出差，沈荣显知道自己对家人有亏欠，平日关心太少，“我公公沈杰常说，看见你爷爷对你们这么好，我有时候都会妒忌。”林跃智说，“我想爷爷心里明白，所以他尽自己所能对我们好，希望能弥补在孙子辈身上。”他虽少言寡语，不善表露心声，但抱着重孙当当时，却会说“你是我的心上人”。孩子们说，爷爷是个最简单而平凡的老人，他从不用言语来表达对家人的爱。②

沈荣显是一个虚怀若谷的人，2002年，当他获得黑龙江省首届最高科学技术奖，获得50万元奖金时，他脱口而出的话是，“我的研究成果已经是很早以前的了，现在还能得奖，那就说明我们这么长时间都没有新的成果出来了。”言语中流露出担忧。可见这位朴实的科学工作者一心只牵挂祖国科学的发展，不在乎自身的荣辱，他希望有更多杰出的科学研究人员活跃

① 林跃智访谈，2013年7月15日，北京。资料存于采集工程数据库。

② 林跃智访谈，2013年4月27日，北京。存地同上。

在科研一线上，也希望他们有更多优秀的成果出现。“这辈子爷爷想做的事儿都做到了，想做的苗也做成了。”林跃智说这是爷爷唯一肯定自己的话。

沈荣显生活非常简单，经常自嘲自己是“土老帽儿”。他不讲究吃穿，一般早餐仅仅是牛奶和麦片，平时吃的也很简单，就是白菜、木耳、胡萝卜、黄花鱼或者虾，从来也不挑，也不要求吃什么，享受什么，从来没有过；家里人给他买衣服，总是很倔强的阻止，特别是有病之后，坚决不让买，即使买了，他也不穿，都留着给儿子、孙子穿。一辈子生活都很节俭的沈荣显，却在学生去北京时，大方地出资让他们去坐飞机。他从来没给自己过过生日，家里人一直有意愿，学生也有意愿，把大家召集起来，给他庆祝一次，但他坚决反对，他非常讨厌这些事情。包括后来他生病了，过生日时家人就给他买个最小的蛋糕，多了怕他说浪费，给他切一小块尝一口，他的生日就简单到这种程度。他对生活没有过高的要求，生怕给别人添麻烦，就连在重病住院期间，还对医护人员抱歉地说：“给你们添麻烦了。”孙媳妇林跃智说：“爷爷就是这样一个简单的人，这辈子最专注的事情就是做好科学研究工作。即使在病床上，他还是总惦记着实验室里的工作，常跟我说，等好了之后，还跟我一起上班去……”①

沈荣显喜欢恬静自然，所以晚年选择了在黑龙江植物园附近的小区居住，他愿意融入大自然的环境，清静平淡是他最喜欢的氛围。他不喝酒不吸烟，没有什么不良嗜好，甚至从来都不看电视剧，电视也只看看新闻联播、焦点访谈等时政类节目，报纸就是《科技日报》、《参考消息》和《环球时报》等，是一个比较典型的、传统的中国知识分子，他非常关心国际、国内大事，对历史知识有较深刻的认识，对很多事情有自己独到的见解。工作之余，沈荣显的爱好是喝茶、赏玩艺术品，平时愿意收集一些艺术品，每次出差都买些这样的东西，包括各种瓷器等，在古巴买过木雕，到云南买过木制品，最为多见的还有一些摆件，大的有瓷瓶，小的有笔架，都很雅致，很有特点，很有生活情趣。

沈荣显一生淡泊名利，不看重物质条件。在他晚年期间，青岛市长曾

① 林跃智访谈，2013年4月27日，北京。资料存于采集工程数据库。

经邀请他全家搬迁到山东青岛，并提出了非常优厚的待遇，但是他不为所动，坚持没走。当时沈荣显提到："第一，我年纪大了，你们花这么大的代价，我怕会让你们失望，我觉得我不可能会为你们做什么；第二，就是我们在黑龙江已经住了这么多年了，我对这里有感情了，所以说我不能离开这。"[①] 当时跟市长一同来了很多的官员邀请他，待遇十分丰厚，包括所有子女的工作、入学和房子等等问题全部解决，但都被沈荣显直接回绝了。大家听闻后，都十分惊讶和不解，但同时也很敬佩沈荣显淡泊名利的精神。

① 林跃智访谈，2013 年 7 月 15 日，北京。资料存于采集工程数据库。

第十一章
慢病毒疫苗的开拓者

勇攀高峰的科学精神

沈荣显有一种勇攀高峰的科学品格——在漫长的科研道路上，无数次分析、研究、探索、总结，饱尝了“失败、成功、再失败、再成功”的苦辣酸甜，愈挫愈勇，他以令人景仰的学术勇气和科学探索精神给予世人战胜动物疫情的无限力量。

在搞技术的科研领域里面，沈荣显作为著名的动物病毒及免疫学家，自1948年开始的60多年里一直从事家畜病毒病的免疫学研究，做出了多项有世界领先水平的创造性科研成果，是慢病毒病疫苗的开拓者，也是非常出类拔萃的科研人员。2001年在中国工程院与中国科协联合举行的推选“20世纪中国工程科技伟大成就”中，在全面推选的基础上由评选委员会评选出了“20世纪中国工程科技最伟大成就”，在畜禽水产养殖技术的疾病防治方面评选出四大重要家畜疫病疫苗，其中有三项工作（①牛瘟山羊化兔化弱毒和牛瘟绵羊化兔化弱毒疫苗，②猪瘟兔化弱毒疫苗，③“马传贫”驴白细胞弱毒疫苗）都是在他参与主持下完成的。尤其是他主持研究成功的“马传贫”弱毒疫苗“在学术上突破了慢病毒不能免疫的理论，做出了开拓性贡献”。使得中国成为世界上唯一取得对“马传贫”流行病毒成功控制的国家，也使中国“马传贫”活毒疫苗及免疫学研究水平一直保持国际领先地位。

获得主要专利情况

国别	专利号	何种专利	专利名称
中国	ZL 96 1 023323，1 国际专利分类号：C12N 1/36	发明专利	马传染性贫血病驴白细胞弱毒株及其培育方法
中国	公开 / 公告号 12701015	发明专利	马传染性贫血病毒驴白细胞弱毒疫苗株的全长基因序列
中国	专利申请号 991275322	发明专利	马传染性贫血病代表毒株（强毒及驴胎皮肤细胞弱毒株）的全基因克隆及其应用。
中国	申请专利号 11236205	发明专利	马传染性贫血病驴胎皮肤细胞弱毒疫苗株及其培育方法
美国 欧共体	申请专利号 PCT/CN00/00096	发明专利	马传染性贫血病毒驴白细胞弱毒疫苗株的全长基因及其应用

艰难困苦终不悔，逆境而上战瘟神。他用攻克慢病毒疫病的卓越成就，在我国兽医科学史上竖起一座丰碑；他用累累的科研硕果，让世界读懂了中国科学家的骄傲。

沈荣显有一股子老科学家所特有的埋头苦干、刻苦钻研的精神。特别是在“四害”横行的那些日子里，精神压力很大，生活条件很差，一家七口人挤在十四平方米的住房里，晚上睡觉还要打地铺。即使是在这样的条件下，他也从来没有中断过科学研究工作。早晨六点钟，当人们刚刚起床准备早餐时，他已经在研究室学习和工作了。晚上，别人都下班回家了，只有他那个办公室的灯光还亮着，他一个人在翻阅资料，分析、整理研究结果，准备第二天的实验，直到夜里九点多钟，所里要关大门了，他才一拖再拖地被值班人员劝走。就是这样一天天、一月月、一年年地忘我工作，才使他主持研究的“马传贫”弱毒疫苗获得了巨大成功，解决了世界上百余年来称之为“老大难”的问题，为我国畜牧业和农业发展做出了重大贡献，受到全国科学大会的奖励。

哈尔滨兽医研究所从60年代中期开始，集中科研骨干力量从事“马传贫”课题的研究。当时已经是副研究员、省特等劳动模范的沈荣显担任了课题研究的负责人，他和全室科研人员团结一心，集中大家智慧，破除迷信，坚持实践，决心走出中国的路子来。在研究过程中，遇到两点难关，一是国外科学家对“马传贫”病毒有否免疫力其说不一，有的认为有，有的认为没有。沈荣显和科研人员共同查阅了大量国内外科学资料，反复研究分析国外两种说法的科学数据，在实验室进行大量试验之后，深入到外地农村、农牧场进行试验，他们不畏艰苦，从多次失败中找经验，终于取得“马传贫”病毒本身具有较好免疫性的科学数据，从而得出马传贫病毒本身后免疫力的科学结论，突破了阻碍科学研究的第一道大关。

第二关是，国外多数学者认为，“马传贫”病毒在马体内的变化没有固定的方向，因而无法搞出疫苗来。科研人员冲破思想束缚，从培育种毒入手，精心选育，搞清了种毒接代前后的变化，打开了阻碍试验继续进行的大门，更加坚定了科研人员的决心。他们起早贪黑辛勤工作在实验室里，当发现有苗头时，不管多远或有多大困难，都争相到外地农村和马场做现场试验。经过多重细胞试验，大量筛选，终于发现驴的细胞适于“马传贫”病毒生长，经过多次试验，培育成功了“马传贫”弱毒疫苗。接着，他们又用三年多的时间作现场实物验证，在夏季蚊虫较多时期，把健康马和注苗马放在同厮饲养，检验证明，健康马毫无异状；在累计注射的五百多匹次马、骡、驴中证明这种疫苗具有较好保护性能。经测定，对马的保护率达到75%以上，对驴的保护率达99%，最终研制工作获得了巨大成功，发明了世界唯一的“马传贫”驴白细胞弱毒疫苗。

1989年11月27日，世界文化委员会秘书长Esteban Meszarowild博士给沈荣显研究员写信，说：“首先代表世界文化委员会向你表示衷心祝贺，鉴于你作为候选人参加1989年‘爱因斯坦’世界科学奖，我们非常高兴地授予您奖状，奖励您辉煌的科学生涯及对人类利益所作出的有价值的工作。”①

1990年8月21日，美国《纽约时报》(环境版)刊发《中国马疫苗的成功给防治AIDS(艾滋病)带来希望》。这样报道：“25年前，一种病毒病严重流行于中国马群，许多马匹发烧、虚弱，部分马匹死亡。一些感染马不表现任何症状，但可通过血液交换和性活动传染给其他马。今天，中国应用70年代中国哈尔滨兽医研究所沈荣显研究的‘马传贫’弱毒疫苗已消灭了‘马传贫’。并且，沈荣显先生的成果还可以广泛地为人类服务。80年代中期，科学家们证实：‘马传贫’病毒是一个慢病毒，它的结构和感染模式与引起AIDS的病毒非常相似。”

沈荣显之子沈杰接受采访时，他感慨地说：“现在又赶上禽流感的高发期，我们就能再次感受到防疫卫生工作的重要性，如果没有牛瘟疫苗，现在我们连牛奶都没得喝，如果不是研制了猪瘟疫苗，我们现在也没有办法吃到放心肉了，我父亲最后又搞了也是最难的慢病毒疫苗——马传染性贫血病驴白细胞弱毒疫苗。他生前最遗憾的事情，就是生病以后无法继续工作了，可以说，我父亲把自己毕生的心血都贡献到了疫苗的研制工作之中，他本身就非常非常喜欢这个行业，他认为如果没有兴趣就不要去做，他觉得自己的工作不枯燥，他说我就是喜欢，一到实验室他就觉得浑身有用不完的劲，他特别喜欢这个氛围，所以说他就能坚持到最后，能把这个事情做出来，他的一生都是在实验室做那些事，大部分时间都放在了工作和科研上，他就是能钻研进去，他就能够持之以恒地做下去，有着一种执着严谨的工作态度和科学精神。”

沈荣显对自己的事业充满了热爱，当2008年接受记者采访时，关于兽医科学发展的前景问题，说道：“从前很多人对动物医学专业并不了解，并存有偏见，甚至有人认为这是敲猪骟马的行当。但随着人民生活水平的提高，畜牧业的大力发展，动物疾病的预防和保健越来越关乎人们的生活品质和健康，越来越多的新发传染病也威胁着动物的安危。因此，动物医学研究的任务将会更加艰巨，该领域也会需要更多的兽医研究工作者。我

① 世界文化委员会秘书长Esteban Meszarowild博士给沈荣显的信，1989年11月27日。资料存于采集工程数据库。

想，动物医学这项关系到国计民生的专业是非常有发展前景的。”①

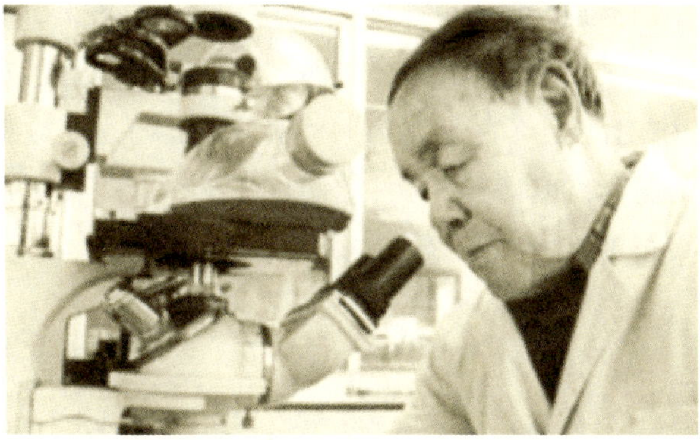
图 11-1　沈荣显依然坚持工作和实验（2009 年。资料来源：辽宁省科学普及网）

2008 年以前，80 多岁的沈荣显仍然坚持每天上班，每天早晨 7 时 30 分准时出现在实验室，晚上四五点钟才离开。学生们开玩笑说，“沈老不是在实验室，就是在去实验室的路上”。奋斗在实验室，是沈荣显的行动指南。实验室，一件白大褂、一架显微镜、一排试验玻璃管……外人看起来平淡而乏味的实验，在沈荣显眼中却是一个有声有色的世界。

沈荣显在科研上的严谨和固执，大家非常敬佩。“就说一件小事，实验的试管或细胞培养瓶要送去高压灭菌，其实他前一天已经告诉我帮他送了，第二天时间没到，他准保早早就端着东西站在实验室门口等着你来，千叮咛万嘱咐一定要在什么时间送去才行。”沈荣显的学生王晓钧说。“种毒培养，他一定要亲自把关；实验室里的东西，总是自己亲自整理的，包括最细微的诸如拖地板这样的活儿在内；以他当时的年龄和资历，有些实验完全不必亲自动手，他却喜欢自己来做；实验的关键期，他连试管和培养瓶的清洗工作都要自己动手……甚至放在实验室冰箱里的 100 多种病毒，每天都要看上几遍。”王晓钧现在回想起来，还觉得老师有时候“固执”的可爱。②

沈荣显自认为并不是一个十分聪明的人，一个工作别人用一个小时，他可能需要用两个甚至三个小时，他说自己是一个特别勤奋的人，一辈子

① 傅宇：病毒研究是我生命中最重要的梦想——访中国工程院院士沈荣显。《黑龙江学子杂志》，2008 年 10 月 24 日。

② 王晓钧访谈，2013 年 6 月 10 日，北京。资料存于采集工程数据库。

钻研科研，踏踏实实地干工作，一心扑在科研上。他说科研这项工作，尤其是生物科学有很多的偶然性，需要的就是长期的坚持和不懈的努力。沈荣显院士有一种勇攀科学高峰的科研态度，他不仅以自己严谨和勤奋的科学态度培养着学生，更以甘于平淡的人格品质为人类的进步做出了卓越贡献。

敢于担当的人生信条

沈荣显是一个事业特别专注和投入的人，只要决定选择了，他就会勇于担当责任。他专注于自己的工作和事业，包括他生活中一些细节的事情，只要是他想要做的事情就绝对不会半途而废。在沈荣显的世界里，凡事只要动起手，决定了要做的事情，他就肯定会善始善终、尽善尽美地把它做好。

80 年代《哈尔滨日报》曾以《沈荣显：敢碰“老大难”的科学家》这样报道过沈荣显：

哈尔滨市兽医研究所副研究员沈荣显，是我国从事兽医研究三十多年的老科学家，也是我市科学技术队伍中入党较早的老党员。

沈荣显从要求入党那天起，就立志在兽医研究工作上大干一番事业，为党和人民争光，为中华民族争光。因为三十多年来，他埋头苦干，兢兢业业，始终如一，无论是偏远的农村社队，还是辽阔的草原牧场；不管是在风吹雨淋的畜舍，还是在夜半更深的实验室里，都有他不倦的足迹和辛勤的汗水。特别是党的三种全会以后，沈荣显虽然年已六十，但他更加拥护党、热爱党，更加朝气蓬勃地领导着研究室的同志，战斗在科学研究的第一线。工作中，他和研究室的同志一样，亲自搜集科学资料，进行课题设计、实施和总结；亲自参加实验室的细胞培养、观察，同时还经常深入外地农牧场进行现地调查和试验。沈荣显在技术上也是严格要求，精益求精，为了弄清一个问题，他常常是不分昼夜，忘了节假日，就是出国回来，他也赶快跑到畜舍观察动物试验的进展情况。因此同志们都说，老沈在科学研究工作中，也处处注意发挥党员的先锋模范作用。

三十多年来，沈荣显在兽医免疫研究方面，积累了丰富的经验，先后撰写二十多篇有价值的科学论文，并获得丰硕的科学成果。早在五十和六十年代，他和同志们一起研究成功了“牛瘟弱毒疫苗”、“猪瘟免化牛体反应苗”、“羊痘弱毒疫苗”，为发展我国畜牧业做出了贡献。特别是七十年代他主持研究的“马传贫弱毒疫苗”获得成功，解决了世界上百余年称之为“老大难”的问题，受到国内外专家的高度重视和评价，为我国畜牧业和农业发展做出了重大贡献。现在，沈荣显已通晓日、俄、罗、英四国语言，并密切关注着国内外科学技术发展的新动向、新技术，他决心在新的长征路上，更上一层楼，再取得新的更大的科学研究成果。

1984年1月15日，在新年来临之际，哈尔滨市总工会主席走访慰问了沈荣显，对在科研方面取得新成就表示祝贺，并听取了他对工会和其他方面

图 11-2　参加中共哈兽研所第八次党员代表大会（2000 年 3 月。第二排左起第二位，沈杰提供）

的意见，沈荣显向市总工会主席表示：作为工人阶级的一员，他一定不辜负党和人民的信任，用有生之年去攀登科学新高峰，为四化建设多做贡献。

林跃智既是沈荣显的孙媳妇，也是沈荣显的学生，他们之间不仅有亲情，还有师生情，所以在家里沈荣显沟通最多的就是这个工作同样认真，对科研同样执着的孙媳妇林跃智，而林跃智也非常敬佩爷爷耐得住寂寞的执着敬业精神，从事科学研究对他来说就是那么的恰如其分。林跃智说："爷爷的性格注定了他就是搞科研的，他就是为科研而生的一个人，他做别的可能也不行，他自己也说我也就是搞科研，同时也是那个年代成就了我。他说，现如今可能我也不行，现在这个科学氛围和我们那个时候不一样，你要成为科学家不光需要你的学术方面有成就，还需要进行社会交往和沟通，他说我这方面不行，他自己也知道。他还说，当年入党的时候，组织就提出说他性格孤僻，不善言谈，联系群众不够，他说现在还是这样，他还说自己的入党介绍人陆老师跟当时和他也提出了相同的缺点，很多人都非常重视为人处世，但他却一直不是很擅长，他自己常说性格方面的东西还是很难改变的。"①

沈荣显就是一辈子踏踏实实地在中国农业科学院哈尔滨兽医研究所工作的人，他认为科研工作和别的工作不一样，它是需要一个积累，需要勇于担当责任，不能遇到困难就回头了，科研工作需要不怕困难，充满耐心地做下去。沈荣显在实验室的时候，总是自己把所有地方都收拾的干干净净，从来不假手他人。实验室就是他的家，他的一生大部分时间都是在实验室中度过的。他这一生就是和家畜病毒的免疫研究结缘了，但就算他是去做别的事情，也一定会做得很棒，因为他是一个做事情敢于担当，责任心非常强的人。

1993 年 4 月 11 日《文摘周刊》以"中国科学家与世界第一"为题，同时报道了沈荣显和袁隆平等 8 位科学家取得的卓越成就。中国农业科学院哈尔滨兽医研究所沈荣显等人，从 1976 年开始，经过多年研究，在世界上第一个研究成功能够有效地控制马传染贫血病的疫苗。

2005 年 9 月 22 日，赴北京参加由大北农集团主办，农业部科技发展

① 林跃智访谈，2013 年 7 月 15 日，北京。资料存于采集工程数据库。

中心、科技部农村技术开发中心、中国农业科学院、中国农业大学、《农民日报》社等多家单位协办的农业科技创新研讨暨第四届大北农科技奖励颁奖大会，并参观大北农科技园。

图 11–3　赴京参加农业科技创新研讨暨第四届大北农科技奖励颁奖大会（2005 年 9 月。资料来源：大北农网）

2006 年 10 月 29—31 日，沈荣显赴北京参加在九华山庄举行的中国畜牧兽医学会成立 70 周年庆典暨 2006 学术年会。来自全国畜牧兽医教学、科研、生产及相关领域的专家、学者、青年科技工作者、企业管理者以及出席学会第十二届会员代表大会的代表、新闻媒体等有关人员共 800 余人参加了大会。本次会议还设立了畜牧和兽医 2 个分会场，以及中国畜牧兽医学会畜禽遗传标记学分会第十次学术研讨会、国务院加强民间兽医工作的指示颁布 50 周年暨 2006 中国中兽医发展高层论坛、中国消灭牛瘟 50 周年纪念座谈会、《畜牧兽医学报》创刊 50 周年纪念座谈会、人才与就业以及产业化发展高层论坛。

2006 年 10 月 30 日，沈荣显参加了在北京举行的“中国消灭牛瘟五十周年纪念座谈会”，并作报告。座谈会上，陈凌风、尹德华、张子仪、夏咸柱、甘孟侯等专家、老同志，中国畜牧兽医学会副理事长、秘书长阎汉平、农业部兽医局副局长李长友、中国兽医药品监察所所长于康震、中国动物疫病预防控制中心副主任徐百万、中国农业科学院哈尔滨兽医研究所所长孔宪刚、中国农业科学院兰州兽医研究所所长才学鹏等领导出席了座谈会。新中国成立后，在中国共产党的领导下，以不到 7 年（1949—1956 年）时间就在全国消灭了危害千载的牛瘟，这是中国畜牧兽医界最伟大的成就，举世瞩目，涌现了功在千秋、光照后人的事迹。座谈会上，沈荣显对 50 年前的工作情况仍记忆犹新，谈起过去勤劳勇敢、艰苦创业的日子，沈荣显深情地说，“发扬当年牛瘟防疫队的大无畏革命精神，就没有送不走的瘟神[①]”。

沈荣显十分疼爱自己的重孙沈博玮（当当），2010年以后，他每天还习惯看书，研究他那些科研问题，很少与家人聊家常，总是一副严肃认真的面孔，但是只有见到当当的时候是面带微笑的，从他的笑意中，能看出他对重孙充满了美好的愿景和希冀。有一次重孙当当顽皮不听话，孙子沈楠教育当当时，就顺手打了孩子一下，他当时看到了，非常生气地说：“以后你们要是打他就等于是打我。”第二天沈杰说他真是生气了，回去都气哭了，他就是真的把这事放在心上了，特别心疼重孙，谁都不能碰孩子一下，即使是批评也不行。[②]对待重孙当当，他作为老人的可爱一面全都展现出来了，当时家人都惊呆了，大家没想到平日工作一丝不苟、很少过问家事的他，对重孙能有这样的态度。沈荣显对这个重孙非常的疼爱，甚至早已超过了大家的预期，这种爱是家里几代人都没有享受过的，他的

图 11-4　中国消灭牛瘟五十周年纪念座谈会（2006 年 10 月。左起第四位，沈杰提供）

① 沈荣显：在中国消灭牛瘟50周年纪念座谈会的讲话。2006年10月30日，未刊稿，资料存于采集工程数据库。

② 沈杰访谈，2013年8月6日，北京。资料存于采集工程数据库。

儿子沈杰没体会到，孙子沈楠没体会到，只有重孙当当全得到了，这种爱不是体现在给孩子花多少钱上，主要是那种感情的投入特别大。沈荣显患病之后从来不让人给他照相，只有重孙当当除外，他主动地抱着孩子让家人给照。

图 11-5　沈荣显与儿子沈杰、孙子沈楠、重孙沈博玮合影（2012 年。沈杰提供）

2012 年春节的时候，沈荣显特意换身新衣服，高兴地抱着一周岁的重孙当当拍照合影，然后他和儿子沈杰、孙子沈楠、重孙当当，四代人一起合了影，而这张照片也是他和家人的最后一张合照。这些事情在别人家可能很简单，但是在沈荣显那儿他说不照肯定就不照，就是这样一个人。沈荣显把一生的精力、心血、感情都奉献给了科研事业，他将自己的亲情隐藏得很深很深，就连他身边那些最至亲至爱的人有时都很疑惑，他对他们到底有没有亲情，有没有爱。直到沈荣显到了耄耋之年，工作上终于稍微闲了下来，他将全部的爱都释放到了重孙当当身上，看到他慈祥地含饴弄孙的温馨场景，家人们才无比欣慰地确定这位老人对这个家是有爱的，而且爱的那么深沉，只是过去的那些年里，他将全部时间和精力放在科研工作上，没有时间去表达这份爱。

沈荣显，这位曾与四位国家最高科学技术奖获奖者——袁隆平、黄昆、王选、吴文俊先后在不同项目上一同获过奖励的科学家，2012 年前，仍夙兴夜寐、不知疲倦地工作着，而他的精神已为农业和畜牧业科技工作者广为传诵。

历久弥新的精神力量

从参加培育牛瘟、羊痘、猪瘟等疫苗到主持研制“马传贫”弱毒疫苗；从学术上突破了慢病毒不能免疫的理论到通过探索马传染性贫血病毒弱毒疫苗保护机理来指导艾滋病疫苗设计……沈荣显攻克数项世界难题，一次又一次牵动了世界的目光。在他的引领下，我国艾滋病疫苗研究面临突破，人类拥有了战胜艾滋病新的希望。作为兽医科学界的第一人，沈荣显的名字注定要被历史铭记。

在半个多世纪的科研生涯中，他和他的同事攻克了牛瘟、“马传贫”等一道道世界难题，在一次次与病毒面对面的较量与搏杀中吸引着世界关注的目光。在艰苦而漫长人生中，沈荣显把自己奉献给了科学事业，把自己的研究成果奉献给了祖国，也奉献给了全世界。他不仅仅是一位坚强的科学家，更是支撑后人走完未来人生之路的“精神脊梁”。这是一种伟大的精神力量。

《哈尔滨日报》曾刊发沈荣显撰写的《党是指路的灯塔》：①

夏天，每当我到祖国各地检疫时，在辽阔的草原上、田野里，常常被那“蓝蓝的天上白云飘，白云下面马儿跑”的壮丽景色所吸引。此时，总是控制不住内心的激动，自己从事兽医科研工作以来所走过的历程浮现在眼前。

我是从旧社会走过来的知识分子。1944 年我从沈阳农业大学兽医系毕业后，在沈阳兽疫研究所从事研究工作，看到国民党腐败政治的统治，感到一切都失望了。为了追求光明，1948 年我毅然投奔共产党，参加了革命，来到哈尔滨兽医研究所工作。从此开始了我的科研

① 沈荣显：党是指路的灯塔。《哈尔滨日报》，1981 年 7 月 31 日。

生涯。

新中国成立后，我国西南的西藏、青海等地，发生了大规模的牦牛瘟疫，大批大批的牦牛死亡，严重地危害着当地人民生产和生活。当时，哈尔滨兽医研究所在现任副所长、研究员袁庆志同志的主持下，我们同心协力研究成功了防治牦牛疫病的“牛瘟绵羊化疫苗”。

1953 年我带着党的嘱托，来到了康藏高原。在藏族人民热情支持下，经过两年多的时间，终于扑灭了这场瘟疫。人们兴高采烈地欢呼：“门巴（兽医）！共产党派来了门巴！”载歌载舞地歌唱：“共产党像太阳……”

在党的培养教育下，1956 年我光荣地加入了中国共产党。第二年，我出席了全国科学工作者积极分子代表大会，在那幸福的日子里，毛主席、周总理等党和国家领导人亲切地接见了我们。

党和国家十分关心科研人员的成长。1963 年，送我到罗马尼亚留学，我得到了世界著名病毒专家尼古劳院士、所长的热心帮助。这期间，敬爱的周总理曾两次访罗。当时，我任中国留学生的党支部书记，在为总理担任警卫和生活服务活动中，与总理的接触较多。总理总是亲切地鼓励我们“增进友谊，努力学习，为祖国和社会主义建设做出贡献。”听到总理的教导，想到祖国的富强，自己感到全身是力量，并立下为发展祖国的兽医科学，努力攀登世界高峰的誓愿。

转瞬间，三年过去了，1966 年 12 月，我回到了祖国。当时，正在搞“文化大革命”，我们的科研事业虽然受到了林彪、“四人帮”的干扰破坏，可是我和所里的科研、工作人员一起，继续进行从六十年代初开始的防治马传贫性贫血病（称马传贫）的探索。

经过十多年的风风雨雨的苦心研究，我们终于研制成功了防治马传贫的“驴白细泡弱毒疫苗”。从而，在生物学领域里打开了各国专家苦心探索一个多世纪，被称为“不治之症”马传贫的秘密。居于世界领先地位。

去年，美国家畜卫生考察团来访时，称这项科研成果：“走在了世界前列，是值得骄傲的。”

现在，这种疫苗已正式投入生产，并在全国各地普遍应用。实践证明，对马、骡、驴均适用，安全可靠。

党是指路的灯塔，这一科研成果的取得，显示了社会主义制度的无比优越性。在这项科研工作进行中，国家拨给了优厚的科研经费、完善的试验设备、先进的试验仪器和广阔的实验场所，没有国家的重视和全体同志的奋发精神，是不可能取得成功的。

三十多年的历程，使我充满了对党对祖国的热爱。在党的光辉照耀下，使我从旧社会的一个知识分子，成长为一名共产党员、国家的研究员，在科研上取得一点成绩，应归功于党的培养教育。

在祖国四化建设的年代里，我绝不辜负党的殷切希望，为发展祖国畜牧业，振兴中华做出自己的贡献。

2008 年，沈荣显患病以后，这对他的打击特别大，每次都很配合医生检查，因为他想早点好起来，再回到实验室工作。开始的时候，他每天坚持康复训练，每次都练的一身汗，注意饮食健康，每日早餐牛奶麦片，经常在报纸上看一些关于养生的文章，并剪下来保存起来，按照那些科学的方法加强身体健康，但过了半年的时间，恢复的速度很慢，他就很苦恼和上火，他不能工作，他情绪特别不好。他非常非常地焦虑，有时也会和家人发火，闹脾气，家里人无论是儿子、儿媳、孙子照顾他，他都觉得不称心如意，找外面的看护就更不行，他总觉得他们不理解他，照顾得了他的病却照顾不了他的心。他只要求孙媳妇林跃智去照顾他，有时他会趁机看看重孙当当，和他逗笑玩耍一会精神就会好很多，更多的时候他会问问孙媳妇实验室的事情，问问她们那个工作小组最近关于艾滋病免疫研究的进展如何了，他会认真地听她汇报她们的研究进展，每一个细节他都听的很认真，时不时地给予一些评论和建议，这让他觉得自己依然在工作，依然还是个有用的人。在这个家里重孙当当是沈荣显的“心上人”，而孙媳妇林跃智则是最了解他的人。所以在爷爷重病的那段日子里，林跃智每天除了继续搞科研工作、教育指导学生、抚养儿子当当，最重要的任务就是到医院照顾爷爷。但是她一点也不觉得辛苦，也从不抱怨，因为她打心眼里敬爱也敬佩这位老人，他从爷爷身上学到了许多许多优秀的品质。她知道爷爷那时候唯一的精神支柱就是他能早点好，早点上班，当时他的那种训练强度，其实挺让人心疼的。吃饭不能随便动，只能保持着一个姿势，唯一能吃的是粥糊状的东西，家里人看在眼里，疼在心里。但他总觉得怎么好的这么慢呢？什么时候能上班啊？就总问这些问题，住院期间家里人也带他到单位了几次，给他信心，他非常高兴，在他的办公室坐一坐，跟所长聊一聊，关心地问着所里的发展、科研的情况，当时他看到实验室的兴奋真是无法形容。

图 11-6　沈荣显和重孙当当（2011 年 2 月。林跃智提供）

2008 年 7 月 17 日，沈荣显院士出席了中国农业科学院哈尔滨兽医研究建所六十周年的庆祝活动。当初，他正是从这片充满希望和生机的沃土开始了艰难的创业之路。作为第一代哈兽研人，沈荣显在科研领域里挥洒青春，倾其毕生智慧和心血书写了哈兽研的辉煌历史。面对记者采访，沈荣显说："我在中国农业科学院哈尔滨兽医研究所工作了整整六十年，这个工作岗位涵盖了我一生的梦想。哈兽研伴随我成长，也为我提供了最好的支持和平台，这里已经是我生命中不可分割的部分。我希望哈兽研能够更加强大，在中国乃至世界的兽医研究领域处于领先地位，同时培养出更多兽医领域的专家。祝愿哈兽研的明天更美好！"①

① 傅宇：病毒研究是我生命中最重要的梦想——访中国工程院院士沈荣显。《黑龙江学子杂志》，2008 年 10 月 24 日。

2010年2月10日，黑龙江省科技厅副厅长张长斌[①]率院士办全体同志来到哈尔滨兽医研究所沈荣显院士家中进行春节前慰问。张厅长代表科技厅党组及领导班子成员为院士送上鲜花和春节的祝福，关切地询问了院士的生活和身体情况，对沈先生在其研究领域做出的巨大贡献给予了很高的评价，对其一直以来关注、支持黑龙江农业的发展和经济的建设表示感谢。希望院士保重身体，多给黑龙江省科技战线提宝贵意见和建议，更好地为我省经济建设和社会发展服务。沈荣显院士非常感谢张厅长在百忙之中能来家看望，感谢省领导及科技厅领导对他的科技项目给予的支持，对他所取得的科技成果给予的肯定，并表示一定要多培养和造就年轻人才接班，为推动黑龙江省科技工作又好又快、更好更快的发展，推动农业大省快速腾飞做贡献。

沈荣显在住院期间提起他一生之中有个遗憾，就是艾滋病的事，他总是关注和过问艾滋病的疫苗有没有什么进展，他把自己一生的心血都用在了科研事业上。沈荣显生前曾这样评价我国病毒及动物疾病研究水平：我国与世界发达国家在病毒研究，特别是在动物疾病研究上还是具有一定差距的。但这种差距已经越来越小，甚至我们在动物医学的某些方面还有一定的优势。例如，"马传贫"弱毒疫苗是目前世界上唯一成功的弱毒疫苗，我国也是唯一向世界宣布消灭牛瘟的国家，禽流感等疫苗也受到世界的广泛认可。同时也要认清，我们还要加强基础研究和技术策略的掌握，在先进的技术支持下来开展科研工作。不要跟着别人的路走，要开展创新型的科学研究。[②]

沈荣显近90高龄时，除指导研究生工作外，还坚守实验室，亲自动手。同时，他还不顾年事已高，常常到外地出差。沈荣显不愿给任何人添麻烦，临走前说的最后一句话是："我走之后，不要告诉任何人。"[③]

在把一个个梦想变成现实的艰苦而漫长的60年中，沈荣显从未停止

---

① 张长斌，博士，省九三学社副主委。2008年起，任黑龙江省科学技术厅副厅长，现任黑龙江省科学技术厅常务副厅长。

② 傅宇：病毒研究是我生命中最重要的梦想——访中国工程院院士沈荣显。《黑龙江学子杂志》，2008年10月24日。

③ 林跃智访谈，2013年7月15日，北京。资料存于采集工程数据库。

过与各种不断袭来病毒的抗争，从未停止过对科学力量的渴望，从未停止过对科学精神的坚守，也从未停止过在科学的世界里探求真谛……

图 11-7　沈荣显追悼会（2012 年 7 月 4 日。沈杰提供）

沈荣显把人生变成了一个科学的梦。带着这个梦，2012 年 6 月 30 日凌晨 3 时 35 分，89 岁的沈荣显院士停止了思考，中国共产党的优秀党员、著名动物病毒及免疫学家、中国工程院院士、我国兽医科学界一颗巨星陨落了，享年 89 岁。得知沈荣显去世的消息后，党和国家领导人表示哀悼，对家属表示慰问。

沈荣显同志的逝世，是我国兽医科技界的重大损失。在他的身上，无不闪耀着一个当代兽医科技工作者的灿烂光辉，无不凝聚着一位中国知识分子的高尚情怀！

结 语

纵览沈荣显先生的一生，大多数时间都是在实验室度过的，整日辛勤工作，认真钻研，成功研制了牛瘟、羊痘、猪瘟、“马传贫”等多种免疫疫苗，解决了困扰家畜养殖及畜牧业发展的重大难题，为我国动物病毒的免疫学研究及农牧业发展做出了巨大贡献。沈荣显的一生成就卓著，声名显赫，其原因值得我们深入探讨。

性格决定事业

性格决定命运，沈荣显能够读书上学，从事动物病毒及免疫学研究事业，并取得显著成绩，和他的性格特点密切相关。沈荣显出生的年代，正值国家遭受帝国主义侵略之时，整日思考地如何生存活命，童年童趣荡然无存。在这种环境下，沈荣显自幼就表现出了和同龄人不同的地方，很少疯闹，很少说话，耐得住寂寞，总是老老实实地待在家中，这种内向安静，甚至有些偏执的性格从小便形成了。

沈荣显的性格深受父亲沈宝庆的影响。他的父亲是一个敦厚朴实的东北农民，老实、勤恳、实在是他的最大特点，沈荣显从小眼见父亲辛勤耕耘，负责一家老小的吃穿住行，坚强的父亲逐渐成了他学习的榜样。还有父亲遭遇自然灾害时的坚韧，对待动荡不安局势时的坚守，使沈荣显自懂事起就从骨子里透露出一份像他父亲一样所特有的倔强劲儿。家庭条件和父母的教育方式，让沈荣显从小练就了不怕吃苦、认真做事的优秀品质，培养出了谦逊、勤恳、坚持、执着的高尚品格。无论是在实验室里夜以继日的辛勤劳作，还是到高原地区实地考察，他从不畏惧苦难，也从不贪图安逸，这些都为他日后取得各项重大研究成果提供了坚实保障。

沈荣显父母发现他的性格特点后，就支持他读书学习，将家里的希望寄托在了儿子身上，希望他能通过知识改变命运，将来找到一份既稳定又体面的工作。在当时能让孩子读书的家庭非常少，很多人难以解决温饱问题，更何况上学，很多人也没有这种意识，均过着男耕女织的传统日子。沈荣显读书历程中，因时局动荡和家境不济，一度被迫辍学回家，但他始终没有放弃学习，即使不在课堂也坚持读书，执着的劲头再一次感动了家人，因此重新获得了上学的机会。在高中和大学期间，沈荣显十分珍惜难得的学习时光，平日少言寡语，安静沉着，在他眼里没有什么比学习更重要，“两耳不闻窗外事，一心只读圣贤书”在他身上得到了最好的体现。这些均为性格之使然。

沈荣显青年时期，也曾对抗日深怀一腔热血，但他冷静思考，深思熟虑后，还是选择继续学习，因为一方面他是一个内向不善武装斗争的学子，另一方面他更希望通过自己的努力在擅长的领域做出更大的贡献。大学毕业后在伪满大陆科学院奉天兽医研究所工作期间，当时日本人把持着兽疫所的主要技术岗位，但沈荣显还是忍辱负重，为了科学研究暗自下定决心，努力学习技术本领，积累工作经验，尤其重视借鉴日本人严谨细致的科学精神，一丝不苟的工作态度，对他的成长显得尤为重要，此亦为性格所决定。

沈荣显工作认真细致，非常看重细节，试验必须按照规定程序进行，不允许任何环节的马虎大意，这是他可以取得成功的制胜法宝。新中国成立后的工作中，沈荣显始终服从安排，服从大局，在一次次艰难的工作任务中，从容面对，战胜困难。虽然他不善言谈，严肃认真，但时间一长，他的性格也逐渐被领导和同志们接受和认可，特别是在科技攻关、困难重重之时，他总能稳得住心神，镇得住场面，诸多成绩的取得，他的性格能起到了至关重要的作用。即使是在“文化大革命”期间，他也不忘科研，在苦难中恬然夜读，为日后的科学研究积蓄能量。工作生活中，他沉着冷静，待人温和，谦虚谨慎，不计个人得失，敢于攻关战斗，所以他能取得显著成就也是顺理成章之事。

坚持学术理想

沈荣显把一生的大部分时间花在了工作事业上，他总是告诫家人和后辈:“搞科研干工作，要做到清心寡欲，别想要得什么奖，要得什么钱，不要刻意追求名利，如果总是为了这些事情，那肯定做不好工作。”沈荣显不愿参与政治，从小深受五四运动提出来的“德先生、赛先生”救国口号的影响，希望说的话能代表自己真正的认识和思想，做起事来，只顾埋首拉车，拙于人事交往，缺少斗争性，因此树立了学术至上、科技救国的远大理想。

这种学术理想真正形成于其大学时代，沈荣显的农村生活经历使他深知家畜在当时社会发挥着重要作用，非常同情农民因为牲畜患病死亡所遭受的痛苦，他认为求学的目的是“学以致用”，他的最大愿望是做一个对国家、对人民有用的人，所以他坚定地选择了兽医学，希望通过自己的努力挽救更多牲畜的生命，让包括父母在内的众多农民过上好日子。大学学习期间，十分珍惜学习机会，尊崇科学，注重实践，有效将学习任务转变为学习兴趣，真正的喜爱上了兽医学专业，为此他努力学习专业知识，练就了扎实的业务本领，这些为他日后专心钻研打下了坚实基础。

沈荣显能够坚持学术理想，还源于他强烈的报国之志。他从小经历抗日战争和解放战争，格外珍惜来之不易的幸福生活，他热爱自己的祖国，所以工作中他从来都是听从安排，并且尽心尽力。1956 年，当牛瘟疫苗研制成功并广泛应用取得可喜成绩的时候，他首先想到的是加入党组织，要成为一名真正的共产党员，让自己这种爱国之情更加纯粹，以便在党的领导下更好地施展才华，更好地服务国家、服务人民。1963 年，沈荣显被选派到罗马尼亚出国深造留学期间，为了更好掌握知识体系，他苦学罗马尼亚语，即使面对身体疾患他也未曾低过头、认过输，掌握了先进的知识技术后，他满怀一腔深厚的爱国情怀回到了祖国，坚定不移地投入到了家畜及慢病毒的科学研究事业之中。

沈荣显对待学术研究一丝不苟，有一股子埋头苦干、刻苦钻研的精神。在“马传贫”疫苗研究过程中，当国外科学家认为“马传贫”病毒是否存有免疫力的情况下，他和全室科研人员团结一心，集中大家智慧，破除迷信，坚持实践，决心走出中国的路子来，他们起早贪黑辛勤工作在实验室里，当发现有苗头时，不管多远或有多大困难，都争相到外地农村和马场做现场试验，无论困难有多大，成果有多远，但是沈荣显始终坚守着学术理想和学术自信，于是他们在 1976 年取得了巨大成功。马传染性贫血病弱毒疫苗给艾滋病的预防带来希望，国外一些生物制品开发公司欲与其合作开发马传染性贫血病弱毒疫苗，以赚取巨大的商业利润，淡泊名利的沈荣显表现出了科学家的宽广胸怀，把全部精力都在艾滋病疫苗研究上，希望建立一个艾滋病疫苗的新模式，要让这项成果最大限度地造福全世界。

沈荣显就是一个勤勤恳恳、朴朴实实的科学工作者，他曾回绝过中央电视台的采访，拒绝其他单位的高薪聘请，这么做不是因为他有多高傲，而是因为他不善言谈，他心中藏有一片属于自己的学术天空，他更愿意把时间用在工作和研究中。奋斗在实验室，是沈荣显的行动指南。2007 年，80 多岁的沈荣显仍然坚持每天上班，实验室，一件白大褂、一架显微镜、一排试验玻璃管……外人看起来平淡而乏味的实验，在沈荣显眼中却是一个有声有色的世界。

学术传承发展

沈荣显是新中国成立前较早的兽医专业人才，在伪满时期和国民党统治时期都得到了重用，新中国成立后更是作为第一批技术人员开赴哈尔滨市，承担起了动物病毒及免疫学研究工作。这些经历不仅使他开拓了视野，积淀了文化知识，更积累了丰富的工作经验，同时也传承了不同时期学术精髓，并通过同事合作和学生培养最大限度地提升了研究成果水平和扩大了学术影响。抚今追昔，看到国家科学技术的突飞猛进，远远超过他的想象，因此他更加深信中国踏入科技强国的行列，是指日可待的事。

在沈荣显研究牛瘟、羊痘、猪瘟疫苗时期，能够取得优异的成绩，除了个人努力外，还得益于领导和同事的帮助，当时陈凌风、袁庆志、氏家八良、李宝启、彭匡时等人在研发试验中给予了巨大支持，工作中紧密合作，互通有无，在研究方法上相互学习借鉴，兼收并蓄，促进了工作的顺利开展。当时，陈凌风和袁庆志一个是所长，一个是项目负责人，对沈荣显的帮助最大，工作中无微不至，甚至获得亲自指导，获益匪浅。后来研究"马传贫"疫苗时，也得到陈凌风的大力支持，还有和他一起科研攻关的徐振东、何云生、张盛兴等人，这一时期与同事紧密合作中，他还要负责指点教导，无论是单位同事，还是其他同行，只要是关乎学术，他都悉心辅导，尽职尽责。包括近些年来与邵一鸣、薛飞、相文华等人开展关于艾滋病疫苗的研究合作程中，他一直以传承学术，创新发展为己任，不断拓宽合作渠道，进一步完善学术体系。

沈荣显谦虚好学，注重自身提高，1948 年刚到东北行政委员会家畜防治所，就前往北京参加农业部的学习，进修畜牧业和家畜防疫知识，他虚心请教老师，和同学们开展交流学习，掌握了扎实的科研知识和实践方法，为今后的科学研究奠定了坚实基础。1963 年沈荣显远赴罗马尼亚进修深造，在异国他乡，他克服困难，认真汲取国外先进知识，掌握先进技术，极大地丰富了自身知识体系，回国后即勇挑重担，使我国研发"马传贫"疫苗的科学设想终成现实。

为使科研事业后继有人，沈荣显还始终把培养、扶植学生作为自己的崇高使命。他倾注大量心血，大胆提携后辈，委以重任，成就了一大批年轻人才。他常常鼓励自己的学生们，科研之路无止境，要认真学习，勇于创新，永远不要停下学习和创新的脚步，要全身心地投入到工作中。关于出国深造之事，沈荣显总是告诫学生和后辈们，中国现在的形势非常好，到国外确实能长见识，但学成之后一定要回来，要记得自己是个中国人，国家给你机会出去学习，要懂得回报，回来将所学用到实处就是最好的回报。目前活跃在我国动物传染病研究领域的高层次人才，有很多都是在他的亲自关怀、培养和扶植下成长起来的。

在把一个个梦想变成现实的艰苦而漫长的60多年中，沈荣显从参加培育牛瘟、羊痘、猪瘟等疫苗到主持研制“马传贫”弱毒疫苗；从学术上突破了慢病毒不能免疫的理论到通过探索马传染性贫血病毒弱毒疫苗保护机理来指导艾滋病疫苗设计……沈荣显和他的同事攻克了一道道世界难题，在一次次与病毒面对面的较量与搏杀中吸引着世界关注的目光。沈荣显把自己奉献给了科学事业，把自己的研究成果奉献给了祖国，也奉献给了全世界。他不仅仅是一位坚强的科学家，更是支撑后人走完未来人生之路的“精神脊梁”。

附：在中国消灭牛瘟50周年纪念座谈会的讲话

沈荣显

2006年10月30日

今天，我们在这里欢聚一堂，隆重纪念我国消灭牛瘟50周年。这是一个令人欢欣鼓舞的时刻，也是我们所有兽医工作者扬眉吐气的时刻。时光飞逝，弹指一挥间，50年过去了，回首望去，在党和政府的领导下，几代兽医工作者前仆后继，同心同德，不计名利，无私奉献，不断开创了我国兽医工作的新局面。而这其中，只用7年时间便在建国初消灭了危害我国畜牧业的烈性传染病——牛瘟，更是在中国畜牧兽医历史上写下了光辉的一页！

牛瘟的历史也就是近代兽医学史。牛瘟起源于18世纪初的亚洲，随后传入欧洲，二次大流行几乎使欧洲的牛全部死亡（约2亿头）。现在，非洲、中远东仍有流行。建国前，牛瘟几乎遍及全国各省、自治区，每隔三五年左右发生一次大流行，死亡的牛多达数十万头。仅1938—1941年前后，川康、青藏、甘肃一带流行牛瘟，死亡牛百万头以上。

在这激动喜庆之日，人们都感到真实记录下这段历史，进一步挖掘和总结它的丰富内涵，为后人留下一些借鉴的必要。回忆往昔的艰苦岁月，审视50年的风雨历程。在消灭新中国牛瘟的历程中，哈尔滨兽医研究所曾付出辛勤劳动，先后研制成功了对不同牛种的有效疫苗，为消灭牛瘟提供了有力武器。

我国解放前期，东北和内蒙地区牛瘟流行极为猖獗，损失严重。为了保护耕畜、发展农牧业生产、支援解放战争，党和政府决定首先消灭牛瘟。1948年6月建立了东北兽医研究所（现中国农业科学院哈尔滨兽医研究所）。建所后首先研制了牛瘟脏器灭活疫苗和高免血清，对控制东北解放区牛瘟起到了积极作用。1949年3月北京解放初期，我所从华北农业科学研究所取得日本中村Ⅲ系799代兔化牛瘟病毒，开始研究该病毒的性状以及对各种牛种的安全性与免疫试验。研究证明，800代以后的兔化毒，虽然能够免疫东北及全国各地区的本地黄牛、水牛和蒙古牛，但对牛瘟易感性强的牛种——朝鲜牛、牦牛等不够安全。同时应用兔体组织制苗产量少，难以满足供应普遍防疫的需要。为了解决这些问题，哈尔滨兽医研究所对防制牛瘟疫苗进行了一系列研究，获得多项研究成果，对防治和消灭我国的牛瘟起到了巨大作用。

（1）兔化毒牛体反应疫苗的研究。应用牛瘟兔化弱毒疫苗防制牛瘟虽然可行，但在广大农牧区，搜集大批家兔十分困难，又加之应用兔体制苗产量小，成本高，则不能及时大量供应疫苗。因此，严重地限制防疫工作的开展。如1949年内蒙古的锡盟牛瘟大流行，牛只死亡甚多，但因缺乏家兔，无法开展预防工作。因此，哈尔滨兽医研究所曾于1949年4月，开始试验用800代以后兔化毒，通过蒙古牛、本地牛3—5代后均未能恢复其毒力，且仍然保持了兔化毒的特性，并具有良好的免疫原性，证明利用牛繁殖兔化毒作为疫苗是完全可行的，从而创立了反应疫苗的方法。其方法是以兔化毒静脉接种犊牛，选择其定型发热者，采取其血液或脾脏，淋巴腺经检验无其他病原者即作为疫苗。

上述牛体反应疫苗在现地对蒙古牛及本地牛应用结果，均证明安全有效。1949年，内蒙锡盟在现地制苗试用后，在东北及内蒙东部地区解决了兔化毒疫苗的大量供应问题，使该地区不受限制地开展全面普遍预防注射，因而对这些地区牛瘟的防制起了积极的作用。

（2）牛瘟山羊化毒疫苗的研究。利用反应疫苗的方法，虽然解决了疫苗的大量生产和供应问题，但在现地防疫尚需携带少量家兔以繁殖兔化毒，而且利用兔化毒接种的牛只，合乎制苗标准的甚少。在交通不便的牧区开展普遍预防注射，仍有不便。为了彻底解决不用家兔而采用就地取材（山羊），又能大量生产适合于牧区广泛应用的疫苗，哈尔滨兽医研究所又进行了兔化毒通过山羊继代，培育弱毒疫苗的研究。首代次曾以888代兔化毒血毒静脉接种于山羊，然后采取定型热反应，在无其他症状的条件下，用血毒连续传代100代后，病毒已完全适应于山羊，改变了兔化毒的固有特性育成了山羊兔化毒株。1951年在内蒙的全境与东北西部牛瘟常发地区广泛应用，最后消灭了这些地区的牛瘟。

（3）自1949年全国先后应用上述兔化毒、兔化牛体反应毒和山羊兔化毒三种疫苗，至1953年末东北、内蒙古及关内各省自治区的牛瘟都已扑灭，只有青藏高原，牦牛产区牛瘟仍在大批流行。这些地区解放前，在反动政府及封建部落头人统治下，畜牧业生产极端落后；牛瘟危害严重，藏族群众对牛瘟疫情极为恐惧，真有谈虎色变之感。每当疫情发生，有些富户请喇嘛念经求佛，广大牧户则立即驮账房赶上牛羊四处流窜以躲灾避瘟。有些牧户在驱赶途中，牛瘟发病后丢弃于草原，避病不成却又酿成新的疫区。严重疫区死牛遍野，染草原和河流。如此严重地恶性循环，在自然条件下，青藏高原地区长期存在牛瘟疫源地，病毒繁衍生息在适宜条件下不断发病，危害牛群。许多牧民因整群牛死亡而家破财空，赤贫如洗，无以为生。仅青海一个省于1949—1953年由于牛瘟流行造成9万多头牦牛死亡。占我国面积五分之二的藏族地区，饲养的牛99%为牦牛，其数量占世界92%。牦牛是藏族人民赖以生存的牲畜，衣食住行都离不开牦牛。牦牛对牛瘟敏感性强，感染后几乎100%死亡。应用兔化毒接种牦牛有61.5%出现神经症状，长期不能恢复，其中10%会死于牛瘟；用山羊化兔毒接种牦牛17.5%会死于牛瘟，证明这两种疫苗对牦牛均不能应用，几乎使我国防制牦牛的牛瘟工作处于停顿状态。中央要求：尽早解决防制牦牛的牛瘟疫苗。这是关系到民族政策的政治问题。我所为了解决研制适于对牛瘟疫感性强的牦牛的安全有效的弱毒疫苗，选择了绵羊来减弱山羊化兔毒的毒力。从1951年起，用第100代山羊化兔毒接种于绵羊，经过100代训化培育成功了绵羊化兔化弱毒疫苗。绵羊化兔毒接种牦牛后，仅个别牛出现口腔潮红或粪便稍干，证明绵羊化兔毒的毒力明显减弱。再以牛瘟强毒攻击后，显示坚强的免疫力，免疫期可持续5年以上。在上述基础上，1953年农业部组成中央牛瘟试验组，我所派科技人员携带绵羊化兔毒种登上青藏高原，在青海省由试验室到牧区开展了一系列试验与应用。

青藏高原饲养的牲畜以牦牛和藏绵羊为主。为了防制牦牛的牛瘟，在交通十分不便的广大牧区，必须就地取材，应用藏系绵羊制备绵羊化兔毒疫苗。经过对藏系绵羊的试验，利用其来进行疫苗生产是可行的。同年，在青海省同仁果牧区用此疫苗注射一万头牦牛证明安全有效。1954年春，农业部由100多人组成的防疫大队支援青海省，抽调104人的防疫大队支援西康省，在两省就地制苗，就地使用，以绵羊化兔化毒疫苗进行大面积防疫注射。1955年，又在西藏昌都地区免疫牦牛共300多万头。在西藏由随军进藏的兽医干部组成防疫队，用绵羊化兔毒相继展开大规模防疫注射，最后消灭了青藏高原的牛瘟，并在中印、中尼边境建立了免疫带，防止了国外疫情的传入，仅用三年时间，提前于1955年末在全国范围消灭了牛瘟。为此，1956年，哈尔滨兽医研究所的袁庆志、沈荣显、氏家八良、李宝启获得了我国首次颁发的国家科学奖三等科学奖金，该项目也是农学领域唯一的奖项。

我国在建国后短短六年时间里，在幅员辽阔、农牧区交通不便、养牛近亿头的广大疆域，在当时技术设备简陋的条件下，坚持党的领导，群策群力，根据当时国情研制了几种牛瘟疫苗，至今已五十年，仍未见复发，这是历史上的奇迹。

附录一　沈荣显年表

1923 年

1 月，出生于辽宁省辽阳县刘二堡镇三岔子村一个普通的农民家庭。父亲沈宝庆，母亲沈魏氏。

1927 年

进当地私塾学习，对读书表现出了浓厚的兴趣。

1930 年

入三岔子村小学读书学习，表现出强烈的求知欲望，很乐于思考。

1931 年

9 月，“九一八”事变爆发，日军占领辽阳。一家人及东北人民饱受战争摧残。本月，正式到三岔子村小学读书。

1932 年

2 月，东北全境沦陷，日本在中国东北建立了伪满洲国傀儡政权。

1933 年

由于家中生活困难，父母动摇了让沈荣显读书的决心，一度回家种田。

1934 年

在舅舅的支持下，重新回到学校读书。

1936 年

考入辽阳县刘二堡镇中学。由于时局动乱，学习断断续续，继而帮助家中种地耕田。因学样为日伪控制，客观上打下了日语基础。

1937 年

日本发动全面侵华战争，抗日战争爆发。

1939 年

考入辽阳县立高级中学。成绩在班级里名列前茅。

1942 年

考入奉天农业大学（今沈阳农业大学）兽医系。

1944 年

12 月，从奉天农业大学毕业，被分配到奉天市（今沈阳市）铁西区的伪满大陆科学院奉天兽医研究所（今沈阳兽疫研究所）从事科研相关工作。

1945 年

在伪满大陆科学院奉天兽疫研究所病毒系任助理研究员。

日本无条件投降，抗日战争胜利。

1946 年

离开奉天兽疫研究所，作为专门高级人才，被国民党军队强制征用，担任国民党军队兽医。

1948 年

6 月，东北行政委员会家畜防治所在哈尔滨成立，陈凌风任所长。

11 月，脱离国民党军队前往哈尔滨，加入东北行政委员会农业部行政人员培训班学习。随后，东北行政委员会家畜防治所决定，派沈荣显代表东北行政委员会前往北京参加农业部的学习，进修畜牧业和家畜防疫知识。

12 月，在组织的安排下，服从分配来到东北行政委员会家畜防治所（中国农业科学院哈尔滨兽医研究所的前身），着手对抗牛瘟病毒。

1949 年

3 月，从华北农业科学研究所取得日本中村三系 799 代兔化牛瘟病毒，开始研究该病毒的形状以及对各种牛种的安全性与免疫试验。

和项目主持人袁庆志等人一起开始探索提高疫苗产量的新途径，从而创立了反应疫苗的方法。

主持研究的第一批牛体反应苗研制成功。经试验，牛体反应疫苗在现地对蒙古牛及本地牛应用结果，均证明安全有效。

晋升为东北行政委员会家畜防治所助理研究员。

东北行政委员会家畜防治所更名为东北人民政府农业部兽医研究所。

1951 年

春，全国第一次牛瘟防治会议在北京召开。成功研制蒙古牛、普通黄牛注射后可以免疫的山羊化兔化牛瘟疫苗。在内蒙的全境与东北西部牛瘟常发地区广泛应用，最后消灭了这些地区的牛瘟。

1952 年

“绵羊化兔化牛瘟疫苗”问世，在延边、蛟河等地对朝鲜牛注射并且获得了巨大成功。

牛瘟绵羊化山羊化兔化弱毒疫苗研究成功后，为解决防疫的急需，他立即率领课题组的同志用保温瓶装着弱毒疫苗深入牧区，在草地上支起帐篷搞疫苗试验。

1953年

和科研团队携带绵羊化兔毒种登上青藏高原，由实验室到牧区开展了一系列实验与应用。

3月，深入西藏对抗牛瘟并缓解了西藏的牛瘟疫情。

由沈荣显、彭匡时等负责编辑《绵阳化兔化毒疫苗的制造与应用》规程，对有关绵羊化兔化牛瘟病毒相关问题，包括接种羊只方面、病毒接种方面、接种后羊只反应及制苗方面、注射牛只方面进行解答。

我国正处于羊痘盛行阶段，羊痘在很多地区普遍流行，和袁庆志等人临危受命，采用绵羊痘病毒通过鸡胚培养继代方法进行了羊痘弱毒疫苗的研究。

至本年末，除青藏高原耗牛产区外，全国牛瘟均被扑灭。

1954年

用绵羊化兔化牛瘟疫苗在青藏高原地区对数十万头耗牛进行了注射，控制了当时正在暴发流行的牛瘟。

羊痘弱毒疫苗的研究，课题组以羊体→鸡胚→羊体→鸡胚→鸡胚的方式反复试验……病毒传代继承下来了，获得了成功。

1955年

深入西藏昌都地区，对牦牛进行免疫，免疫牦牛总数达到了300多万头，并将牛瘟疫苗推广至整个西藏地区。

同年在中印、中尼边境建立免疫隔离带，隔绝牛瘟病毒，有效阻止了国外疫情的传入。

本年末，“绵羊化兔化牛瘟疫苗”成功免疫蒙古牛、朝鲜牛、牦牛的牛瘟，制服了我国历史上流行的牛瘟病。牛瘟病在中国被消灭。

通过试验证明，根据米丘林的生物学原理，将羊痘病毒在鸡胚尿膜上继代培养，迫使羊痘病毒朝着我们所要求的方向去变异，从而获得了满意的结果。

3 月，在哈尔滨友谊宫光荣加入中国共产党。

获“全国优秀工作者”称号。

1957 年

1 月 24 日，经过了层层选拔，“兔化牛瘟病毒的研究”获得了国家第一次颁发的“中国科学院科学奖金”三等奖。出席全国科学工作者积极分子代表大会，作为主要完成人接受毛泽东主席、周恩来总理的接见，同时获奖的还有人们熟悉的华罗庚、钱学森等科学家。

和团队凭借着一股不服输的精神，以第一完成人将绵羊痘病毒通过鸡胚培养继代，成功地培育出可以用于制苗的羊痘鸡胚化弱毒毒种。

在培育成功的鸡胚化羊痘弱毒株基础上，制成冻干疫苗，既可以预防绵羊痘也可以预防山羊痘。

兽医研究所划归刚组建的中国农业科学院领导，定名为中国农业科学院兽医研究所。

1958 年

羊痘鸡胚化弱毒疫苗开始投产并推广应用，中国每年免疫注射数百万只羊。自此猖獗流行的绵羊痘，在不同地区逐步得以控制或消灭。

开始从事猪瘟兔化毒－牛体反应疫苗的研究，以猪瘟病毒通过兔体继代培育成功了猪瘟兔化牛体反应疫苗，并推广应用。作为第一完成人，首次独特地应用兔化猪瘟病毒感染牛体获得成功，并首次证明猪瘟病毒通过兔体后可以感染没有亲缘关系的动物—牛体。

1959 年

苏联引用沈荣显团队发明的羊痘鸡胚化弱毒疫苗，进行了试产试用，免疫效力坚强。

1960 年

沈荣显以优异的表现，被中国农业科学院兽医研究所领导选派到北京的“外国留学生高等预备学校”留苏预备班学习，为留学苏联做准备。

兰州厂生产的羊痘鸡胚化弱毒苗，远销越南。

1961 年

因中苏关系恶化，留学派遣地由苏联变为同中国关系良好的共产主义国家罗马尼亚。俄语课程被迫取消，转而学习速成罗马尼亚语课程。

1962 年

晋升为中国农业科学院兽医研究所副研究员。

1963 年

1 月，周总理在上海科学技术工作会议上提出“四个现代化”的目标。

12 月，赴罗马尼亚科学院病毒研究所进修学习。

1964 年

在罗马尼亚留学期间，担任留学生学生会主席和党支部书记职务。

1965 年

国务院把“马传贫”确立为国家重点课题。

在罗马尼亚先后进过 3 个研究所 13 个研究室；学习了病毒感染机理、免疫学概论，掌握了细胞培养技术、电子显微镜技术、病毒提纯技术，提取病毒核酸蛋白技术等。

兽医研究所更名为哈尔滨兽医研究所。

1966 年

6 月 23 日，作为留学生代表受到访问罗马尼亚的周恩来总理的接见，并合影留念。

1967 年

1 月，从罗马尼亚学成回国，在哈尔滨开始主持研究我国流行的头号烈性传染病“马传染性贫血病”项目。

同年下旬，因“文化大革命”，马传染性贫血病研究室被改成“毛泽东思想攻克 40（马传染性贫血病的代号）战斗队”，科研项目被迫取消，沈荣显被定为“三开分子”，下放劳动。

1968 年

被“清”出实验室，被下放到锅炉房，烧锅炉、扫垃圾，安排在研究所后面挑煤。

1972 年

哈尔滨兽医研究所恢复工作。担任“马传贫”研究室主任，主持“马传贫”项目。

1973 年

和科研团队一起为攻克“马传贫”不懈的努力钻研。亲自用分离到的”马传贫”强毒，并通过本动物驯化，培育成对马、驴能引起典型发病死亡的”马传贫”强毒接种到体外培养的驴白细胞上，进行培养继代，改变病毒的生存条件，使之遗传基因发生改变。直至传到第 125 代，解决了一系列关键性问题，培育、驯化获得了一株毒力弱、免疫原性好、可以用于制造”马传贫”疫苗的驴白细胞弱毒株。

1974 年

经过深入细致的探讨，对传统的攻毒试验进行了大胆的改进，选择适合慢病毒的攻毒时间及剂量，从而解决了马传染性贫血病弱毒疫苗的免疫过程中非常关键的问题。

1975 年

承担了“马传贫”疫苗安全性和免疫效果区域性试验任务，黑龙江省的区域试验共免疫接种马 1515 匹，出现过敏反应和临床高温马 48 匹，死亡 4 匹。

1976 年

年初，“马传贫”弱毒疫苗获得初步成功，研制出驴白细胞弱毒株。突破了慢病毒免疫预防的禁区，率先在国际上成功研制出了马传染性贫血病驴白细胞弱毒疫苗，并有效地应用于我国的马传染性贫血病防治。

同年，研究了制造冻干疫苗的方法，并创立了疫苗产业化生产车间。

1976 年开始，“马传贫”疫苗广泛应用于中国“马传贫”的流行地区，免疫注射了七千万匹次以上的马、骡、驴，凡注苗地区疫情下降，疫点减少，病马几乎不再发生，有效地控制了中国的“马传贫”流行。

1977 年

就马传染性贫血病弱毒的致弱及免疫机理进行了深入研究。证明了弱毒在体内不同于强毒的复制方式，证实了该弱毒并非带毒免疫的理论。

黑龙江省正式开展“马传贫”疫苗免疫注射，在 22 个县（市）免疫注射马 68.5 万匹。

1978 年

“马传贫”疫苗免疫注射增加到 33 个县（市），免疫注射马 75 万匹。检查出部分牧场违反规定、不给健康马注苗的做法，并报告了上级，坚决要求大力推广应用弱毒疫苗。

1 月，被黑龙江省委授予“全省科技战线先进集体”荣誉称号。

被聘请为哈尔滨兽医研究所学术委员会委员。

1979 年

参与黑龙江省在龙江、甘南两个县进行免疫注射试点工作，改进了“马传贫”疫苗的生产技术，总结出“先检后免”的方法在全省推广。

3 月，被聘请为中国农业科学院哈尔滨兽医研究所学术委员会委员。

6 月，获“中共哈尔滨市委员会一九七八年度先进集体”荣誉称号。

6 月 30 日，被授予“哈尔滨市劳动模范标兵”荣誉称号。

1980 年

参与制定了《黑龙江省马传贫防制方案》，要求除 11 个边境县（市）外，全省全面开展免疫注射工作，每年注射率达 80% 以上。

4 月，参加“哈尔滨市第十八届劳动模范和模范集体代表大会”。

5 月 1 日，被授予“黑龙江省特等劳动模范”荣誉称号。

7 月 1 日，被中共哈尔滨市委授予“优秀党员”荣誉称号。

12 月 20 日，被聘请为黑龙江省畜牧局畜牧技术委员会委员。

1981 年

黑龙江省“马传贫”疫苗免疫注射工作全面开展，免疫注射率每年均达到 80% 以上。

晋升为中国农业科学院哈尔滨兽医研究所研究员，遴选为硕士生、博士生导师。

7 月 31 日，撰写的《党是指路的灯塔》刊发于《哈尔滨日报》。文中提到：在祖国四化建设的年代里，我绝不辜负党的殷切希望，为发展祖国畜牧业，振兴中华做出自己的贡献。

1982 年

3 月，鉴于马传染性贫血病弱毒疫苗的广泛应用，获得国家农委、科委农业技术推广奖。

3 月，参加“哈尔滨市第十九届劳动模范和模范集体代表大会”。

5 月，《马传染性贫血病免疫的研究》获哈尔滨科学技术协会优秀论文奖。

1983 年

6 月，基于马传染性贫血病弱毒疫苗在我国的成功应用，中国农业科学院主持在哈尔滨举办了国际“马传贫”免疫学术讨论会，这是第一次在中国举行的兽医界国际性学术讨论会。首次公开发表《马传染性贫血病驴白细胞弱毒疫苗的研制与应用》论文，与会者给予了高度评价，他们认为该项成果可能会给世界范围内控制“马传贫”带来福音。

7 月 18 日—21 日，美国兽医协会邀请沈荣显院士出席的第 120 届兽医年会专门召开了“马传贫”讨论会，沈荣显的研究成果得到世界的关注和赞许。

12 月,《马传染性贫血病弱毒疫苗》获国家发明一等奖；

12 月,《马传染性贫血病免疫的研究》项目获农牧渔业科技成果技术改进一等奖。

1984 年

1 月 15 日，在新年来临之际，哈尔滨市总工会主席走访慰问了沈荣显，对在科研方面取得新成就表示祝贺，并听取了他对工会和其他方面的意见，沈荣显向市总工会主席表示：作为工人阶级的一员，他一定不辜负党和人民的信任，用有生之年去攀登科学新高峰，为四化建设多做贡献。

经农业部批准，哈尔滨兽医研究所开展了以应用弱毒疫苗为主的综合性防制“马传贫”的试验研究。

农业部批准了沈荣显主编的猪瘟兔化毒牛体反应冻干疫苗制造及检测规程。

4 月，农牧渔业部决定给在教学、科研、技术推广工作中做出突出成绩的沈荣显晋升一级工资。

12 月 17 日，被聘请为中国农业科学院第二届学术委员会委员。

1985 年

8 月 23 日—27 日，作为马传贫（EIA）与艾滋病（AIDS）学术讨论会分组的特邀代表，赴阿根廷的首都布宜诺斯艾利斯出席了第十届泛美兽医大会，报告了“马传贫驴白细胞弱毒疫苗的研制与应用”。与会代表对我国研制的“马传贫”驴白细胞弱毒疫苗、该苗在中国使用的效果以及该苗免疫马用美国 wyoming 株“马传贫”强毒攻击的免疫效果倍感兴趣，会议前后许多国家代表希望我国特邀代表在会议结束后对“马传贫”流行的地区去考察以及要求引用我国研制的疫苗。普遍认为，中国“马传贫”免疫研究的成功为艾滋病的免疫研究提供了开拓性借鉴。

1986 年

10 月，被聘请为中国农业科学院哈尔滨兽医研究所科技顾问。

1987 年

用“马传贫”弱毒疫苗对马进行的安全效力试验成功，并扩大了田间试验。

1988 年

在古巴投入生产“马传贫”弱毒疫苗。

5 月 27 日，被聘请为国家重点实验室——兽医生物技术实验室学术委员会副主任委员。

1989 年

参加农业部在黑龙江省召开“马传贫”防治现场会，对综合防控措施给予充分肯定，并随后颁发了《马传染性贫血病防制效果考核标准》。

参加全国“马传贫”防治工作会议，国家农牧渔业部郑重宣布：“猖獗流行的“马传贫”病被制服了。

11 月 21 日，世界文化委员会秘书长向沈荣显致信祝贺获得“爱因斯坦”世界科学奖状。信中说：“我们非常高兴地授予您奖状，奖励您辉煌的科学生涯及对人类利益所做出的有价值的工作。”

1990 年

参与黑龙江省推广东宁、绥芬河“马传贫”疫苗综合防治措施，首先对 29 个县（市）实行了“停注一年、注射一年”的办法。

“马传染性贫血病驴白细胞弱毒株及培养方法”获陈嘉庚农业科学奖。

据国家农业部统计，“马传贫”疫苗的应用在1980年至1990年，共为国家挽回65亿元的经济损失。

美国《纽约时报》以大篇幅报导：“中国‘马传贫’疫苗的研制成功，给艾滋病预防带来希望。”

1991年

8月，论文《绵阳进行性肺炎的检测与防治防法》项目获农业部科学技术进步奖二等奖。

9月，获中国农业科学院“七五”期间“先进工作者”称号。

主持研究的“马传贫”疫苗在古巴“马传贫”流行地区推广使用，免疫注射了15000匹马，效果显著。

1992年

被聘请为成都军区医学研究所《猴艾滋病免疫特性的研究》科研课题主持人，聘期五年。

1993年

世界卫生组织艾滋病项目组召开会议，18位科学家重新审视艾滋病研究历史与策略，明确提出加强艾滋病减毒疫苗的研究和需要解决的技术问题。而这些关键性技术问题，在中国马传染性贫血病减毒疫苗的研究过程中，基本都得到了解决。

沈荣显声明，“马传贫”弱毒疫苗只是给艾滋病的预防带来希望，还有很长的路要走，因此不要过分夸大“马传贫”弱毒疫苗的作用。希望在有生之年，为艾滋病疫苗研究开个好头。

12月3日，日本东京大学速水正宪给沈荣显写信，希望与之合作。

1994年

9月14日，沈荣显被聘请为国家农牧业用单克隆抗体试验基地技术顾问。

1995 年

1 月 27 日，被聘请为成都军区后勤部卫生部军事医学研究所客座研究员。

5 月，当选为中国工程院院士。

9 月 15 日被聘请为哈尔滨市第三届专家咨询顾问委员会委员。

1996 年

“马传染性贫血病驴白细胞弱毒株及培养方法”获何梁何利基金科学技术进步奖。

入选中国人物年鉴。

6 月 5 日，被聘请为东北农业大学客座教授。

9 月 21 日，被聘请为东北农业大学“211 工程”部门预审专家组成员。

9 月 23 日，美国 Pittshurgh 大学罗纳德·C·蒙特拉罗博士、教授给沈荣显写信，表示非常愿意与之实验室建立合作研究。

1997 年

年初，在沈荣显的推动下，哈尔滨兽医研究所与美国、荷兰等三国四方达成了《关于中国马传染性贫血病减毒疫苗致弱与保护及免疫机理的国际合作研究协议》，为艾滋病减毒疫苗提供了动物模型，为促进马传染性贫血病减毒疫苗推向世界创造了条件。

5 月 30 日，应新疆畜牧科学院、新疆兽医学会的邀请，在新疆畜牧科学院为科研人员、畜牧兽医工作者、在校大学生及部分领导作了题为“人畜慢病毒免疫及发展趋势”的学术报告，受到与会者的欢迎和好评。

7 月 1 日，被聘请为中国农业科学院哈尔滨兽医研究所学术委员会委员，任期四年。

12 月，《绵阳进行性肺炎驴胎皮肤细胞毒株的育成》项目获中国农业科学院技术进步一等奖。

1998 年

受国家艾滋病预防与控制中心的邀请，共同进行以“马传贫”开展艾滋病和“马传贫”病毒疫苗基础的比较性研究。开始了以”马传贫”疫苗为模型的艾滋病疫苗的合作研究。

香港《大公报》、《东方日报》、《文汇报》、《澳门日报》、《中国周报》和境外 10 余家报纸都发布了同一条新闻“中国专家从十分相似的马烈性传染病入手，艾滋病疫苗研究临突破”。

3 月 5 日，被聘请为中国农业科技出版社特邀高级编辑。

12 月,《山羊关节炎—脑炎防治技术的研究》项目获农业部科学技术进步奖三等奖。

1999 年

年初，哈尔滨兽医研究所与中国预防医学科学院艾滋病参比研究室，在马传染性贫血病毒分子生物学的合作研究方面取得突破性进展。

6 月，沈荣显率团赴古巴，在完成中国农业部和原国家科委在古巴的国际合作研究之后，农业部制定中国农业科学院哈尔滨兽医研究所组成兽医专家组，执行在古巴进一步联合生产马传染性贫血病驴白细泡弱毒疫苗的任务。

中国农科院哈尔滨兽医研究所与美国国立卫生院联合研究艾滋病疫苗工作正式启动。率先提出了以“马传贫”疫苗研究路线为模式的“人—猴艾滋病毒嵌合克隆”为基础的新型艾滋病毒疫苗发展策略。

2000 年

黑龙江省共免疫注射“马传贫”疫苗近 1358 万匹次，平均免疫密度达 85.7%。

3 月 10 日，参加“中共哈尔滨兽医研究所第八次党员代表大会”。

6 月 21 日，被聘请为总后勤部研究生培养单位军队重点建设项目评审专家组成员。

6 月 28 日，出席在山东农业大学举行的山东省畜禽疫病防治工程技术研究中心成立大会，被聘为山东省畜禽疫病防治工程技术研究中心顾问专家。

11 月 1 日，被聘请为兽医生物技术国家重点实验室第二届学术委员会委员。

2001 年

在中国工程院与中国科协联合举行的推选“20 世纪中国工程科技伟大成就”中，在全面推选的基础上由评选委员会评选出了“20 世纪中国工程科技最伟大成就”，在畜禽水产养殖技术的疾病防治方面评选出四大重要家畜疫病疫苗，其中有三项工作都是在他参与主持下完成的。尤其是他主持研究成功的马传贫弱毒疫苗“在学术上突破了慢病毒不能免疫的理论，做出了开拓性贡献”。

6 月，被聘请为中国农业科学院哈尔滨兽医研究所学术委员会委员，任期四年。

11 月 23 日，被聘请为东北农业大学兼职教授、博士生导师，聘期三年。

12 月，《马传染性贫血病驴白细胞弱毒株及其培育方法》荣获中国知识产权局和世界知识产权组织联合颁发的“第七届中国专利奖金奖”。

2002 年

主持的研究小组顺利完成了马传染性贫血病强弱毒全基因序列测序；并构建成功了马传贫驴胎皮肤弱毒疫苗的感染性分子克隆；不同代次毒株的序列测定和遗传变异分析；进行了疫苗免疫动物机体内病毒复制及相关细胞免疫与体液免疫研究。申请国内国际专利三项。在此基础上，又以马传染性贫血病弱毒疫苗为基础开展新型艾滋病疫苗的研究。至此，中国艾滋病基因疫苗的基本研制框架也随之显现了出来。

3 月，被聘请为中国农业科学院第五届学术委员会委员，聘期四年。

12 月，荣获“黑龙江省最高科技奖”，作为该奖项自设立以来的第一位获得者，首次获得 50 万元最高科学技术奖。时任黑龙江省委书记的徐有芳到家中看望沈荣显。

2003 年

3 月，被聘请为北京市农林科学院畜牧兽医研究所高级顾问专家。

10 月 25—26 日，赴杭州参加“新兴传染病国际研讨会”，就 HIV 及 SARS 研究领域的多个问题进行了充分交流。

2004 年

5 月 10 日，《我国马流感病毒不同分离株生物学特征的研究》获中国农业科学院科学技术成果奖。

8 月 28 日，被聘请为兽医生物技术国家重点实验室第三届学术委员会委员。

12 月 1 日，赴南宁参加“第六届全国病毒学学术研讨会”，作为特邀专家在会上作了《马传贫减病毒疫苗的研究进展》的报告。

2005 年

8 月 2 日，被聘请为黑龙江省农业科学院博士后合作导师。

8 月 16 日，赴湖北三峡职业技术学院，在院长赵儒铭教授的陪同下兴致勃勃地参观了学院。对学院的办学格局、发展思路及畜牧兽医专业在为地方经济建设服务中做出的贡献给予了高度评价。

9 月 22 日，赴北京参加农业科技创新研讨暨第四届大北农科技奖励颁奖大会，参观大北农科技园。

2006 年

成立了一个专门的科研小组，实施“马传贫”疫苗研究路线为模式的“人—猴艾滋病毒嵌合克隆”为基础的新型艾滋病毒疫苗发展策略。

3 月 24 日，被聘请为中国农业科学院第六届学术委员会名誉委员。

6 月 12 日，出席全省科技大会，获奖代表与省领导合影留念。

9 月，被列为黑龙江首批省级领导直接联系高层次人才名单。

10 月 29—31 日，赴北京参加在九华山庄举行的中国畜牧兽医学会成立 70 周年庆典暨 2006 学术年会。10 月 30 日，参加“中国消灭牛瘟五十周年纪念座谈会”，并作报告。

11 月，黑龙江省政府重大决策专家咨询论证制度正式印发，被聘请为院士专家组成员。

22—24 日，赴华中农业科技大学参加“973”计划“重要动物病原菌的分子生物学与致病机理的研究”项目启动会。被聘请为华中农业大学“973”计划项目《重要动物病原菌的分子生物学与致病机理的研究》专家组成员，聘期五年。

2007 年

仍坚持每天到实验室上班，指导研究生工作，亲自动手做实验。

2008 年

经逐级自查申报和验收，黑龙江省 13 个地市全部达到了农业部颁发的“马传贫”消灭标准。

7 月 18 日，参加哈尔滨兽医研究所成立 60 周年庆祝大会。

2009 年

3 月，被评为黑龙江省改革开放三十周年（1978—2008）十大科技人物。

11 月，由中国畜牧兽医学会牵头组织在全国隆重开展“新中国 60 年畜牧兽医科技贡献奖（杰出人物）”评选活动，沈荣显获此殊荣。

2010 年

2 月 10 日，黑龙江省科技厅副厅长张长斌率院士办全体同志来到哈尔滨兽医研究所沈荣显院士家中进行春节前慰问。

2012 年

6 月 30 日，凌晨 3 时 35 分，因病不幸逝世。

附录二　沈荣显主要论著目录

论文

[1] 羊痘弱毒疫苗的研究——第一报羊痘病毒鸡胚培养的研究. 畜牧兽医学报，1957.

[2] 马传染性贫血病免疫的研究. 中国农业科学，1979.

[3] 应用酶联免疫吸附试验（ELISA）检查马传贫病毒抗原的研究. 家畜传染病，1980.

[4] 马传贫弱毒疫苗免疫马与自然病马沉淀及补反抗体耐热性差异的探讨. 家畜传染病，1981.

[5] 马传贫酶联免疫吸附试验（ELISA）间接法的应用及评价. 家畜传染病，1982.

[6] 应用酶联免疫吸附测定法（ELISA）检测马传染性贫血病病毒抗原的研究. 中国农业科学，1983.

[7] 应用酶联免疫吸附试验（ELISA）检查马传染性贫血病病毒抗体的研究. 中国农业科学，1984

[8] 马传染性贫血病驴白细胞弱毒疫苗. 农业科技通讯，1984.

[9] 介绍美国马传贫研究讨论会. 中国兽医科技，1985.

[10] 马传贫酶联免疫吸附试验（ELISA）间接法的应用及评价. 家畜传染病，1985.
[11] 酶联葡萄球菌 A 蛋白检测马传贫抗体的研究. 中国兽医科技，1986.
[12] 葡萄球菌 A 蛋白对马属动物血清抗体亲和力的研究. 中国兽医科技，1986.
[13] 绵羊进行性肺炎诊断方法的研究. 中国畜禽传染病，1988.
[14] 检测马传贫强毒感染马与弱毒疫苗免疫马外周血病毒抗原的研究. 中国畜禽传染病，1988.
[15] 马传贫病毒 ELISA 抗原有效成份分析及免疫学活性测定的研究. 中国畜禽传染病，1988.
[16] 马传贫琼脂扩散无色透明冻干抗原的研究 Ⅰ. 马传贫琼脂扩散无色透明冻干抗原的研制. 中国畜禽传染病，1989.
[17] 马传贫琼脂扩散无色透明冻干抗原的研究 Ⅱ. 马传贫琼脂扩散试验方法的改进. 中国畜禽传染病，1989.
[18] 马传贫弱毒继代细胞疫苗的研究——Ⅰ. 马传贫弱毒对三株继代细胞的感染、增殖和免疫试验. 中国畜禽传染病，1989.
[19] 马传贫弱毒继代细胞疫苗的研究——Ⅱ. 马传贫弱毒 LP 继代细胞疫苗及其免疫效力的研究. 中国畜禽传染病，1989.
[20] 马传贫弱毒的提纯及结构蛋白分析. 中国兽医科技，1990.
[21] β—内啡肽与针刺免疫. 中国兽医科技，1990.
[22] 抗绵羊 IgG 单克隆抗体的理化特性及生物学特性. 中国畜禽传染病，1991.
[23] 生物技术在兽医领域的应用. 生物技术，1991.
[24] 一种简单、快速提纯腹水单克隆抗体（IgG）的方法. 中国畜禽传染病，1991.
[25] 驴胎 LP−1 细胞株的建立及其生物学特性的研究. 中国畜禽传染病，1992.
[26] 马传贫弱毒继代细胞疫苗的研究 Ⅲ. 马传贫弱毒 LP 继代细胞冻干疫苗保存期及对马免疫期试验. 中国畜禽传染病，1992.

[27] 马外周血 Ir－β－Ep 的测定及其在针刺免疫穴位筛选中的应用研究. 中国兽医科技，1992.

[28] 山羊关节炎－脑炎与其相关病的血清学关系. 中国畜禽传染病，1994.

[29] 山羊关节炎 _ 脑炎前病毒的 PCR 检测. 病毒学报，1994.

[30] 应用聚合酶链反应检测山羊关节炎—脑炎病毒. 中国兽医学报，1995.

[31] 马流感病毒的分离及其亚型的初步鉴定. 中国畜禽传染病，1995.

[32] 山羊关节炎－脑炎病毒实验感染的病理学变化. 中国兽医杂志，1996.

[33] 猪瘟兔化弱毒牛体反应疫苗简介. 中国畜禽传染病，1996.

[34] 用山羊关节炎－脑炎病毒实验感染绵羊的研究. 中国畜禽传染病，1997.

[35] 从实验感染 OPPV 的山羊外周血单核细胞中分离病毒的研究. 中国病毒学，1997.

[36] 应用酶联免疫吸附试验检测实验感染绵羊进行性肺炎病毒的山羊血清抗体. 中国兽医科技，1997.

[37] 用绵羊进行性肺炎病毒实验感染山羊的研究. 畜牧兽医学报，1997.

[38] 山羊关节炎脑炎间接 ELISA 诊断方法的建立. 中国畜禽传染病，1997.

[39] 山羊关节炎－脑炎 ELISA 方法的建立及其应用. 中国农业科学，1997.

[40] 实验感染山羊关节炎—脑炎病毒的绵羊抗体应答反应的研究. 中国兽医杂志，1997.

[41] 山羊实验感染绵羊进行性肺炎病毒的抗体应答反应. 中国兽医学报，1998.

[42] 慢病毒疫苗研究的成就、问题及对策. 中国兽医学报，1998.

[43] 我国马流感病毒不同分离株实验感染 SPF 鸡的研究. 中国预防兽医学报，1999.

[44] 绵羊进行性肺炎病毒与山羊关节炎—脑炎病毒的血清学交叉反应的研究. 畜牧兽医学报，1999.

[45] 山羊关节炎－脑炎病毒结构蛋白分析及其相应抗体在山羊体内的消

长规律. 病毒学报，1999.

[46] 猪群 HEV 血清抗体调查及一株猪源 HEV ORF2 部分基因序列分析. 中国畜牧兽医学会家畜传染病学分会成立 20 周年庆典暨第十次学术研讨会论文集（上），2003.

[47] 猪肺炎支原体的研究进展. 中国畜牧兽医学会家畜传染病学分会成立 20 周年庆典暨第十次学术研讨会论文集（上），2003.

[48] 马流感病毒青海株（A/Equine/Qinghai/1/94）相关特性的研究. 中国畜牧兽医学会家畜传染病学分会成立 20 周年庆典暨第十次学术研讨会论文集（下），2003.

[49] 马传贫驴白细胞弱毒疫苗株基质蛋白基因的克隆与表达. 庆祝黑龙江省免疫学会成立十周年（1993—2003）论文集，2003.

[50] 猪肺炎支原体的研究近况. 庆祝黑龙江省免疫学会成立十周年（1993—2003）论文集，2003.

[51] 马传贫驴白细胞弱毒疫苗株跨膜蛋白主要免疫决定区基因的克隆与表达. 庆祝黑龙江省免疫学会成立十周年（1993—2003）论文集，2003.

[52] 马传贫驴白细胞弱毒疫苗株酸性蛋白 p9 基因的克隆与表达. 庆祝黑龙江省免疫学会成立十周年（1993—2003）论文集，2003.

[53] 检测马传贫病毒跨膜蛋白主要免疫决定区抗体间接 ELISA 诊断方法的建立. 庆祝黑龙江省免疫学会成立十周年（1993—2003）论文集，2003.

[54] 感染性马传染性贫血病毒嵌合克隆的构建. 病毒学报，2003.

[55] 马流感病毒（A/equine/Qinghai/1/94）核蛋白基因的序列测定及同源性分析. 中国预防兽医学报，2003.

[56] 马流感病毒 A/ 马 / 青海 1/94 株亚型鉴定及其 HA 基因序列特征. 中国预防兽医学报，2003.

[57] 马传染性贫血病毒囊膜蛋白 GP90 的表达及其免疫效果研究. 中华实验和临床病毒学杂志，2003.

[58] 马传染性贫血病驴白细胞弱毒株的致弱及免疫机理的研究. 中国兽医学报，2003.

[59] 我国 H3N8 马流感病毒血凝素基因分子进化树的分析. 中国生物工程杂志，2003.

[60] 戊型肝炎病毒的研究进展. 畜牧兽医科技信息，2003.

[61] 猪肺炎支原体的研究近况. 畜牧兽医科技信息，2003.

[62] 马流感病毒（A/Equine/Qinghai/1/94）神经氨酸酶基因的克隆与同源性分析. 中国预防兽医学报，2003.

[63] EIAV env 基因在痘苗病毒中的表达及其免疫效果的观察. 中国病毒学，2003.

[64] 马传染性贫血弱毒疫苗株核衣壳蛋白基因的表达与鉴定. 中国生物工程杂志，2004.

[65] EIAV 与 HIV 分子生物学相关性研究进展. 中国生物工程杂志，2004.

[66] 马传染性贫血病毒强、弱毒株 dUTPase 结构与酶活性比较. 病毒学报，2004.

[67] 重组杆状病毒表达的 EIAVEnv 蛋白与含有 env 基因重组痘苗病毒的联合免疫. 细胞与分子免疫学杂志，2004.

[68] 马传染性贫血琼扩抗原生产工艺的改进. 畜牧兽医科技信息，2004.

[69] 表达 EIAV Gag 蛋白的 DNA 载体与重组痘苗病毒联合免疫效果的观察. 科学通报，2004.

[70] 马传染性贫血病毒 LTR 的研究进展. 中国预防兽医学报，2004.

[71] 马传染性贫血病毒 Gag p9 蛋白功能研究进展. 中国生物工程杂志，2004.

[72] 防治“禽流感”兽药选择探讨. 第六届全国会员代表大学暨第 11 次学术研讨会论文集（上），2005.

[73] “防治剂”型兽药治疗猪园环病毒感染症奇效. 第六届全国会员代表大学暨第 11 次学术研讨会论文集（上），2005.

[74] “防治剂”型兽药治疗鹅园环病毒感染症观察. 第六届全国会员代表大学暨第 11 次学术研讨会论文集（下），2005.

[75] “防治剂”型兽药治疗鸽园环病毒感染症奇效. 第六届全国会员代表大学暨第 11 次学术研讨会论文集（下），2005.

[76] 中国马传染性贫血病毒驴强毒株感染性分子克隆的构建. 第六届全国会员代表大学暨第 11 次学术研讨会论文集（下），2005.
[77] 马传染性贫血病毒基因非编码区 LTR 嵌合克隆的构建. 中国病毒学，2005.
[78] 马传染性贫血琼扩抗原生产工艺的改进. 中国兽医杂志，2005.
[79] 马传染性贫血病毒疫苗致弱过程中不同代次毒株 LTR 序列变异. 中国预防兽医学报，2005.
[80] 特异性标记 EIAV 感染性克隆的构建及鉴定. 中国病毒学，2005.
[81] 猪瘟兔化弱毒疫苗——半个世纪的回顾. 中国农业科学，2005.
[82] 山羊关节炎脑炎病毒甘肃株全基因组克隆和序列分析. 病毒学报，2005.
[83] 山羊关节炎－脑炎的研究现状. 中国预防兽医学报，2005.
[84] EIAVgp90 与 HIVgp120 一个结构基序的相似性. 科学通报，2005.
[85] 利用流式细胞术测定 CTL 活性方法在 EIAV 免疫学中的应用. 中国病毒学，2005.
[86] 实时定量 PCR 检测马传染性贫血病毒载量方法的建立和应用. 中华微生物学和免疫学杂志，2005.
[87] 马传染性贫血弱毒疫苗免疫马与自然感染马酶联免疫吸附试验血清抗体耐热性比较研究. 中国预防兽医学报，2005.
[88] 马传染性贫血病毒自然感染马 LTR 序列分析. 中国预防兽医学报，2005.
[89] 猪群 HEV 血清抗体调查及一株新的猪 HEV ORF2 部分基因序列分析. 中国预防兽医学报，2005.
[90] EIAV 弱毒疫苗免疫马外周血单核细胞 IL-2 表达水平的研究. 中国生物工程杂志，2005.
[91] 逆向突变型 EIAV 全长基因组感染性克隆的构建及体外感染性评价. 中国病毒学，2005.
[92] 马传染性贫血发病过程中细胞毒性 T 细胞的作用及其表位研究. 中国畜牧兽医学会家畜传染病学分会第六届理事会第二次会议暨教学

专业委员会第六届代表大会论文集，2006.

[93] EIAV 减毒疫苗诱导的特异性细胞免疫应答. 细胞与分子免疫学杂志，2006.

[94] 马传染性贫血病毒阿根廷流行毒株前病毒 gag 和 gp90 基因在马体内的变异分析. 畜牧兽医学报，2006.

[95] 马传染性贫血病毒美洲流行株与我国弱毒疫苗株鉴别诊断方法的研究. Virologica Sinica，2006.

[96] 检测马传贫病毒跨膜蛋白主要免疫决定区抗体间接 ELISA 诊断方法的建立. 中国预防兽医学报，2006.

[97] 猪戊型肝炎病毒 ORF2 片段克隆及原核表达. 中国预防兽医学报，2006.

[98] EIAV 减毒疫苗免疫后马外周血单个核细胞中 IFN-γ 的转录. 细胞与分子免疫学杂志，2006.

[99] 马传染性贫血病毒非编码区 LTR 嵌合克隆的生物学特性. Virologica Sinica，2006.

[100] 山羊关节炎－脑炎病毒甘肃株 env 基因的克隆和序列分析. 中国预防兽医学报，2006.

[101] 山羊关节炎－脑炎核酸疫苗研究进展. 中国兽医杂志，2006.

[102] 马传染性贫血病毒感染马免疫控制机制的研究进展. 中国兽医学报，2006.

[103] 马传染性贫血病毒减毒疫苗诱导马外周血单个核细胞白细胞介素 12 的转录. 微生物与感染，2006.

[104] 山羊关节炎脑炎病毒甘肃株全基因组克隆和序列分析. 中国畜牧兽医文摘，2006.

[105] 质粒介导的 RNA 干扰抑制鸡传染性法氏囊病病毒复制的研究. 第 15 届世界禽病大会、中国畜牧兽医学会 2007 年学术年会论文集，2007.

[106] 首例慢病毒疫苗－马传染性贫血减毒疫苗免疫机理的探讨. 第七届全国病毒学学术研讨会暨第二届武汉现代病毒学国际研讨会论文

集，2007.
[107] 马传染性贫血发病过程中细胞毒性 T 细胞的作用及其表位研究进展. 病毒学报，2007.
[108] Tat 蛋白对马传染性贫血病毒长末端重复序列启动子活性的影响. 中国兽医科学，2007.
[109] IL-2 和绵羊梅迪 - 维斯纳病病毒核心蛋白 Gag 核酸疫苗联合免疫小鼠的免疫应答. 中国预防兽医学报，2007.
[110] 马传染性贫血病毒第 1 9、26 代驴胎皮肤细胞弱毒前病毒 DNA 全基因序列分析. 中国预防兽医学报，2007.
[111] EIAV 减毒疫苗诱导马外周血单个核细胞 Th1 型细胞因子的转录. 中国免疫学杂志，2007.
[112] 马传染性贫血病毒弱毒株 LTR 点突变型嵌合感染性克隆的构建. 中国预防兽医学报，2007.
[113] 5 匹马外周血单个核细胞表达 MHC-I 类分子的差异分析. 畜牧兽医学报，2007.
[114] 免疫抑制对 EIAV 弱毒疫苗株在免疫马体内载量的影响. 第六届全国免疫学学术大会论文集，2008.
[115] 马传染性贫血弱毒疫苗诱导的细胞免疫应答特点与免疫保护相关性研究. 第六届全国免疫学学术大会论文集，2008.
[116] 免疫抑制对马传染性贫血病毒弱毒疫苗株在免疫体内载量的影响. 第六届全国免疫学学术大会论文集，2008.
[117] 马传染性贫血弱毒疫苗诱导的细胞免疫应答特点与疫苗免疫保护的相关性研究. 第六届全国免疫学学术大会论文集，2008.
[118] 马传染性贫血病毒弱毒疫苗多克隆构成与保护性免疫关系研究. 第六届全国免疫学学术大会论文集，2008.
[119] TRIM5 α - 慢病毒感染固有免疫的重要蛋白. 第六届全国免疫学学术大会论文集，2008.
[120] “净化清群”是防治国环病毒感染症必由之路——圆环病毒感染症“三联程序”. 中国畜牧兽医学会动物传染病学分会第三届猪病防控

学术研讨会论文集，2008.
[121] 防治“禽流感”兽药选择探讨. 中国畜牧兽医学会动物传染病学分会第三届猪病防控学术研讨会论文集，2008.
[122] 马传染性贫血病毒 LTR 在驴胎皮肤细胞中的基因进化及启动子活性比较. 中国畜牧兽医学会畜牧兽医生物技术学分会暨中国免疫学会兽医免疫分会第七次研讨会论文集，2008.
[123] 逆转录病毒基因组 RNA 的二聚作用. 病毒学报，2008.
[124] 鸡法氏囊 B 淋巴细胞三框 cDNA 表达文库的构建. 中国预防兽医学报，2008.
[125] 马流感病毒多重 RT-PCR 检测方法的建立. 动物医学进展，2008.
[126] 限制逆转录病毒感染的细胞内蛋白 TRIM5α 研究进展. 病毒学报，2009.
[127] 重组杆状病毒表达的 EIAV Env 蛋白与含有 env 基因重组痘苗病毒的联合免疫. 畜牧市场，2009.
[128] 中国株 EIAV S2 基因逆向突变感染性克隆的构建及体外感染性评价. 病毒学报，2009.
[129] 马传染性贫血病毒疫苗株 EIAV_（FDDV）穿膜蛋白 GP45 的截短突变. 畜牧兽医学报，2010.
[130] 高致病性猪繁殖与呼吸综合征病毒 HBR 株不同代次水平的毒力比较试验. 中国兽医科学，2012.

著作

[1] 东北兽医科学研究所：东北兽医科学研究所研究报告汇刊. 1953.
[2] 青海省人民政府畜牧厅：绵羊化兔化牛瘟病毒疫苗之制造与应用. 1954.
[3] 青海省人民政府畜牧厅：绵羊化兔化牛瘟病毒文献汇编. 1954.
[4] 内蒙古自治区兽医工作站：全国五省马传贫疫苗应用结果调查（附黑龙江省反映）. 1979—1980.

参考文献

[1] 东北兽医科学研究所. 东北兽医科学研究所研究报告汇刊 [R]. 东北兽医科学研究所. 1953.

[2] 彭匡时，沈荣显. 绵羊化兔化牛瘟病毒疫苗之制造与应用 [M]. 西宁：青海省人民政府畜牧厅. 1954.

[3] 青海省人民政府畜牧厅. 绵羊化兔化牛瘟病毒文献汇编 [M]. 西宁：青海省人民政府畜牧厅. 1954.

[4] 沈荣显. 全国五省马传贫疫苗应用结果调查（附黑龙江省反映）[R]. 内蒙古自治区兽医工作站. 1979—1980.

[5] 谢家麟. 中国科学院院士传记——谢家麟自传 [M]. 北京：科学出版社. 2012.

[6] 王奇. 倪维斗院士口述传略 [M]. 北京：清华大学出版社. 2012.

[7] 杨承谕，黄保续，王幼明，宋建德. 全球消灭牛瘟计划和中国消灭牛瘟 [J]. 中国动物检疫，2003（7）：1.

[8] 吕晓磊，李强，腾井华. 牛瘟的诊断与防控 [J]. 畜牧与饲料科学，2010（03）.

[9] 联合国宣布牛瘟疫已经灭绝 [J]. 四川畜牧兽医. 2010（11）.

[10] 高集云，叶志刚，范旭. 中国消灭牛瘟 50 周年纪念座谈会 [J]. 动物保健，2006（11）.

[11] 陈先国，支海兵，滕颖. 牛瘟诊断技术规程中竞争法酶联免疫吸附试验的复

核试验 [J]. 中国兽医杂志，2007（06）.
[12] 程志勇，沈秋姑，王谨，陈东林，袁玉国，肖肖，谢仲伦. 牛瘟流行病学的调查研究 [J]. 江西畜牧兽医杂志，2003（01）.
[13] 何冬梅. 防治牛瘟的新疫苗诞生 [J]. 当代畜禽养殖业，2004（08）.
[14] 海生. 人类与牛瘟的千年鏖战史 [J]. 大科技（科学之谜），2011（11）.
[15] 邱昌庆. 国外猪瘟与牛瘟病毒基因分型 [J]. 畜牧兽医科技信息，2001（10）.
[16] 刘棋，黄夏，郭建刚，陈义祥，郑敏，邓朝阳，李华明，邹联斌. 山羊痘病毒的分离鉴定及生物学特性的研究 [J]. 中国预防兽医学报，2006（05）.
[17] 康文玉，徐自忠，高洪，花群义，周晓黎，杨云庆，董俊. 羊痘的研究进展 [J]. 畜牧兽医杂志，2005（03）.
[18] Madhusudan Hosamani，Bimalendu Mondal，Prabhakar A. Tembhurne，Santanu Kumar Bandyopadhyay，Raj Kumar Singh，Thaha Jamal Rasool.Differentiation of Sheep Pox and Goat Poxviruses by Sequence Analysis and PCR-RFLP of P32 Gene [J]. Virus Genes，2004（1）.
[19] Heine H G，Stevens M P，Foord A J，et al.A capripoxvirusdetection PCR and antibody ELISA based on the major anti-gen P32，the homolog of the vaccinia virus H3L gene.Im-munol Methods.1999.
[20] 王琴，宁宜宝. 猪瘟免疫失败主要原因的解析 [J]. 中国兽医杂志，2005（06）.
[21] 吕宗吉，涂长春，余兴龙，吴健敏，李月红，马刚，张茂林. 我国猪瘟的流行病学现状分析 [J]. 中国预防兽医学报，2001（04）.
[22] Lowings P，Ibata G，Needham J，et al.Classical swine fever virus diversity and evolution.Journal of General Virology.1996.
[23] 于立权，崔玉东，朴范泽. 猪瘟流行病学研究概况 [J]. 动物医学进展，2003（02）.
[24] 刘宏斌，贾明杰，华桂林，龚波，张昱琼，酒雅丽，鄢桂华，马超锋. 猪瘟病原学的研究进展 [J]. 上海畜牧兽医通讯，2010（02）.
[25] 张勇，孟富贵，朱飞兵，袁军科，刘义贵. 马传贫弱毒疫苗接种马（骡）免疫反应动力学研究 [J]. 中国兽医学报，1987（03）.
[26] 褚桂芳，相文华，尹训南，吴东来，蔡虹，刘洪，王继科. 马传贫弱毒疫苗接种马攻强毒后病理及免疫形态学变化规律的研究 [J]. 中国兽医科技，

1993 (12).

[27] 侯振宇. 马传贫弱毒疫苗的应用及在防制中的注意问题 [J]. 吉林畜牧兽医，1980 (01).

[28] 黄艳，黄本灵，薛秀萍，李世莲，杨建德，相文华. 黑龙江勃利地区马传染性贫血病的调查 [J]. 黑龙江畜牧兽医，2002 (04).

[29] 瓦提汗，达列力. 新疆维吾尔自治区马传染性贫血防制情况 [J]. 新疆畜牧业，2005 (06).

[30] 高步先，张维，高显明，邓柏林，籍玉川. 马传染性贫血流行病学调查与防治的研究 [J]. 医学动物防制，2005 (05).

[31] 孔宪刚，宁希德. 马传贫强、弱毒血清抗体鉴别诊断法在古巴的应用 [J]. 中国畜禽传染病，1994 (01).

[32] 彭匡时. 马传染性贫血 [J]. 甘肃畜牧兽医，1978 (02).

[33] 黄帮文，马崇文，古天鸿. 马传染性贫血诊断 [J]. 云南畜牧兽医. 1988(04)

[34] 涂亚斌，仇华吉，王柳，童光志. 马传染性贫血病毒免疫学研究进展 [J]. 畜牧兽医科技信息，2002 (01).

[35] W. A. Malmquist，D. Barnett，C. S. Becvar.Production of equine infectious anemia antigen in a persistently infected cell line [J]. Archiv f ü r die gesamte Virusforschung，1973 (4).

[36] 耿庆华，相文华，沈荣显. 马传染性贫血病毒感染马免疫控制机制的研究进展 [J]. 中国兽医学报，2006 (05).

[37] 沈荣显，相文华. 马传染性贫血病驴白细胞弱毒株的致弱及免疫机理的研究 [J]. 中国兽医学报，2003 (05).

[38] 沈荣显，徐振东，何云生，张盛兴. 马传染性贫血病免疫的研究 [J]. 中国农业科学，1979 (04).

[39] 陈纪煌. 马传染性贫血国外文献综述 [J]. 云南畜牧兽医，1980 (01).

[40] 朱来华，谭乐义，郑小龙，于红光，肖西志，邓明俊，辛学谦，王群，马丰忠，姜迪来. 2009 年国际马病疫情动态 [J]. 中国动物检疫，2010 (07).

[41] 郭昭林，杨林. 黑龙江省两次暴发马流行性感冒的防制 [J]. 中国兽医杂志，1995 (01).

[42] 何颖. 浅析爱滋病的病因病机 [J]. 湖北中医杂志，2002 (06).

[43] 徐志明，李铭，和丽生. 对艾滋病的探讨 [J]. 云南中医学院学报，2000 (04).

[44] 王健，吕维柏. 中医药治疗艾滋病的现状及思考 [J]. 中国中医药信息杂志，2001 (12).

[45] 邹云莲，信爱国，赵文华，朱建波，杨仕标，张念祖. 牛瘟研究进展 [J]. 动物科学与动物医学，2002 (11).

[46] 王柳，童光志，刘红全，杨志彪，仇华吉，孔宪刚，王玫. 马传染性贫血病毒弱毒疫苗及其亲本强毒 L 株前病毒核苷酸序列比较分析 [A]. 第四届中国畜牧兽医青年科技工作者学术研讨会论文集 [C]. 2001.

[47] 周建华，姜成刚，马建，林跃智，沈荣显. 马传染性贫血病毒弱毒疫苗多克隆构成与保护性免疫关系研究 [A]. 第六届全国免疫学学术大会论文集 [C]. 2008.

[48] 林跃智，邓喜林，沈楠，吕晓玲，赵立平，邵一鸣，沈荣显，周建华. 马传染性贫血弱毒疫苗诱导的细胞免疫应答特点与免疫保护相关性研究 [A]. 第六届全国免疫学学术大会论文集 [C]. 2008.

[49] 薛飞，朱远茂，王晓钧，杨建德，相文华，刘志英，赵立平，吕晓玲，沈荣显. 马传贫驴白细胞弱毒疫苗株基质蛋白基因的克隆与表达 [A]. 庆祝黑龙江省免疫学会成立十周年（1993—2003）论文集 [C]. 2003.

[50] 沈荣显，童光志. 介绍美国马传贫研究讨论会 [J]. 中国兽医科技，1985 (8).

[51] 王晓钧，魏丽丽，相文华，张晓燕，吕晓玲，赵力平，朱远茂，邵一鸣，沈荣显. 中国马传染性贫血病毒驴强毒株感染性分子克隆的构建 [A]. 中国畜牧兽医学会家畜传染病学分会第六届全国会员代表大会暨第 11 次学术研讨会论文集 [C]. 2005.

[52] 朱振营，林跃智，赵立平，周建华. 马传染性贫血病毒弱毒疫苗株和强毒株诱导的特异性体液免疫应答差别 [A]. 第六届全国免疫学学术大会论文集 [C]. 2008.

[53] 马建，姜成刚，林跃智，郭亮，沈荣显，邵一鸣，周建华. 免疫抑制对 EIAV 弱毒疫苗株在免疫马体内载量的影响 [A]. 第六届全国免疫学学术大会论文集 [C]. 2008.

[54] 马建，孔宪刚，沈荣显，周建华. 马传染性贫血发病过程中细胞毒性 T 细胞的作用及其表位研究 [A]. 中国畜牧兽医学会家畜传染病学分会第六届理事会第二次会议暨教学专业委员会第六届代表大会论文集 [C]. 2006.

[55] 于力，沈荣显，徐宜为. 慢病毒疫苗研究的成就、问题及对策 [J]. 中国兽

医学报，1998（11）.
[56] 曲娟娟，刘慧敏，相文华，沈荣显．山羊关节炎－脑炎核酸疫苗研究进展[J]．中国兽医杂志，2006（7）.
[57] 伏丽萍，王晓钧，相文华，赵宏坤，沈荣显．戊型肝炎病毒的研究进展[J]．畜牧兽医科技信息，2003（7）.
[58] 于敏，杨建德，相文华，李景鹏，沈荣显．猪肺炎支原体的研究进展[A]．中国畜牧兽医学会家畜传染病学分会成立20周年庆典暨第十次学术研讨会论文集[C]．2003.
[59] 沈荣显，魏仁山，刘丽娟，司聚同，宁希德．绵羊进行性肺炎诊断方法的研究[J]．中国畜禽传染病，1988（1）.
[60] 袁庆志，郑福荣，李宝启，李亚香，谢荷香．羊痘病毒鸡胚培养的研究（续报简结）[J]．家畜传染病，1986（6）.
[61] 程绍迥．试谈我国兽医事业的发展[J]．中国兽医杂志，1978.
[62] 山东省济南兽医生物药品制造厂．冻干羊痘弱毒疫苗（筋胶乳糖保护剂）区域性效力试验[J]．调查研究，1962.
[63] 朱弘复．米丘林诞生一百周年纪念——中国昆虫学会参加了这次纪念大会[J]．昆虫知识，1956（1）.
[64] 施宏武．猪瘟兔化弱毒牛体反应苗使用情况[J]．中国兽医杂志，1964（1）.
[65] 吴文福，岑小清，任向阳．猪瘟兔化弱毒疫苗的研究概况[J]．广东畜牧兽医科技，2009（6）.
[66] 索罗姆金．猪瘟及其主要防疫措施[J]．畜牧与兽医，1956（3）.
[67] 齐昆．猪瘟及其预防法[J]．中国农业科学，1953（4）.
[68] 庄福祥．黑龙江省国营农场是怎样消灭猪瘟的[J]．中国农垦，1957（6）.
[69] 农业厅畜牧水产处．关于制造兔化猪瘟牛体疫苗的几点意见[J]．广西农业科学，1959（12）.
[70] 方时节．兔化猪瘟弱毒及其应用[J]．中国兽医学杂志，1958（2）.
[71] 张晓鹏，马云霄．沈荣显让世界聚焦中国[N]．黑龙江日报，2004-05-21.
[72] 汪波．沈荣显：牵动世界目光的老人[N]．人民日报，2003-02-17.
[73] 矢志科研壮心不已[N]．黑龙江日报，2004-08-19.
[74] 何雁．何大一：倾心祖国艾滋病防治[N]．人民日报海外版，2005-05-24.
[75] 蒋明，高翔，孙晓娟．感动中国的“防艾”教授[N]．光明日报，2005-

01-05.
[76] 张晓鹏，姜雪松. 世界首个“马传贫”疫苗在哈兽研所诞生[N]. 哈尔滨日报，2009-08-04（002）.
[77] 姜雪松. 哈兽研破解世界难题“马传贫”[N]. 哈尔滨日报，2009-09-28（B11）.
[78] 朱伟光，朱伟华. 黑龙江重奖科技功臣[N]. 光明日报，2003-01-01.
[79] 王喜霖. 沈荣显耄耋之年喜获头奖[N]. 科技日报，2003-01-10.
[80] 张晓鹏，印蕾. 艰难困苦终不悔逆境而上战瘟神追记沈荣显院士[N]. 黑龙江日报，2013-07-01.
[81] 王雪梅，车轮. 追忆沈荣显院士：他把人生变成一个科学的梦[N]. 黑龙江新闻网，2013.
[82] 我国的第一次科学奖金[N]. 人民日报，1957-11-25.
[83] 积极吸收优秀积极分子入党[N]. 黑龙江日报，1956-03-26.
[84] 沈荣显. 党是指路的灯塔[N]. 哈尔滨日报，1981-07-31.
[85] 马传贫弱毒疫苗在哈兽研制成投产[N]. 哈尔滨日报，1980-06-17.
[86] 张福民. 中国科学家与世界第一[N]. 文摘周刊，1993-4-11.
[87] 张延克. 居世界领先地位的中国现代科技成果[N]. 工人日报，1984-05-29.
[88] 王恩荣，郑笑枫. 防治马传染性贫血病研究有新突破[N]. 光明日报，1979-11-18.
[89] 赵洁. 夕阳红叶照高秋[N]. 黑龙江日报，1984-01-02.
[90] 王炜中，陈金武. 关系教育重视科学尊重人才[N]. 人民日报，1990-11-06.
[91] 石娟，李传业. 中国畜牧兽医学会成立70周年庆典暨2006年学术年会在京举行[J]. 中国兽医杂志，2006（12）.
[92] 张琦，李丽云. “人”字迸发的激情[N]. 科技日报，2008-12-21（001）.
[93] 我国著名动物病毒学与免疫学家沈荣显院士病逝[J]. 畜牧兽医科技信息，2012（07）.
[94] 邹莹. 沈荣显、沈正达在疆作学术报告[J]. 畜牧兽医科技信息，1997（16）.
[95] 仇华吉，童光志，沈荣显. 猪瘟兔化弱毒疫苗——半个世纪的回顾[J]. 中国农业科学，2005（38）.

[96] 傅宇. 病毒研究是我生命中最重要的梦想——访中国工程院院士沈荣显［J］. 黑龙江学子杂志，2008 年（10）.
[97] 焦明忠，王雪梅，张斯文. 功绩永存一生非凡沈荣显院士遗体告别仪式举行［N］. 黑龙江日报，2012-07-04.
[98] 张晓鹏. 中国兽医科学研究史上的丰碑——沈荣显院士［J］. 奋斗，2014（06）.

后记

2012年，采集工作开展不久，沈荣显先生因病不幸逝世。噩耗传来，采集小组无限心痛惋惜。沈荣显先生的一生都奉献给了家畜病毒病的免疫学研究工作，为祖国乃至世界的农牧业做出了重大贡献。去世前，沈院士仍然辛勤耕耘在科研一线上，研究与艾滋病病毒相类似的“马传贫”病毒，希望通过“马传贫”病毒来攻克艾滋病这个世界范围内的绝症。

沈院士的辞世，加大了我们对他学习、工作、科研、生活等各方面采集资料的难度。于是我们从沈荣显的同事、家人、朋友入手，重新制定采访策略，先后多次采访沈荣显先生的家人、学生和同事，以获取第一手资料。在这里尤其要感谢沈荣显院士的儿子沈杰先生、孙子沈楠先生、孙媳妇林跃智女士。他们为采集工作给予了大力的支持，并提供了很多沈荣显生前珍贵的科研资料、获奖证书、生活器具、视频及音频资料，同时利用很多休息时间向我们介绍了沈先生很多的生活点滴、工作细节，令采集小组的成员们非常感动，在这里对沈荣显先生的家人表示真诚的感谢。同时，我们还要感谢中国农业科学院哈尔滨兽医研究所和沈荣显先生一起工作过的领导、同事和学生们，感谢他们积极配合采访并向我们介绍了沈荣显先生的工作经历和实验情况，为我们的采集工作提供了巨大帮助。我们更要感谢黑龙江省科协对采集小组的全程指导和帮助，以及为推进采集工作的开展在沟通协调方面作出的巨大努力。最后，尤其要感谢采集工程领导小组对我们的悉心指导，领导小组对采集项目持有的严谨态度和科学精神令人敬佩，在领导小组的多次审定后，对我们的采集工作提出了许多真诚、中肯的批评意见，为我们完善归档工作和传记撰写指明了方向，增添了前进的不竭动力。

在资料采集、人物采访及后期档案整理的过程中，我们细致地解读了沈荣显先生的伟大一生。他生于乱世却自强不息，走向了科学研究的岗位，工作中严谨认真，一丝不苟，一生都致力于家畜病毒病的免疫学研究，先后攻克了牛瘟、羊痘、猪瘟、“马传贫” 等世界难题，为慢性病毒的研究做出了不可磨灭的贡献，同时也为老百姓解决了餐桌上的安全问题及人类生存的最根本难题。在研究逐步深入的过程中，我们逐渐被沈荣显先生的科研精神和人格魅力所感染，更重要的是，通过一次次地与沈院士的家人和同事沟通交流，以及朋友、学生回忆沈荣显的人生，也激励着我们采集小组成员要以沈荣显院士为楷模，求真务实，自强不息，心系祖国，携手伟业，为祖国的建设发展奋斗一生。

在采集小组工作的一年多的时间里，我们先后到沈荣显院士的家中、亲人的家中、单位办公室、单位档案室、单位实验室等地走访、搜集材料，我们看到了沈荣显院士很多当年亲手做的实验记录，俊秀而工整记录中镌刻着他的辛勤与努力、刻苦与认真、严谨与执着，这是沈荣显为后辈们留下的有形财富，同时也是无声的鞭策。沈院士将一生的时光都奉献在科研上，他不善言谈，和家人交流也较少，关于他的生活琐事我们没有获得太多的信息，但是采集到的照片留影可以看到他是一位慈祥的老科学家，虽然从未用言语表达，但是他爱他的家人，爱的那样深沉，而且他用一生影响着自己的子孙后代，让他们学会如何成为一个对国家和社会有用的人，教会他们如何认真做事，如何成功做人。在采集的材料中，我们也看到了沈荣显院士获得了很多荣誉，得到了国家、省、市、单位领导的高度评价，但是沈院士从不以此为傲，他总是将这些荣誉看的很淡，很少接受媒体采访，只是一心做好科学研究的事情，无欲无求，无怨无悔。这些美好的品质都深深的感染着我们。

由于沈院士的不幸辞世，我们没有办法获得他本人的口述资料，获得的材料大都是在不同的时间、不同的场景，通过采访和他有着密切关系的家人、同事、朋友和学生等人而得知的，随后集合所采集到的有效材料进行统一编写。有些内容，尤其是沈荣显童年和青少年时代以及某些工作和生活细节无从得知，内容上会有一些遗漏和不当之处，敬请读者批评指正。尽管如此，采集小组全体成员仍竭尽所能的在所搜集到的全部资料的基础上，撰写此传记，希望能将沈荣显院士在家畜病毒病及免疫学研究方面的杰出成就，及对祖国和人民所做出重大贡献的事迹流传于世，让更多的人了解并学习他的伟大精神，激励更多的人去延续并完成他未竟的事业，在慢性病毒研究和艾滋病研究方面取得更大的成就和突破，为振兴中华民族的科学事业开创新的篇章！

老科学家学术成长资料采集工程丛书

已出版（76 种）

《卷舒开合任天真：何泽慧传》
《从红壤到黄土：朱显谟传》
《山水人生：陈梦熊传》
《做一辈子研究生：林为干传》
《剑指苍穹：陈士橹传》

《情系山河：张光斗传》
《金霉素·牛棚·生物固氮：沈善炯传》
《胸怀大气：陶诗言传》
《本然化成：谢毓元传》
《一个共产党员的数学人生：谷超豪传》

《含章可贞：秦含章传》
《精业济群：彭司勋传》
《肝胆相照：吴孟超传》
《新青胜蓝惟所盼：陆婉珍传》
《核动力道路上的垦荒牛：彭士禄传》

《探赜索隐　止于至善：蔡启瑞传》
《碧空丹心：李敏华传》
《仁术宏愿：盛志勇传》
《踏遍青山矿业新：裴荣富传》
《求索军事医学之路：程天民传》

《一心向学：陈清如传》
《许身为国最难忘：陈能宽》
《钢锁苍龙　霸贯九州：方秦汉传》
《一丝一世界：郁铭芳传》
《宏才大略：严东生传》

《此生情怀寄树草：张宏达传》
《梦里麦田是金黄：庄巧生传》
《大音希声：应崇福传》
《寻找地层深处的光：田在艺传》
《举重若重：徐光宪传》

《魂牵心系原子梦：钱三强传》
《往事皆烟：朱尊权传》
《智者乐水：林秉南传》
《远望情怀：许学彦传》
《没有盲区的天空：王越传》

《行有则　知无涯：罗沛霖传》
《为了孩子的明天：张金哲传》
《梦想成真：张树政传》
《情系粱菽：卢良恕传》
《笺草释木六十年：王文采传》

《妙手生花：张涤生传》
《硅芯筑梦：王守武传》
《云卷云舒：黄士松传》
《让核技术接地气：陈子元传》
《论文写在大地上：徐锦堂传》

《铃记：张兴铃传》
《寻找沃土：赵其国传》
《虚怀若谷：黄维垣传》
《乐在图书山水间：常印佛传》
《碧水丹心：刘建康传》

《我的气象生涯：陈学溶百岁自述》
《赤子丹心 中华之光：王大珩传》
《根深方叶茂：唐有祺传》
《大爱化作田间行：余松烈传》
《格致桃李半公卿：沈克琦传》
《躬行出真知：王守觉传》
《草原之子：李博传》
《我的教育人生：申泮文百岁自述》
《阡陌舞者：曾德超传》
《妙手握奇珠：张丽珠传》
《追求卓越：郭慕孙传》
《走向奥维耶多：谢学锦传》
《绚丽多彩的光谱人生：黄本立传》

《宏才大略 科学人生 : 严东生传》
《航空报国 杏坛追梦：范绪箕传》
《聚变情怀终不改：李正武传》
《真善合美：蒋锡夔传》
《治水殆与禹同功：文伏波传》
《用生命谱写蓝色梦想：张炳炎传》
《远古生命的守望者：李星学传》
《探究河口 巡研海岸：陈吉余传》
《胰岛素探秘者：张友尚传》
《一个人与一个系科：于同隐传》
《究脑穷源探细胞：陈宜张传》
《星剑光芒射斗牛：赵伊君传》
《蓝天事业的垦荒人：屠基达传》